Bernhard Seyr / Manfred Aumayr / Wolfgang Hoyer

RUSSISCHE HANDELSKORRESPONDENZ

für den IV. und V. Jahrgang der HAK,
ab dem III. Jg. HLAWB und HT (2. lebende Fremdsprache),
für den V. Jg. HLAWB und HT (3. lebende Fremdsprache)

*Liebe Schülerin, lieber Schüler,
Sie bekommen dieses Schulbuch von der Republik Österreich für Ihre Ausbildung.
Bücher helfen nicht nur beim Lernen, sondern sind auch Freunde fürs Leben.*

Bernhard Seyr
Manfred Aumayr
Wolfgang Hoyer

RUSSISCHE HANDELSKORRESPONDENZ

für den IV. und V. Jahrgang der HAK
ab dem III. Jg. HLAWB und HT (2. lebende Fremdsprache)
für den V. Jg. HLAWB und HT (3. lebende Fremdsprache)

Trauner Schulbuch Verlag

Dr. Manfred Aumayr, Bundeshandelsakademie Linz, Rudigierstraße
Dr. Bernhard Seyr, Fachinspektor für slawische Sprachen, Landesschulrat für Niederösterreich, Wien
Dir. Dr. Wolfgang N. Hoyer, Klosterneuburg

Approbiert für den Unterrichtsgebrauch
an höheren Lehranstalten für wirtschaftliche Berufe und höheren Lehranstalten für Tourismus
ab dem III. Jahrgang im Unterrichtsgegenstand Russisch (2. lebende Fremdsprache) und
für den V. Jahrgang im Unterrichtsgegenstand Russisch (3. lebende Fremdsprache), Lehrplan 1993,
an Handelsakademien für den IV. und V. Jahrgang, Lehrplan 1988

BMUK Zl. 42.901/1-V/2/94 vom 14. Juli 1994, Zl. 42.901/4-V/2/94 vom 28. Februar 1995

Schulbuch-Nr. **2463**
Seyr ua., Russische Handelskorrespondenz
Trauner Schulbuch Verlag, Linz
1. Auflage 1995
Dieses Schulbuch wurde auf der Grundlage eines Rahmenlehrplanes erstellt; die Auswahl und die Gewichtung der Inhalte erfolgen durch die Lehrer(innen).

Dieses Buch wurde auf umweltfreundlichem Papier gedruckt: C-Stoff, holzhaltig, aus ungebleichtem Zellstoff, frei von optischen Aufhellern hergestellt. - Gruppe A laut Greenpeace.

gedruckt auf umweltfreundlichem Papier
GREENPEACE Gruppe A

Lektorat: Elisabeth Kindermann
Umschlaggestaltung und Layout: Mag. Wolfgang Kraml
Gesamtherstellung: Trauner Druck, Linz

ISBN 3 85320 701 4

СОДЕРЖАНИЕ

СПИСОК УСЛОВНЫХ ЗНАКОВ (LEGENDE)

 **Комментарий**

 **Диалог**

☞ **Грамматика**

Упражнение

Vorwort

Durch die politischen und wirtschaftlichen Veränderungen der letzten Jahre in Rußland und den GUS-Staaten hat das weltweite Interesse am Russischen als Wirtschaftssprache stark zugenommen.

Das vorliegende Lehrbuch ist für Lernende bestimmt, die bereits über Grundkenntnisse der russischen Sprache verfügen. Es eignet sich sowohl für den Unterricht als auch für das Selbststudium; deshalb wurde auch nach jeweils drei Lektionen eine Wiederholungslektion mit angeschlossenem Schlüssel eingefügt.

Ziel des Lehrbuches ist die Vermittlung der Grundkenntnisse der russischen Handelskorrespondenz anhand zahlreicher Geschäftsbriefe, Telexe und Telefaxe und dazugehöriger Übungen, aber auch die Aktivierung der Sprechfertigkeit und des Hörverstehens anhand von modellhaften Geschäftsverhandlungen und einer Reihe von Mikrodialogen zu Alltags- und kultureller Thematik. Bei ihrer Erstellung war größtmögliche Praxisnähe oberste Maxime. Deshalb wird auch großteils authentisches Brief-, Telex- und Telefaxmaterial präsentiert, das naturgemäß nicht immer der neuesten Norm entspricht, dafür aber die Praxis widerspiegelt.

Die Wirtschaft in Rußland und den GUS-Staaten befindet sich derzeit in einer Phase grundlegender und weitreichender Änderungen. Deshalb können nicht alle Details (z.B. Adressen der Firmen, Bezeichnungen von Institutionen u.a.) dem gegenwärtigen Sachverhalt entsprechen.

Die Texte mit der Überschrift "Части делового письма", "Телеграммы, телексы и телефаксы" sowie ab dem 3. Kapitel "Комментарий" dienen der Einführung der wichtigsten betriebswirtschaftlichen Termini im Textzusammenhang im Sinne eines kommunikativen Sprachunterrichts.

Die Kapitelteile mit der Überschrift "Дополнительные письма" stellen optionale Elemente dar, die wahlweise nach Maßgabe von Unterrichtszeit und Begabung der Lernenden bearbeitet werden können.

Die im Buch gebotene Grammatik hat Stützfunktion beim Erlernen der schriftlichen und mündlichen Geschäftssprache und ist methodisch aufbereitet. Mit zahlreichen Übungen und Wiederholung auch grundlegender Grammatikkapitel wird ein maximales Trainingsprogramm geboten, das – ebenso wie die zusätzlichen Briefe und eventuell auch Dialoge – nicht zur vollständigen Behandlung, sondern als möglichst reichhaltiges Angebot zur Auswahl gedacht ist.

Bei den Namen russischer Firmen wurde die in Rußland übliche Transkription beibehalten, andere Eigennamen wurden in der Regel nach der Duden-Transkription umgeschrieben. Alle anderen russischen Texte sind in lateinischer Umschrift nach dem in Rußland gängigen und gebräuchlichen Stil für Telegramme gehalten (vgl. dazu die Tabelle auf S. 8). Dieser Stil gewährleistet ähnlich wie die wissenschaftliche Transliteration eine eindeutige Zuordnung der russischen Buchstaben.

Das österreichische Autorenteam dankt allen Firmen, die durch die Überlassung von Formularen, Briefen und Telexen zum Entstehen dieses Buches beigetragen haben.

Kritische Anmerkungen und Anregungen senden Sie bitte an den Verlag.

Wien, im März 1995 Die Autoren

1. ДЕЛОВОЕ ПИСЬМО, ТЕЛЕФАКС, ТЕЛЕКС

1.1 ОБРАЗЕЦ КОНВЕРТА

А/О "Разноимпорт"
Москва, 121 200,
Смоленская-Сенная пл., 32/34

Австрия
Wiener Kabel- und Metallwerke
Gesellschaft m.b.H.
A-1015 Wien
Postfach 59
Österreich

Но́вые слова́

делово́й	Geschäfts-, geschäftlich
обра́зе́ц, образца́	Muster
конве́рт	Briefumschlag
А/О=акционе́рное о́бщество	Aktiengesellschaft

1.2 ОБРАЗЕЦ ДЕЛОВОГО ПИСЬМА

1 **А/О "РАЗНОИМПОРТ"**
121 200, Москва, Смоленская-Сенная пл., 32/34,
Тел. 244-37-61, Телекс 112613, Телефакс 244-37-61-45
р/с N 153572 в Московском Международном Банке, МФО 462512

2 *05.03.199...* N° *68-4207/169*

3 На N° (Your ref) *342/65-92 24.02.19..г.*

4 Винер Кабел- унд Металлверке
Гезеллшафт м.б.Х.
а/я 83
А-1211 Вена
Австрия

5 О контракте N° 87/297-34

6 Уважаемые господа!

7 При этом направляем Вам контракт N° 87/297-34 в 2-х экземплярах.
Просим Вас его подписать и вернуть нам один экземпляр.

8 С уважением

9 А/О "Разноимпорт"

10 Приложение: 2 листа

11 Копия: Торгпредство Австрии в Российской Федерации

Но́вые слова́

те́лекс	Telex
телефа́кс, факс	Telefax, Fax
р/с=расчётный счёт	(Verrechnungs-)Konto
МФО=межфилиа́льные оборо́ты	Bankleitzahl (BLZ)
а/я=абонеме́нтный я́щик	Postfach
(=п/я=почто́вый я́щик)	
контра́кт	Vertrag
уважа́емый	sehr geehrter
при э́том	anbei
направля́ть , -я́ю, -я́ешь напра́вить , -влю, -вишь	übersenden
экземпля́р	Exemplar
с уваже́нием	hochachtungsvoll, mit freundlichen Grüßen
приложе́ние	Beilage, Anlage
лист, листа́	Blatt
ко́пия	Kopie
торгпре́дство=торго́вое представи́тельство	Handelsvertretung

1.3 ЧАСТИ ДЕЛОВОГО ПИСЬМА

1. **Заголо́вок**: соде́ржит назва́ние и а́дрес фи́рмы и́ли организа́ции отправи́теля, почто́вый и́ндекс (и́ндекс предприя́тия/отделе́ния свя́зи), го́род, у́лицу, но́мер до́ма, но́мер телефо́на, но́мер те́лекса (телета́йпа), телефа́кс, иногда́ и расчётный счёт (р/с).
2. **Да́та:** наприме́р, *5 ма́рта 1994 г.* и́ли *05.03.94* (рекоменду́ется употребля́ть второ́й вариа́нт).
3. **Поме́тки:** но́мер исходя́щего письма́: N°..., но́мер и да́та письма́, на кото́рое пи́шется отве́т: *На №...* .Слова́ *Наш, Ваш* (наприме́р, *Наш №..., Ваш №...*) употребля́ть не рекоменду́ется.
4. **Адреса́т:** назва́ние и а́дрес получа́теля письма́. Е́сли письмо́ направля́ется организа́ции: 1.F., а е́сли письмо́ направля́ется лицу́: 3.F.
5. **Указа́ние на содержа́ние письма́:** в нача́ле делово́го письма́ мо́гут стоя́ть слова: ***о***+6.F., ***кас. (=каса́ется, каса́тельно)***+2.F. и ***относ.*** **, относит.** ***(=относи́тельно)*** +2.F.
6. **Обраще́ние:** *Уважа́емые господа́!* (Sehr geehrte Herren!), *Уважа́емые да́мы и господа́!* (Sehr geehrte Damen und Herren!), *Уважа́емый господи́н Эдер!, Уважа́емая госпожа́ Эдер!* (Sehr geehrter Herr Eder!, Sehr geehrte Frau Eder!, Sehr geehrtes Fräulein Eder!). При ли́чном знако́мстве: *Уважа́емый Ива́н Петро́вич!* (Sehr geehrter Iwan Petrowitsch!). Сло́во *господи́н* сокращённо пи́шется *г-н* и́ли *г.* (1.F.), *г-на* (2.F.), *г-ну* (3.F.) и т.д., а сло́во *госпожа́* - *г-жа, г-жи, г-же* и т.д.
7. **Текст письма́:** В деловы́х пи́сьмах слова́ *Вы, Вас, Ваш, Ва́ша*...пи́шутся с большо́й бу́квы.
8. **Фо́рмула ве́жливости:** *С уваже́нием/С глубо́ким уваже́нием* (без запято́й).
9. **Назва́ние фи́рмы и по́дпись (по́дписи)**
10. **Приложе́ние:** Ука́зывается коли́чество листо́в и́ли назва́ние докуме́нтов, наприме́р:
    на 5 листа́х в 3 экземпля́рах
    контра́кт .. в 2-х экз.
    зака́з №...на 5 л. в 2 экз.
11. **Ко́пия:** Ука́зывается, куда́ направля́ется ко́пия.

Но́вые слова́

заголо́вок, -вка	Titel
содержа́ть, содержу́, -де́ржишь	enthalten
назва́ние	Bezeichnung
почто́вый и́ндекс=и́ндекс пред-прия́тия/отделе́ния свя́зи	Postleitzahl
телета́йп	Telex (in den GUS-Staaten)
рекомендова́ть, -у́ю, -у́ешь по-	empfehlen
употребля́ть, -я́ю, -я́ешь употреби́ть, -блю́, -би́шь	verwenden
вариа́нт	Variante
поме́тка	Bezugszeichen
исходя́щее письмо́	ausgehender Brief
получа́тель, -я	Empfänger
указа́ние	Hinweis
содержа́ние	Inhalt
кас., каса́ется +2.F.	betr., betrifft
каса́тельно +2.F.	betreffend, betreffs
относ., относи́тельно +2.F.	betreffend
обраще́ние	Anrede
при ли́чном знако́мстве	bei persönlicher Bekanntschaft
сокращённо	abgekürzt
пи́шется с большо́й бу́квы	wird groß geschrieben
фо́рмула ве́жливости (ве́жливый)	Höflichkeitsformel (höflich)
с глубо́ким уваже́нием	mit vorzüglicher Hochachtung
запята́я	Komma
по́дпись, -и	Unterschrift
ука́зывать, -аю, -аешь указа́ть, -кажу́, -ка́жешь } на+4.F.	hinweisen auf, angeben
коли́чество	Menge
зака́з, -а	Auftrag

с-каз-а́ть
с-ка́з-ка
у-ка́з-ывать
у-каз-а́ть
у-каз-а́ние
за-ка́з
за-ка́з-ывать
за-каз-а́ть
по-ка́з-ывать
по-каз-а́ть
расс-ка́з
расс-ка́з-ывать
расс-каз-а́ть

1.4 ОБРАЗЕЦ ДЕЛОВОГО ПИСЬМА

А/О АВТОЭКСПОРТ

Россия, 119902, Москва, ул.Волхонка, 14, Телекс: 411135, 112651,
Тел. 202-28-35, 202-83-37, Факс 202283335-75

Фирма
ЭАФ-ГРЭФ УНД ШТИФТ 57-228/122 25.09.19.. г.
г. Вена

Вниманию г-на Шмидта
О технической документации

Уважаемый господин Шмидт!

В ответ на Ваше письмо мы хотели бы обратить Ваше внимание на то, что мы ещё не получили техническую документацию, чтобы передать её нашему заказчику.

В ожидании Вашего ответа остаёмся

с уважением

А/О "Автоэкспорт"

Но́вые слова́

внима́нию г-на Шмидта (2.F.)	zu Handen Herrn Schmidt
техни́ческий	technisch
документа́ция	Dokumentation
в отве́т на + 4.F.	in Beantwortung
обраща́ть, -аю, -а́ешь / обрати́ть, -щу́, -ти́шь } внима́ние на+4.F.	Aufmerksamkeit lenken auf
запра́шивать,-аю, -аешь / запроси́ть,-шу́, запро́сишь	anfordern
посыла́ть, -а́ю, -а́ешь / посла́ть, пошлю́, пошлёшь	schicken
передава́ть, -даю́, -даёшь / переда́ть, -да́м, -да́шь	übergeben, weiterleiten an
зака́зчик	Auftraggeber, Kunde, Besteller
ожида́ние	Erwartung
остава́ться, остаю́сь, -ёшся / оста́ться, оста́нусь, оста́нешься	bleiben, verbleiben

запро́с
запра́ш-ивать
запрос-и́ть

1.5 ОБРАТИТЕ ВНИМАНИЕ, КАК ПИШЕТСЯ АДРЕС НА КОНВЕРТЕ

1.5.1

Из Австрии в Росси́йскую Федера́цию (Росси́ю)

Veitscher Magnesitwerke-AG

A-1011 Wien, Schubertring 10–12, Postfach 143

Российская Федерация
121200, Москва,
Смоленская-Сенная, д.32/34,
А/О "Разноимпорт"
Петрову Николаю Васильевичу
Rußland

1.5.2

Из Росси́йской Федера́ции в Австрию

СТАНКОИМПОРТ СТИ STANKOIMPORT

РОССИЯ - МОСКВА MOSCOW - RUSSIA
117839, МОСКВА, ул. Обручева, 34/63, тел.3467290

Австрия
M+D. GERTNER K.G.
Industrievertretungen
Fillgraderg. 7
A-1060 Wien
Österreich

1.6 УПРАЖНЕНИЯ

1.6.1

Вы́пишите из письма́ 1.4 сле́дующую информа́цию:

почто́вый и́ндекс, телета́йпный код, указа́ние на содержа́ние письма́, обраще́ние, фо́рмулу ве́жливости.

1.6.2

Отве́тьте на вопро́сы:

1. Из каки́х часте́й состои́т делово́е письмо́?
2. Как пи́шется да́та 8. Oktober 1994 по-ру́сски?
3. Каку́ю информа́цию даёт заголо́вок письма́?
4. Каки́е фо́рмулы обраще́ния употребля́ются в деловы́х пи́сьмах?
5. Что стои́т в конце́ письма́ по́сле фо́рмулы ве́жливости?

1.6.3

Укажи́те на содержа́ние письма́ с по́мощью слов **о**, **кас.** или **относ.**:

встре́ча специали́стов, катало́г това́ров, те́лекс N°, техни́ческая документа́ция, контра́кт N°, вы́ставка в Москве́, образе́ц маши́ны.

1.6.4

Напиши́те а́дрес на конве́рте.

Sie schreiben an Stankoimport AG, Moskau, Obrutschewastr. 25, 117 839, Moskau, Rußland, an Herrn W. L. Karenin, an Frau Larisa G. Pawlowa

1.7 ТЕЛЕФАКС

30.08.19.. 13:28 **Тел. (095) 235-66-18-12** **"КОРОТАН" стр. 01**

Фирма "КОРОТАН"

Кому: Данцингеру, "Топимп" **От:** Полякова, "Коротан"

Факс: 0043 2274 7348 275 **Дата:** 30.08.19..

Стр.: 01

Уважаемый господин Данцингер!

Ссылаемся на разговор с Вашим сотрудником и просим Вас перенести поставки на третий квартал .

С уважением

Н.В.Поляков

Российская Федерация, 109035, г.Москва, Новгородский пер., 26
Тел. (095) 235-66-18, Телефакс (095) 235-66-18-12, Телекс 574-98-23-33

Но́вые слова́

ссыла́ться, -а́ясь, -а́ешься сосла́ться, сошлю́сь, -шлёшься	на+4. F.	s.beziehen auf
сотру́дник		Mitarbeiter
переноси́ть, -ношу́, -но́сишь перенести́, -су́, -сёшь		verschieben, verlegen
поста́вка		Lieferung
кварта́л		Quartal

1.8 ТЕЛЕКС

1.8.1 ОБРАЗЕЦ ТЕЛЕКСА

TELEX

1	043132406	IBUM A	
2	19-04-19..	12:32:18	
3	064412396	KHIME SU	
4	INTERBUM	19.4.19..	NO. 8/179
5	PROSIM USKORIT OTVET NA NASH TLX 8/156 9.4.19..		
6	KAS AGIDOL-1		
7	UVAJENIEM		
8	043132406	IBUM A	
9	064412396	KHIME SU	

TELEX

1.8.2 ЧАСТИ ТЕЛЕКСА

1. но́мер те́лекса получа́теля, IBUM = бу́квенное обозначе́ние фи́рмы Интербум, A = Австрия
2. да́та, вре́мя отправле́ния/получе́ния те́лекса
3. но́мер те́лекса отправи́теля (SU = де́йствующее в те́лексной свя́зи бу́квенное обозначе́ние всех стран бы́вшего СССР)

4.-7. текст те́лекса. Те́лекс мо́жет име́ть основны́е атрибу́ты делово́го письма́: "кому́", "от кого́", регистрацио́нный но́мер, да́ту, "кас.", "относ.", обраще́ние, сообще́ние.

8. см. 1
9. см. 3

Но́вые слова́

ускоря́ть, -я́ю, -я́ешь ускóрить, -ю, -ишь	beschleunigen
бу́квенный	Buchstaben-
обозначе́ние	Bezeichnung
отправле́ние	Aufgabe, Absendung
де́йствующий	gültig
атрибу́т	Attribut, Eigenschaft
регистрацио́нный но́мер	Registriernummer
см.=смотри́ (Imp. von смотре́ть)	siehe, s.

скóр-ый
скóр-ость
у-скор-я́ть
у-скóр-ить
у-скор-е́ние

1.9 ТЕЛЕГРАММА

PROSIM SDELAT PREDLOJENIE 100 GRUZOVIKOV MERSEDES 190 E AVTOIMPORT

Нóвые словá

предложéние	Angebot
сдéлать предложéние (на+4.F.)	ein Angebot machen (über)
грузови́к, -á	Lastwagen

1.10 ТЕЛЕФАКСЫ, ТЕЛЕКСЫ И ТЕЛЕГРАММЫ

Телефáксы (факсы). Деловы́е пи́сьма для ускорéния чáще всегó передаю́тся по телефáксу. Телефáксы имéют все элемéнты деловóго письмá крóме почтóвого áдреса получáтеля. Достáточно указáть назвáние фи́рмы и на чьё и́мя адресóвано сообщéние. Чáсто фи́рмы имéют отдéльно блáнки пи́сем и фáксов.
Тéлексы всё ещё игрáют большу́ю роль в междунарóдной коммéрческой корреспондéнции. Они́ крáткие, как телегрáммы, фóрмулы вéжливости чáсто отсу́тствуют, предлóги не всегдá употребля́ются. Тóчки и запяты́е чáсто пропускáются. Текст тéлекса может быть напи́сан без абзáцев. Тéлексы содéржат одноврéменно элемéнты деловóго письмá, разговóра по телефóну и телегрáммы.
Тéлексы и телегрáммы передаю́тся на ру́сском языкé, но лати́нским шри́фтом по слéдующему образцу́:

А – A	З – Z	П – P	Ч – CH
Б – B	И – I	Р – R	Ш – SH
В – V	Й – I (J)	С – S	Щ – SC
Г – G	К – K	Т – T	Ъ – -
Д – D	Л – L	У – U	Ы – Y
Е – E	М – M	Ф – F	Ь – -
Ё – E	Н – N	Х – H	Э – E
Ж – J	О – O	Ц – C	Ю – IU
			Я – IA

Транскри́пция назвáний фирм и други́х имён сóбственных чáсто не соотвéтствует э́той систéме.
Телетáйпная связь (телетáйп) – прямáя телегрáфная связь мéжду предпри-я́тиями и организáциями внутри́ СНГ, котóрая имéет ру́сский и лати́нский шри́фты.
В **телегрáммах** применя́ется так назывáемый телегрáфный стиль, т.е. они́ должны́ быть крáткими и в них иногда пропускáются нéкоторые словá. Телегрáммы в коммéрции ужé почти́ не испóльзуются.

Нóвые словá

передавáть, -аю́, -аёшь / передáть, -дáм, -дáшь } по телефáксу	faxen
достáточный	ausreichend, genügend
бланк	Formular
тóчка	Punkt
абзáц	Absatz
одноврéменно	gleichzeitig
шрифт	Schrift
транскри́пция	Transkription
и́мя сóбственное	Eigenname

соотве́тствовать, -ую, -уешь	entsprechen
связь, -и	Verbindung
внутри́+2.F.	innerhalb
СНГ=Содру́жество Незави́симых Госуда́рств	GUS=Gemeinschaft Unabhängiger Staaten
применя́ть, -я́ю, -я́ешь примени́ть, -меню́, -ме́нишь	anwenden
так называ́емый	sogenannter
стиль, -я	Stil
т.е.=то́ есть	das heißt
кра́ткий	kurz, knapp
пропуска́ть, -а́ю, -а́ешь пропусти́ть, -пущу́, -пу́стишь	auslassen, durchlassen
испо́льзовать, -ую, -уешь	verwenden

кра́т-кий
со-кращ-а́ть
со-крат-и́ть
со-кращ-е́ние

1.11 УПРАЖНЕНИЯ

1.11.1

Напиши́те те́лекс 1.8.1 и телегра́мму 1.9 ру́сскими бу́квами.

1.11.2

Прочита́йте сле́дующие телегра́ммы, напиши́те их лати́нскими бу́квами и переведи́те.

1. ПРОСИМ ПОСЛАТЬ ТЕХНИЧЕСКУЮ ДОКУМЕНТАЦИЮ НУЖНА НАМ ВТОРОМ КВАРТАЛЕ ХЕМИ ЛИНЦ
2. ПРОСИМ ПРЕДЛОЖЕНИЕ 200 ТРАКТОРОВ ШТАЙЕР 780 ПОСТАВКА ТРЕТЬЕМ КВАРТАЛЕ АВТОИМПОРТ

1.11.3

Прочита́йте сле́дующий те́лекс, напиши́те его́ лати́нскими бу́квами и переведи́те.

Ваш телекс 453 от 10.10.19..
Благодарим (**wir danken**) за сообщение о возможности поставки 100 грузовиков из Германии в Россию. Направим Вам предложение на вышеуказанное количество грузовиков марки Мерседес 234 и техническую документацию.

1.11.4

А/О "Мосрад" интересу́ется поста́вкой пятисо́т радиоприёмников ти́па "Holiday". Как вы́глядит соотве́тствующий те́лекс?

1.11.5

Фи́рма "Нефтьгаз" спроси́ла в своём письме́ от 09.10.., когда́ фи́рма "Хубер" в Мюнхене поста́вит ей ну́жное коли́чество "Супратона". Фи́рма "Хубер" плани́рует осуществи́ть поста́вку в нача́ле сле́дующего го́да и посыла́ет те́лекс с соотве́тствующим содержа́нием.

1.11.6

Напиши́те делово́е письмо́ на основа́нии сле́дующих да́нных:

Fa. Paulaner schreibt an die Aktiengesellschaft LESSTROJ, Moskau, 121324, Bolschaja ul. 34/23, in Beantwortung des Briefes vom 7.9..., daß die Lieferung im Mai durchgeführt wird. In der Anlage wird der neue **Katalog** (**катало́г**) für 19.. übersandt. Es wird die Bitte ausgedrückt, die Bestellung **bald aufzugeben** (**сро́чно вы́дать**).

1.11.7

Напиши́те, что...

1. Sie die technische Dokumentation in Ihrem Brief vom 23.06.19.. angefordert haben.
2. Sie um baldige Lieferung der Maschinen bitten.
3. Sie am 13.4.19.. ein Telex an die AVTOEXPORT A.G. geschickt haben.
4. Sie die technische Dokumentation Ihrem Kunden übergeben wollen.
5. Sie vor 2 Tagen das obenerwähnte Telex erhalten haben.
6. Sie um ein Angebot über 200 LKW bitten.
7. Sie um Lieferung der Traktoren im letzten Quartal 19.. bitten.
8 Sie sich für die Lieferung der Autos bedanken.
9. in Österreich russische Autos verkauft werden.
10. Sie um Mitteilung bitten, wann die Lieferung der Fernsehgeräte erfolgen wird.

1.12 ДИАЛОГИ

1.12.1 РАЗГОВО́Р ПО ТЕЛЕФО́НУ

- Здра́вствуйте. Это "Новоэ́кспорт"?
- Да.
- Мо́жно господи́на Попо́ва?
- Прости́те, кто его́ спра́шивает?
- Это Мюллер, "Хеми Линц".
- Подожди́те мину́тку.
- Спаси́бо.
- Слу́шаю. Здра́вствуйте, господи́н Мюллер.
- Здра́вствуйте, Ива́н Петро́вич.

1.12.2 РАЗГОВО́Р ПО ТЕЛЕФО́НУ

- "Автоэ́кспорт".
- "Здра́вствуйте, э́то Хандке, "Дойче Лада".
- Здра́вствуйте.
- Попроси́те, пожа́луйста, господи́на Ники́тина, дире́ктора о́бщества.
- Его́ сейча́с нет. Что ему́ переда́ть?
- Переда́йте, пожа́луйста, что звони́л Хандке.
- Хорошо́, переда́м.
- Спаси́бо.

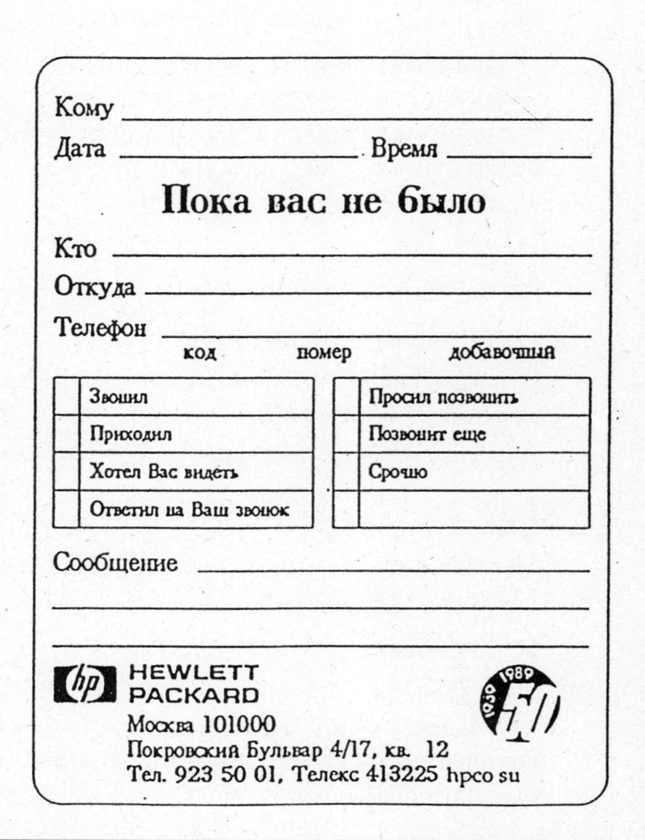
Кому ____________
Дата ____________ Время ____________

Пока вас не было

Кто ____________
Откуда ____________
Телефон ____________
код номер добавочный

	Звонил		Просил позвонить
	Приходил		Позвонит еще
	Хотел Вас видеть		Срочно
	Ответил на Ваш звонок		

Сообщение ____________

HEWLETT PACKARD
Москва 101000
Покровский Бульвар 4/17, кв. 12
Тел. 923 50 01, Телекс 413225 hpco su

1.12.3 РАЗГОВО́Р ПО ТЕЛЕФО́НУ

Госпожа́ Кёниг, представи́тель фи́рмы "Клёкнер" в Москве́, звони́т в АО "Герме́с" и разгова́ривает с секретарём.

- Здра́вствуйте. Это "Герме́с"?
- Да, э́то секрета́рь А/О "Герме́с".
- С ва́ми говори́т Кёниг, представи́тель фи́рмы "Клёкнер" из ФРГ.
- Повтори́те, пожа́луйста, я не расслы́шала.
- Фи́рма "Клёкнер", Федерати́вная Респу́блика Герма́нии. Попроси́те, пожа́луйста, к телефо́ну господи́на Реше́тникова.
- К сожале́нию, его́ сейча́с нет. Он вернётся в два часа́. Что ему́ переда́ть?
- Спаси́бо, ничего́. Я позвоню́ че́рез час.

1.13 КАК ВЕСТИ РАЗГОВОР ПО ТЕЛЕФОНУ

Вы набира́ете но́мер, вам говоря́т:

Да!
Слу́шаю (вас).
Алло́!
Алё!

Вы отвеча́ете:

Здра́вствуйте, э́то говори́т Хубер из "Хольштейн и Флайшманн".
Здра́вствуйте, с ва́ми говори́т...
Здра́вствуйте, э́то Хубер.
Здра́вствуйте. Это "Герме́с"?

Вы хоти́те поговори́ть с ке́м-то из фи́рмы:

Мо́жно мне поговори́ть с ...?
Могу́ ли я поговори́ть с ...?
Попроси́те (Позови́те), пожа́луйста, господи́на (госпожу́).....(к телефо́ну).
Ива́на Ива́новича, пожа́луйста.
Соедини́те меня́, пожа́луйста, с господи́ном Бело́вым.
Петра́ Петро́вича мо́жно?
Мне бы хоте́лось поговори́ть с ...

Вас спра́шивают, кто звони́т:

Кто говори́т?
Прости́те, кто его́ спра́шивает?

Вы представля́етесь:

Это Бергер, фи́рма "Хофер".
С ва́ми говори́т Мюллер.
Это (говори́т) Мюллер.
Мюллер слу́шает.
Петро́в у телефо́на.

Вам сообща́ют, что сотру́дника нет:

Его́ сейча́с нет.
Она́ сейча́с занята́.
Он вы́шел.
Она́ бу́дет че́рез час.

Он сейча́с говори́т по друго́му телефо́ну.
Он придёт по́сле обе́да.
Она́ обе́дает.

Вас спра́шивают, что переда́ть сотру́днику:

Что ей переда́ть?
Ему́ что́-нибудь переда́ть?

Вы отвеча́ете:

Попроси́те его́ позвони́ть мне.
Спаси́бо, ничего́.
Я позвоню́ че́рез час.
Переда́йте ей, пожа́луйста, что звони́л Любке.

1.14 УПРАЖНЕНИЯ

1.14.1

Разыгра́йте телефо́нные разгово́ры по сле́дующим да́нным:

1. Г-н Шинкингер звони́т в А/О "Судои́мпорт", г-ну Чистяко́ву. Секрета́рь говори́т ему́, что Чистяко́ва нет и что он вернётся то́лько 20 ма́я. Шинкингер про́сит её переда́ть ему́, что́бы он позвони́л сра́зу же по́сле возвраще́ния.

2. Frau Bundschuh ruft die A/O "Maschinoimport" an, um mit Herrn Kljutschewskij zu sprechen. Man teilt ihr mit, daß Herr Kljutschewskij erst am Nachmittag kommen wird, und fragt sie, ob man ihm etwas ausrichten soll. Sie antwortet, daß es nicht nötig sei, sie werde am Nachmittag noch einmal anrufen.

3. Frau Michalkowa von der A/O "Inturtransavto" ruft Herrn Löffelmann in Berlin an. Dieser versteht die Bezeichnung der AG zunächst nicht, Frau Michalkowa wiederholt sie und teilt ihm mit, daß sie am 10. Juni in Berlin ankommen werde. Er wird sie auf dem Flughafen abholen.

1.14.2

Организация
продает
мелкооптовыми партиями
мужские и женские
КОЖАНЫЕ КУРТКИ
производства Индии
ОБУВЬ
отечественного
производства
Тел. (095) 328-42-06

Вы занима́етесь опто́вой торго́влей о́бувью, ва́ше бю́ро нахо́дится в Мюнхене. На днях вы ви́дели в изда́нии "Эконо́мика и жизнь" N° 2/93 вышеука́занное объявле́ние. Так как вы всегда́ и́щете поставщико́в о́буви, вы реша́ете позвони́ть по ука́занному телефо́ну, чтобы узна́ть бо́лее подро́бную информа́цию.

Нóвые словá

мéлко-	klein-
оптóвый	Engros-, Großhandels-
кóжаная кýртка	Lederjacke
отéчественного произвóдства	aus inländischer (d.h. russischer) Produktion
на днях	dieser Tage, vor kurzem
издáние	Publikation, Zeitung
поставщи́к, -á	Lieferant
подрóбный	genau, detailliert

2. КРАТКИЕ ДЕЛОВЫЕ ПИСЬМА

2.1 ОБРАЗЦЫ ПИСЕМ И ТЕЛЕКСОВ, КОТОРЫЕ СОДЕРЖАТ СООБЩЕНИЕ

2.1.1

VELUX ROSSIA A/O

103062, Москва, ул.Чаплыгина, 3, кв.513-517
Тел. 924 42 91, Факс 924 42 91

---

29 августа 19.. N° 0311/387

Ваш N° 2969/8 от 06.08.19.. г.

ТОРГОВОМУ СОВЕТНИКУ
ПОСОЛЬСТВА АВСТРИИ В
РОССИИ
господину Х.Рихтеру
г.Москва,Староконюшенный
пер., 1

Уважаемый господин торговый советник!

По существу Вашего письма сообщаем, что русская мебель на рынок Австрии продаётся через фирму "Рудольф Пизец" (Вена).

С глубоким уважением

А.П.Грачев
Генеральный директор
VELUX ROSSIA A/O

Но́вые слова́

торго́вый сове́тник	Handelsrat, Handelsdelegierter
по существу́ +2.F.	bezüglich
сообща́ть, -а́ю, -а́ешь сообщи́ть, -щу́, -щи́шь	mitteilen
ры́нок, ры́нка	Markt

2.1.2

О технических данных

Уважаемые господа!

В ответ на Ваше письмо от 08.04.19.. сообщаем, что мы направили Вам требуемые технические данные письмом N° 123/87 от 15 апреля с.г.

С уважением

Мансардные окна VELUX

– легко устанавливаются в Вашу крышу

Сегодня поставляются со склада в Москве!

Мансардные окна VELUX дают возможность использовать чердачное пространство для проживания, наполняя его фантастическим светом. Это более дешевый способ получить больше полезной площади в том же здании. Окна производятся в Дании.
Установить окно в крышу очень легко. Вам надо только следовать подробной инструкции по установке, которую Вы найдете в каждом окне.
Мансардные окна VELUX выполнены из первоклассной обработанной древесины и поставляются с прозрачным двойным остеклением. Снаружи они покрыты защитными металлическими накладками.
Мы с удовольствием вышлем Вам нашу цветную брошюру и цены.

VELUX

VELUX
103062 Москва
Ул. Чаплыгина, 3, кв. 513–514
Тел. 924 42 91, факс 924 42 91

Самые популярные в мире последние 50 лет ...

Пожалуйста, вышлите мне бесплатную брошюру, информацию и цены на мансардные окна VELUX

s

Имя: ______________________

Адрес: ______________________

____

Пошлите этот купон по адресу:
VELUX, 103062 Москва, ул, Чаплыгина, 3, кв. 513–514

2.1.3

TELEX

```
VNIM. G-NA BERGERA FIRMA GERTNER
SOOBSCAEM CHTO TREBUEMYI TOVAR BYL OTGRUJEN 9
OKTIABRIA 19.. G.
S UVAJENIEM
HOLDING CENTR
```

TELEX

Но́вые слова́

тре́буемый	gewünscht, benötigt
с.г.=сего́ го́да	d.J.=dieses Jahres
това́р	Ware
отгру́жен (PPP. von отгрузи́ть)	verladen, versenden

2.1.4 КАК ВЫРАЗИТЬ СООБЩЕНИЕ

Сообщáем Вам, что ...	Wir teilen Ihnen mit, daß ...
Извещáем / Уведомля́ем / Информи́руем } Вас о том, что ...	Wir benachrichtigen Sie (davon), daß ... Wir unterrichten Sie (davon), daß ... Wir informieren Sie (darüber),daß ...
Стáвим Вас в извéстность, что ...	Wir setzen Sie in Kenntnis, daß ...
Нам прия́тно / (Мы) рáды / Имéем честь } сообщи́ть Вам, что ...	Es freut uns, Ihnen mitteilen zu können, daß ... Wir haben die Ehre, Ihnen mitzuteilen, daß ...

Нóвые словá

выражáть, -áю, -áешь вы́разить, -жу, -зишь	ausdrücken
извещáть, -áю, -áешь извести́ть, -щý, -сти́шь	benachrichtigen
уведомля́ть, -я́ю, -я́ешь уведóмить, -млю, -мишь	unterrichten, in Kenntnis setzen
информи́ровать, -ую, -уешь uv. + v.	informieren
стáвить, влю ,-вишь / по- } когó-л. в извéстность	(jemanden) in Kenntnis setzen
имéть честь	die Ehre haben

2.1.5 ОБРАЗЦЫ СООБЩЕНИЯ

1. Сообщáем Вам, что нáши специали́сты прилетя́т в Москвý в концé ноября́.
2. Извещáем Вас о том, что нáша делегáция бýдет в Бохуме с 9 до 15 апрéля 19.. г.
3. Уведомля́ем Вас о том, что нáш генерáльный дирéктор г-н Пленк приéдет в Ли́пецк 24 мая 19.. г. на переговóры.
4. Стáвим Вас в извéстность, что мы сегóдня отпрáвили послéднюю пáртию товáра.
5. Сообщáем Вам, что немéцкая делегáция прилети́т 5 октября́ с.г. рéйсом ...
6. Нам прия́тно сообщи́ть, что сегóдня ýтром мы получи́ли Вáши образцы́.
7. Мы рáды сообщи́ть, что мóжем приня́ть Вас в Москвé в концé января́ для переговóров.
8. Имéем честь сообщи́ть, что мы получи́ли Вáше письмó от 02.08.19.. и что мы соглáсны с Вáшими услóвиями.
9. Мы сообщи́м Вам по тéлексу о приéзде нáших специали́стов в Москвý.

Нóвые словá

переговóры, -ов	Verhandlungen
пáртия товáра	Warensendung, -lieferung
делегáция	Delegation
услóвие	Bedingung

2.1.6 УПРАЖНЕНИЯ

2.1.6.1

Напиши́те вáшему рýсскому партнёру крáткие деловы́е пи́сьма на основáнии слéдующих дáнных:

1. Teilen Sie mit, daß Ihr Direktor, Herr Lemke, im Herbst zu der Ausstellung nach Moskau kommen wird.
2. Setzen Sie Ihren Partner in Kenntnis, daß alljährlich in verschiedenen Städten der Bundesrepublik viele Ausstellungen **abgehalten (организова́ть)** werden.
3. Es freut Sie, mitteilen zu können, daß die österreichische Delegation das Visum erhalten hat und daher nächste Woche nach Sankt Petersburg reisen wird.
4. Informieren Sie Ihren Geschäftspartner darüber, daß Sie heute die ihn interessierenden Muster abgeschickt haben.
5. Teilen Sie in Beantwortung des Briefes vom 12.11.19.. mit, daß Sie bereit sind, die Lieferungen von Maschinen Ihrer Firma in die GUS zu **besprechen** (**обсужда́ть, -а́ю, -а́ешь, обсуди́ть, обсужу́, обсу́дишь**).
6. Sie haben die Ehre mitzuteilen, daß der Direktor Ihrer Firma im Juni d.J. in Moskau sein wird.
7. Sie bringen der russischen Firma zur Kenntnis, daß Sie die Maschinen nicht bis zum Ende des Jahres liefern können.

2.1.6.2

Напиши́те те́лексы на основа́нии э́тих да́нных.

2.2 ОБРАЗЦЫ СОПРОВОДИТЕЛЬНЫХ ПИСЕМ

2.2.1

А/О ТЕХМАШИМПОРТ

РОССИЯ, 121201, МОСКВА, ул.Менделеева, д.25, тел. 2345189,
Телетайп 4655-34-98, Факс 465-90-34

N° 48/123/4567 12 ноября 19.. г.

Ханс Майер Гез.м.б.Х.
Вальтергассе 44
А-1040 Вена

О контракте N° 32-08562/92

Уважаемые господа!

В приложении направляем Вам подписанный нами контракт N° 32-08562/92 в трёх экземплярах.

Просим Вас подписать два экземпляра данного контракта и выслать их обратно в наш адрес.

С уважением
А/О "ТЕХМАШИМПОРТ"

Приложение: контракт N°32-08562/95 в 3-х экземплярах

2.2.2

Уважаемый господин Гофманн!
Отдельной почтой направляем Вам копию дополнения N° 04-287732 к контракту N°64-001/49 от 02.08.19.. г.

С уважением
АО "Ижорские заводы"

Но́вые слова́

сопроводи́тельный	Begleit-
тире́	Gedankenstrich, Bindestrich
дробь, -и	Schrägstrich
подпи́санный (PPP. von подписа́ть)	unterschrieben
подпи́сывать, -аю, -аешь подписа́ть, -пишу́, -пи́шешь	unterschreiben
да́нный	vorliegend
высыла́ть, -а́ю, -а́ешь вы́слать, вы́шлю, вы́шлешь	schicken
обра́тно	zurück
дополне́ние	Ergänzung

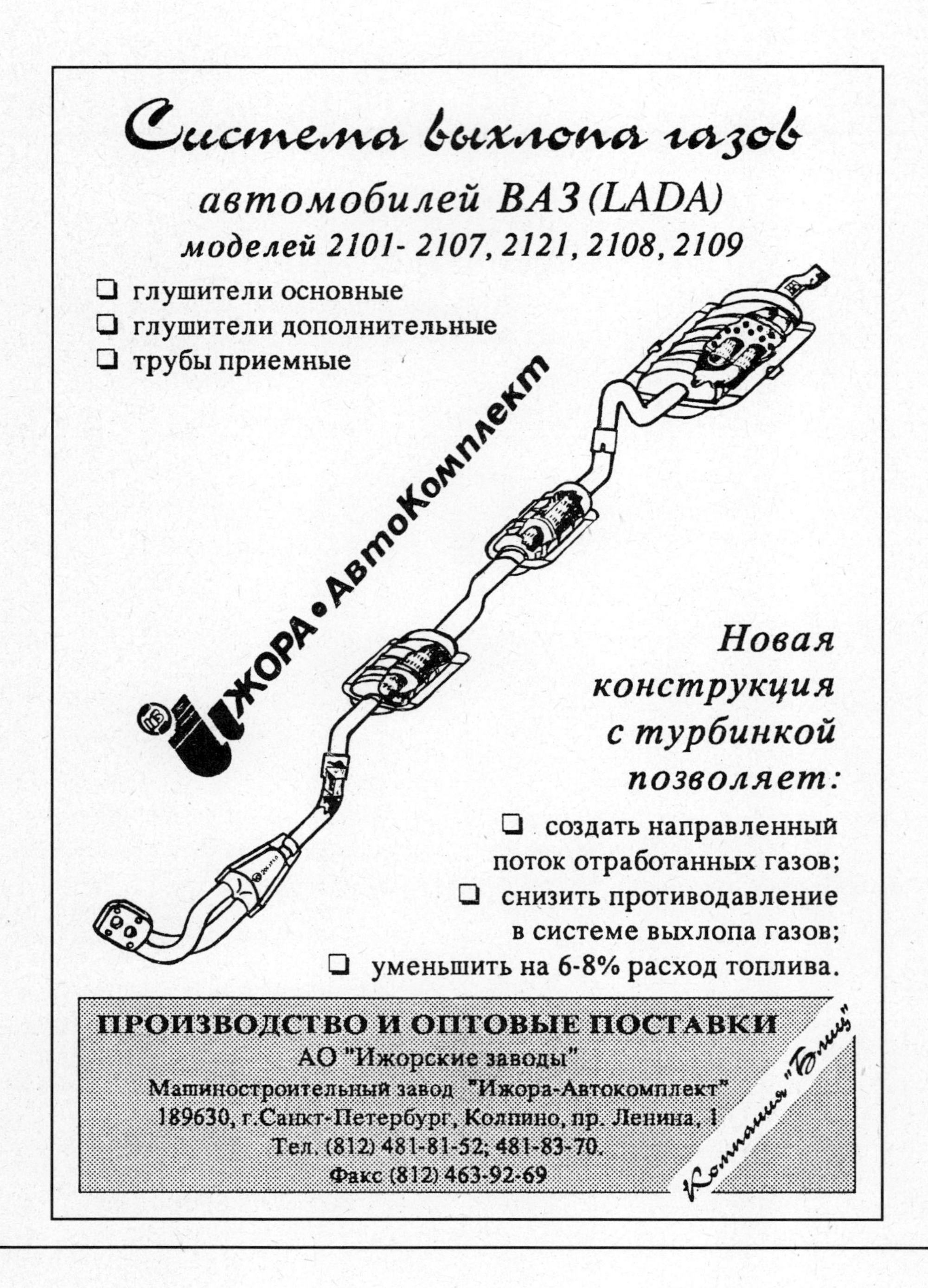

2.2.3

A/O EXPORTLES

121803, РОССИЯ, МОСКВА, Трубниковский пер., 19,
Телекс: 411229 ELES SU Телефон: 291-61-16. Телефакс:7-09556

В Вашем ответе просим ссылаться на N°________.
In your reply, please refer to_______

Дата/Date 5 апреля 19... г.

Фирма "Х.Швайгхофер"
Уферrассе 23
А-3370 Иббс
Австрия

О картоне типа "А"

Уважаемые господа!

В приложении посылаем Вам образцы нашего картона типа "А".

С уважением
А/О "ЭКСПОРТЛЕС"

Приложение: образцы

2.2.4 КАК ПИШЕТСЯ СОПРОВОДИТЕЛЬНОЕ ПИСЬМО

Направля́ем / Посыла́ем / Высыла́ем } Вам …	Wir { übersenden / schicken / senden } Ihnen …
С удово́льствием { направля́ем Вам / и т.д. } Мы ра́ды напра́вить } Вам и т.д	Gerne übersenden wir Ihnen usw.
Направля́ем Вам { в приложе́нии / с э́тим письмо́м / отде́льным паке́том / заказно́й бандеро́лью / сего́дняшней по́чтой / почто́вой посы́лкой	Wir übersenden Ihnen { als Beilage / mit diesem Brief / als eigenes Paket / eingeschrieben (wörtl.: als Einschreibpäckchen) / mit heutiger Post / als Postpaket
В приложе́нии / При э́том } направля́ем Вам …	Anbei übersenden wir Ihnen …
Одновреме́нно направля́ются …	Gleichzeitig werden … übersandt.
(К письму́) прилага́ем …	Wir legen (dem Brief) … bei.

Нóвые словá

отдéльный	getrennt, gesondert
заказны́м письмóм	eingeschrieben, als Einschreibebrief
бандерóль, -и	Päckchen
посы́лка	Paket
прилагáть, -áю, -áешь приложи́ть, -жý, -лóжишь	beilegen, beifügen

заќаз
закáз-ывать
заказ-áть
закáз-чик
заказ-нóй

2.2.5 ОБРАЗЦЫ СОПРОВОДИТЕЛЬНЫХ ПИСЕМ

1. При э́том направля́ем Вам подрóбное техни́ческое описáние.
2. Высылáем Вам с э́тим письмóм каталóг N° ... на 19.. г.
3. Пересылáем сегóдняшней пóчтой договóры N° ... и N° ...
4. С удовóльствием посылáем Вам техни́ческие дáнные.
5. Мы рáды напрáвить Вам спи́сок фирм, котóрые при́мут учáстие в промы́шленной вы́ставке в апрéле с.г.
6. В отвéт на Вáше письмó направля́ем Вам в приложéнии интересýющие Вас материáлы.
7. При э́том направля́ются прейскурáнт и каталóги нáшей продýкции.
8. Сообщáем, что отдéльным пакéтом напрáвим Вам образцы́.
9. Прилагáем к письмý спецификáцию N° 23-0986/92.

Нóвые словá

описáние		Beschreibung
пересылáть, -áю, -áешь переслáть, -шлю́, -шлёшь		übersenden
договóр		Vertrag
спи́сок, спи́ска		Liste
принимáть, -áю, -áешь приня́ть, примý, при́мешь	учáстие в+6.F.	teilnehmen an
промы́шленный		Industrie-
вы́ставка		Ausstellung
прейскурáнт		Preisliste
продýкция		Produktion, Erzeugnisse
спецификáция		Spezifikation

Ü 2.2.6 УПРАЖНЕНИЯ

2.2.6.1

Напиши́те, что...

1. Sie beiliegend die Spezifikation Nr. … übersenden.
2. Sie gerne den unterfertigten Vertrag Nr. … in 3 Exemplaren übersenden.
3. Sie heute mit gesondertem Paket die gewünschten Muster abgeschickt haben.
4. Sie Ihrem Partner in der Anlage die Preislisten für 19.. schicken.
5. Sie dem Brief die technische Beschreibung der Maschinen beilegen.
6. gleichzeitig die gewünschte Information über den neuen **Computer** (**компью́тер**) abgeschickt wird.

2.3 ОБРАЗЦЫ ПИСЕМ И ТЕЛЕКСОВ, КОТОРЫЕ ВЫРАЖАЮТ ПРОСЬБУ

2.3.1

О поставке компьютеров

Уважаемые господа!

Обращаемся к Вам с просьбой прислать нам список тех компьютеров, которые Вы можете поставить в течение второго квартала с.г.

С уважением

А/О "Оптика"

2.3.2

TELEX

VNIM. G-NA MELNIKOVA GRAFIKA-M
PROSIM VAS INFORMIROVAT NAS O DATE PRIEZDA ROSSIISKOI DELEGACII I O SROKE PREBYVANIIA V VENE
S UVAJENIEM
PIATNIK

TELEX

Но́вые слова́

про́сьба	Bitte
присыла́ть, -а́ю, -а́ешь присла́ть, -шлю́, -шлёшь	schicken, zusenden
поставля́ть, -я́ю, -я́ешь поста́вить, -влю, -ишь	liefern
в тече́ние +2.F.	im Laufe von, innerhalb
срок	Frist, Dauer, Termin
срок пребыва́ния	Aufenthaltsdauer

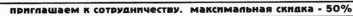

2.3.3 КАК ВЫРАЗИТЬ ПРОСЬБУ

Про́сим Вас	Wir bitten Sie, uns
Обраща́емся к Вам с про́сьбой	Wir wenden uns mit der Bitte an Sie, uns
Мы проси́ли бы Вас	Wir würden Sie bitten, uns
Не могли́ бы Вы	Könnten (Sie) uns
{ присла́ть / напра́вить / сообщи́ть / подтверди́ть } нам …	… (zu) schicken / … (zu) übersenden / … mit(zu)teilen / … (zu) bestätigen
Мы бу́дем (весьма́)	Wir werden Ihnen (sehr)
{ благода́рны / призна́тельны / обя́заны } Вам, е́сли Вы	{ dankbar / verbunden / zu Dank verpflichtet } sein, wenn Sie uns
{ пришлёте / вы́шлете / напра́вите } нам …	… zusenden / … schicken / … übersenden
Мы бы́ли бы (о́чень)	Wir wären Ihnen (sehr)
благода́рны Вам, е́сли бы Вы присла́ли нам …	dankbar, wenn Sie uns … schicken würden
{ Мы хоте́ли бы / (Нам) хоте́лось бы / Жела́тельно было бы } узна́ть … / получи́ть …	{ Wir würden gerne / Wir möchten gerne / Es wäre wünschenswert } … (zu) erfahren / … (zu) erhalten

Но́вые слова́

подтвержда́ть, -а́ю, -а́ешь подтверди́ть, -жу́, -ди́шь	bestätigen
весьма́	sehr, ganz
призна́телен, -льна, -льно, -льны	verbunden
обя́зан, -а, -о, -ы	verpflichtet (zu Dank)
жела́тельно	wünschenswert

2.3.4 ОБРАЗЦЫ ПИСЕМ, КОТОРЫЕ ВЫРАЖАЮТ ПРОСЬБУ

1. Про́сим Вас присла́ть нам прейскура́нт в 2-х (двух) экземпля́рах на тра́кторы моде́ли Белару́сь 21.
2. Обраща́емся к Вам с про́сьбой вы́слать нам техни́ческую документа́цию Ва́ших станко́в моде́ли ТО-5.
3. Мы хоте́ли бы попроси́ть Вас напра́вить в наш а́дрес иллюстри́рованные катало́ги автомоби́лей Ва́шей фи́рмы.
4. Не могли́ бы Вы присла́ть нам предложе́ние на 500 радиоприёмников ти́па Ра́дуга?
5. Про́сим сообщи́ть нам, каки́е моде́ли Вас интересу́ют.
6. Мы бу́дем весьма́ призна́тельны Вам, е́сли Вы пришлёте нам подро́бную информа́цию о я́рмарках в Росси́и в 19.. г.
7. Мы бы́ли бы благода́рны, е́сли бы Вы подтверди́ли по телефо́ну получе́ние образцо́в.
8. Мы хоте́ли бы получи́ть от Вас техни́ческую характери́стику Ва́ших маши́н.

9. Про́сим присла́ть нам спи́сок тех прибо́ров, кото́рые произво́дятся на Ва́ших заво́дах.
10. Жела́тельно бы́ло бы ознако́миться с Ва́шими маши́нами на я́рмарке.

Но́вые слова́

моде́ль, -и	Modell
иллюстри́рованный	illustriert
радиоприёмник	Radio
я́рмарка, 2.Pl. я́рмарок	Messe
получе́ние	Erhalt
прибо́р	Gerät
стано́к, станка́	Werkzeugmaschine
производи́ть, -вожу́, -во́дишь произвести́, -веду́, -ведёшь	erzeugen
ознакомля́ться, -ля́юсь, -ля́ешься ознако́миться,-млюсь, -мишься } с+5.F.	s. bekanntmachen mit, kennenlernen, s. informieren über

HEWLETT PACKARD

1939 1989 50

Представительство:
Москва 101000
Покровский Бульвар
4/17, кв. 12
Тел. 923 50 01
Телекс 413225 hpco su
Телефакс 230 26 11

ДЕМО и СЕРВИС ЦЕНТР:
129223, г. Москва
ГДИВЦ ВДНХ
Проспект Мира
Тел. 181 38 81, 181 38 67
Телефакс 181 35 53

Дата: ________________

Кому: ________________

от: ________________

☐ **Просьба утвердить**
☐ **Просьба выполнить**
☐ **Просьба обсудить**
☐ **Просьба возвратить**
☐ **Просьба направить**
☐ **Для Вашего сведения**
☐ **В дело**
☐ **Как запрошено**

2.3.5 УПРАЖНЕНИЯ

2.3.5.1

Напиши́те, что...

1. Sie um Zusendung von Katalogen der russischen Firmen bitten.
2. Sie von der russischen Firma gerne Informationen über die neuen Modelle erhalten würden.
3. Sie den russischen Partner bitten, Ihnen genaue Angaben über die Messen und Ausstellungen von Computern in der GUS zu schicken.
4. Sie Ihrem Partner dankbar wären, wenn er Ihnen mitteilte, wann die russischen Spezialisten nach München kommen könnten.
5. Sie Ihrem Partner zu Dank verpflichtet wären, wenn er Ihnen seine neuen Kataloge zuschickte.

6. Sie von Ihrem Partner gerne erfahren möchten, ob sich **gegenwärtig** (**в настоя́щее вре́мя**) in Rußland Firmen für Erzeugnisse Ihrer Fabrik interessieren.
7. Sie Ihrem Partner sehr verbunden wären, wenn er Ihnen noch in diesem Jahr ein Angebot über 100 Autos der Type Niva machen könnte.

2.3.5.2

Переведи́те сле́дующие те́лексы:

1. PROSIM SROCHNO OTVETIT NA NASH TELEX NR 24 OT 16.10. ZARANEE BLAGODARIM S UVAJENIEM
2. ESCE RAZ PROSIM SOOBSCIT VASHEI GOTOVNOSTI ZAKUPIT TOVAR S POSTAVKOI VO 2 POLUGODII 19.. GODA
3. PROSIM USKORIT OTVET NA NASHE PREDLOJENIE UVAJENIEM
4. NE IMEEM OTVETA NASHE PREDLOJENIE PROSIM OTVETIT

2.4 ОБРАЗЦЫ ПИСЕМ СО ССЫЛКАМИ

2.4.1

СТАНКОИМПОРТ **STANKOIMPORT**

РОССИЯ - МОСКВА **MOSCOW - RUSSIA**

117839, МОСКВА, ул. Обручева, 34/53, тел. 333-51-01

ТКС/ТХ: 11322683-2, 7691, 7692, 7693

Машиненфабрик Андриц АГ
Штаттэггер Штрассе 18
а/я 24
A-8045 Грац-Андриц

В своем ответе просьба ссылаться на N° 30/14

14 ноября 19... г.

О станках РК-80

Уважаемые господа!

В соответствии с нашим письмом от 27.01.19... сообщаем Вам новые сроки поставки для станков типа РК-80: I, II и III кварталы 19.. года.

С уважением
АО "Станкоимпорт"

2.4.2

Уважаемая госпожа Кралик!

Согласно Вашей просьбе направляем Вам отдельной почтой копии счета и железнодорожной накладной.

С уважением
ЗАПСИБГАЗПРОМСТРОЙ

Но́вые слова́

срок поста́вки	Lieferfrist, -termin
счёт, -а, Pl. счета́, -о́в	Rechnung
железнодоро́жная накладна́я	Eisenbahnfrachtbrief

2.4.3 КАК ВЫРАЗИТЬ ССЫЛКУ

Ссыла́ясь на Ваш запро́с от …,	сообща́ем (Вам) …	Bezugnehmend auf Ihre Anfrage vom …	teilen wir (Ihnen) mit …
В отве́т на Ва́ше письмо́ от …		In Beantwortung Ihres Briefes vom …	
На основа́нии на́шего телефо́нного разгово́ра …		Auf Grund unseres Telefongesprächs …	
В соотве́тствии с на́шим письмо́м от …		Gemäß unserem Brief vom …	
В подтвержде́ние на́шего телефо́нного разгово́ра …		In Bestätigung unseres Telefongesprächs …	
По Ва́шей про́сьбе …		Auf Ihre Bitte …	
Согла́сно Ва́шей про́сьбе …		Gemäß Ihrer Bitte …	
В связи́ с Ва́шей про́сьбой …		Im Zusammenhang mit (wegen) Ihrer Bitte …	

Но́вые слова́

ссы́лка	Bezugnahme, Hinweis, Verweis
запро́с	Anfrage
в соотве́тствии с+5.F.	entsprechend, gemäß, in Übereinstimmung mit
в подтвержде́ние +2.F.	in Bestätigung
согла́сно+3.F. (2.F.)	gemäß, laut
в связи́ с+5.F.	im Zusammenhang mit, wegen

2.4.4 ОБРАЗЦЫ ССЫЛОК В ДЕЛОВЫХ ПИСЬМАХ

1. В отве́т на Ва́ше письмо́ от 28.05.19.. сообща́ем Вам, что мы уже́ отпра́вили контра́кт.
2. Ссыла́ясь на Ваш запро́с от … , информи́руем Вас, что на́ши це́ны на грузовики́ не измени́лись.
3. На основа́нии на́шего телефо́нного разгово́ра про́сим вы́слать техни́ческую документа́цию.
4. В соотве́тствии с Ва́шим письмо́м от … сообща́ем, что на́ши специали́сты прие́дут на Ве́нскую я́рмарку.
5. Согла́сно Ва́шей про́сьбе высыла́ем Вам спи́сок фирм, кото́рые уча́ствуют в вы́ставке "РЕКЛАМА 2000".
6. В связи́ с Ва́шей про́сьбой направля́ем Вам план междунаро́дных вы́ставок в СНГ на 19.. год.

Но́вые слова́

цена́, -ы́, Pl. це́ны на +4.F.	Preis für
изменя́ться, -я́юсь, -я́ешься измени́ться, -меню́сь, -ме́нишься	sich ändern
уча́ствовать, -ую, -уешь в+6.F.	sich beteiligen an, teilnehmen an

2.4.5 УПРАЖНЕНИЯ

2.4.5.1

Переведи́те:

1. Bezugnehmend auf Ihre Anfrage vom 13.10.19.., teilen wir Ihnen mit, daß wir die **erwähnten** (**упомя́нутый**) Maschinen erst zu Beginn des nächsten Quartals liefern können.
2. Auf Ihre Bitte bieten wir Ihnen die Lieferung der Ware im II. und IV. Quartal an.

3. Gemäß Ihrer Bitte übersenden wir Ihnen eine Liste jener Waren, für die sich unsere Aktiengesellschaft interessiert.
4. Entsprechend Ihrem Brief vom 7. Februar 19.. schicken wir Ihnen mit heutiger Post die Muster der Geräte.
5. Auf Grund unseres Telefongesprächs vom ... schicken wir Ihnen in der Anlage einen **Mustervertrag** (**типово́й догово́р**) unserer Firma.
6. In Beantwortung Ihres Briefes vom ... teilen wir Ihnen mit, daß wir die Waren im Laufe der Monate Mai und Juni liefern werden.
7. In Beantwortung Ihres Fax vom 30. Januar teilen wir Ihnen mit, daß wir die Prospekte mit heutiger Post absenden werden.

2.4.5.2

Соста́вьте делову́е пи́сьма по сле́дующим да́нным (**составля́ть, -я́ю, -я́ешь, соста́вить, -влю, -вишь – erstellen, zusammenstellen**):

1. Sie bitten um Zusendung des neuen illustrierten Katalogs der **PC** (**персона́льный компью́тер**) der Firma Hewlett Packard.
2. Sie teilen mit, daß in dieser Woche (am 5. November 19..) die letzte Sendung abgeschickt wurde.
3. Ihre Firma bestätigt den Erhalt des Briefes vom 28. Mai 19..
4. Sie beziehen sich auf eine **Anzeige** (**объявле́ние**) in der Zeitung "**Kommersant**" (**Коммерса́нтъ**) und bitten um die Zusendung eines Prospekts über **Autoanhänger** (**автомоби́льный прице́п**) des Typs "ALISA".
5. Sie übersenden in der Anlage die geforderten Muster.
6. Sie danken für die Muster, die Sie heute erhalten haben.

2.4.5.3

Торговый дом

ПУЛЬС-СОФТ

ВСЕ ДЛЯ ОФИСА

В продаже:

телефаксы, ксероксы,
телефоны, компьютеры,
калькуляторы,
пишущие машинки,
видеотехника, сейфы,
вентиляторы
Удобство. Современность.
Престиж.
Гарантийное обслуживание.
Ремонт любой оргтехники.

Москва, ул. Бурденко, 12
(ст. м. "Парк культуры")
Тел. (095) 245-12-03,
246-44-96, 245-04-06

Пять неде́ль наза́д вы отпра́вили в вышеука́занный а́дрес письмо́, в кото́ром вы запроси́ли иллюстри́рованный катало́г и прейскура́нт. Одна́ко вы до сих пор не получи́ли отве́та. Поэ́тому вы тепе́рь обраща́етесь второ́й раз в э́тот торго́вый дом. При э́том вы ссыла́етесь на ва́ше пе́рвое письмо́.

Но́вые слова́

обслу́живание — Bedienung
оргте́хника — Büromaschinen
до сих пор — bis jetzt

2.5 ДИАЛОГИ

2.5.1 ТЕЛЕФОННЫЙ РАЗГОВОР

- Алло́, э́то "Машприборинто́рг"?
- Да.
- Мне хоте́лось бы поговори́ть с господи́ном Тро́стниковым.
- Я у телефо́на.
- С ва́ми говоря́т из фи́рмы "Машиненфабрик Хайд АГ", моя́ фами́лия Кёнигсхофер.
- Прости́те, я не по́нял.
- Это Кёнигсхофер, "Машиненфабрик Хайд АГ".
- Слу́шаю вас.
- Я хоте́ла бы поговори́ть с ва́ми о ...

2.5.2 ТЕЛЕФОННЫЙ РАЗГОВОР

- Слу́шаю вас.
- Соедини́те меня́, пожа́луйста, с госпожо́й Ти́хоновой.
- С кем?
- С Валенти́ной Алекса́ндровной Ти́хоновой, заве́дующим отде́лом.
- Вы оши́блись но́мером.
- Это 274-09-52?
- Вы непра́вильно набра́ли но́мер. Это 274-09-53.
- Извини́те, пожа́луйста.
- Пожа́луйста.

2.6 КАК ВЕСТИ РАЗГОВОР ПО ТЕЛЕФОНУ

Вы не по́няли ва́шего собесе́дника по телефо́ну:

Прости́те (Извини́те), я не рассль́ішал вас.
Прости́те, я не поняла́.
Повтори́те, пожа́луйста, я не по́нял.

Кто́-то непра́вильно набра́л но́мер.

Вы оши́блись но́мером.
Вы не туда́ попа́ли.
Како́й но́мер вы набира́ли?
Вы непра́вильно набра́ли но́мер.

Вы непра́вильно набра́ли но́мер.

Извини́те, пожа́луйста.
Прости́те, пожа́луйста.
Прошу́ проще́ния.
Извини́те за беспоко́йство.
Ка́жется я оши́блась но́мером.
Я набира́л но́мер ...

2.7 УПРАЖНЕНИЯ

Разыгрáйте телефóнные разговóры с пóмощью слéдующих дáнных.

1. Г-жа Бергер должнá быть в Москвé 1 декабря́. Онá звони́т в росси́йское посóльство, чтобы узнáть, когдá онá полу́чит ви́зу. Ей отвечáют, что онá полу́чит ви́зу 28 ноября́, éсли срáзу же сдаст пáспорт и́ли фотокóпию пáспорта и **ви́зовую анкéту (Visumantrag)** с фотокáрточками.
2. Herr Wolf möchte mit Frau Bystrowa von der AO "Techmaschexport" sprechen. Er hat aber die falsche Nummer gewählt und entschuldigt sich.
3. Herr Smirnow von der "NISSA, LTD." Ges.m.b.H. (=TOO) ruft die AO "LAND" an und will sich mit Frau Kawerina verbinden lassen. Das Sekretariat versteht ihn zuerst nicht und teilt ihm dann mit, daß Frau Kawerina beim Essen ist und er in einer halben Stunde wieder anrufen soll.

3. ЗАПРОС

3.1 ОБРАЗЦЫ ПИСЕМ И ТЕЛЕКСОВ

3.1.1

ORTHUBER - STAHL - A.G.

A-4020 Linz, Hafenstraße 28, Tel. (0732) 647693-0, Fax (0732) 647693-75

Российская Федерация
121834, Москва,
ул. Чайковского, 13,
Ihr Zeichen А/О "УРАЛСТАЛЬ"
Unser Zeichen
Betreff
Linz, am 19.. 05. 08.

О запросе на поставку листовой стали

Уважаемые дамы и господа!

Просим Вас выслать нам предложение на поставку 400 тонн листовой стали толщиной в 1 мм.

В предложении просим Вас указать цену франко-вагон австрийская граница, условия платежа и кратчайшие сроки поставки.

В ожидании Вашего скорого ответа остаемся

с уважением

Но́вые слова́

то́нна (сокращённо т)	Tonne (t)
листова́я сталь	Stahlblech
толщина́	Dicke, Stärke
листова́я сталь толщино́й в 1 мм (оди́н миллиме́тр)	1 mm dickes Stahlblech (= … mit einer Stärke von …)
фра́нко-ваго́н … грани́ца	frei Grenze
платёж, платежа́	Zahlung

3.1.2

АО МАШИНОИМПОРТ МИ
121200, Москва, Смоленская-Сенная пл., 32/34, тел.244-33-09,телекс 111871

22.05.19.. N° 50-479/834
На N° 03-628/532 от 11.05.

ЗИММЕРИНГ-ГРАЦ-ПАУКЕР АГ
А-1061 Вена
Мариахильферштрассе, 32

О поставке станков модели 321 Х

Уважаемые господа!

Сообщаем Вам, что на последней Венской осенней ярмарке мы посетили Ваш стенд, где нас особенно заинтересовали Ваши новые станки модели 321 Х.

Просим Вас сделать нам предложение на 100 станков вышеуказанной модели. Срочная поставка имела бы для нас большое значение.

Ожидаем Вашего скорого ответа.

С уважением
АО "МАШИНОИМПОРТ"

Но́вые слова́

осе́нний	Herbst-, herbstlich
посеща́ть, -а́ю, -а́ешь посети́ть, -щу́, -ти́шь	besuchen
стенд	Stand
осо́бенно	besonders
ожида́ть, -а́ю, -а́ешь +2.F.	erwarten

3.1.3

TELEX

```
20.01.19..        14:25
132406  IBUM  A
PROSIM TELEKSIROVAT PREDLOJENIE NA 3,3 TN ... CIF
ROTTERDAM SO SROCHNOI  POSTAVKOI I UKAZANIEM
KACHESTVENNOI HARAKTERISTIKI. TOVAR DOLJEN BYT
AVSTRIISKOGO PROIZVODSTVA. UKAJITE TAKJE FIRMU-
PROIZVODITELIA  NASH KLIENT POKUPAET EJEGODNO 200 TN.
UVAJENIEM
```

TELEX

Но́вые слова́

телекси́ровать, -ую, -уешь	per Telex übermitteln
ка́чественный	qualitativ
фи́рма-производи́тель	Herstellerfirma
сиф.=с.и.ф.=сто́имость, страхова́ние, фрахт	cost, insurance, freight
ежего́дно	jährlich

3.2 КОММЕНТАРИЙ

Запро́сы ча́сто явля́ются нача́лом торго́вых отноше́ний. В запро́сах покупа́тель про́сит напра́вить ему́ предложе́ние на поста́вку това́ра, вы́слать катало́ги, рекла́мный материа́л, образцы́, прейскура́нты, сме́ты. В деловы́х пи́сьмах э́того ро́да покупа́тель спра́шивает об усло́виях платежа́, об усло́виях поста́вки, о возмо́жностях предоставле́ния ски́дки с цены́. Запро́сы обы́чно де́лаются на основа́нии проспе́ктов, катало́гов, объявле́ний в журна́лах и газе́тах и на основа́нии информа́ции, полу́ченной на вы́ставках и я́рмарках.

Но́вые слова́

отноше́ние	Beziehung
сме́та	Kostenvoranschlag
род	Art
ски́дка (с цены́)	Preisnachlaß
объявле́ние	Anzeige, Inserat

3.3 ТИПОВЫЕ ФРАЗЫ

Мы ви́дели Ва́ше объявле́ние в журна́ле "Вне́шняя торго́вля" за март с.г.	Wir haben Ihre Anzeige in der Zeitschrift "Wneschnjaja Torgowlja" vom März d.J. gesehen.
Мы получи́ли Ваш а́дрес от делово́го партнёра.	Wir haben Ihre Adresse von einem Geschäftsfreund erhalten.
Мы ви́дели Ваш стенд на Ве́нской осе́нней я́рмарке.	Wir haben Ihren Stand auf der Wiener Herbstmesse gesehen.
Мы явля́емся одно́й из крупне́йших фирм на́шей страны́.	Wir sind eine der größten Firmen unseres Landes.
Нам сро́чно ну́жно 30 тонн вышеука́занного това́ра.	Wir brauchen dringend 30 Tonnen der oben erwähnten Ware.
Мы нужда́емся в совреме́нных станка́х.	Wir benötigen moderne Werkzeugmaschinen.
Осо́бенно нас интересу́ют сле́дующие изде́лия …	Besonders interessieren uns folgende Produkte …
Мы заинтересо́ваны в микрокалькуля́торах ти́па 2000.	Wir sind an Taschenrechnern der Type 2000 interessiert.
Про́сим Вас сде́лать нам предложе́ние на 40 000 (со́рок ты́сяч) тонн пшени́цы.	Bitte erstellen Sie uns ein Angebot über 40 000 Tonnen Weizen.
Мы зна́ем, что Вы явля́етесь одни́м из крупне́йших импортёров втори́чного сырья́ (вторсырья́).	Wir wissen, daß Sie einer der größten Importeure von Recycling-Material sind.
Мы посети́ли вы́ставку "Электро́ника" в Москве́.	Wir haben die Ausstellung "Elektronik" in Moskau besucht.
Про́сим Вас дать нам подро́бную информа́цию о …	Bitte informieren Sie uns detailliert über …

Ссыла́ясь на Ва́ше объявле́ние в ...	Bezugnehmend auf Ihre Anzeige in ...
Про́сим Вас вы́слать нам образцы́ Ва́ших тка́ней.	Bitte schicken Sie uns Muster Ihrer Stoffe.
Спрос на таки́е това́ры ре́зко повы́сился.	Die Nachfrage nach solchen Waren ist stark gestiegen.
Коро́ткий срок поста́вки име́л бы большо́е значе́ние для нас.	Eine kurze Lieferfrist wäre für uns sehr wichtig.
Про́сим сообщи́ть нам Ва́ши усло́вия поста́вки и платежа́.	Bitte teilen Sie uns Ihre Liefer- und Zahlungsbedingungen mit.
Каку́ю ски́дку Вы мо́жете нам предоста́вить?	Welchen Rabatt können Sie uns gewähren?
На основа́нии торго́вого соглаше́ния, заключённого 2 апре́ля с.г. в Москве́, мы предполага́ем купи́ть ...	Auf der Grundlage des Handelsabkommens, das am 2.4. d.J. in Moskau abgeschlossen wurde, beabsichtigen wir, ... zu kaufen.

Но́вые слова́

вне́шний	Außen-, äußerer
торго́вля	Handel
партнёр	Partner
крупне́йший	der größte, der bedeutendste
нужда́ться, -а́юсь, -а́ешься uv. в+6.F.	etwas benötigen
изде́лие	Produkt, Erzeugnis
микрокалькуля́тор	Taschenrechner
пшени́ца	Weizen
импортёр	Importeur
втори́чное сырьё (вторсырьё)	Recycling-Material
ткань, -и	Stoff
спрос	Nachfrage
ре́зко	stark; scharf
повыша́ться, повыша́ется, -а́ются повы́сить, повы́сится, -сятся	steigen, sich erhöhen
предоставля́ть, -я́ю, я́ешь предоста́вить, -влю, -вишь	gewähren
соглаше́ние	Abkommen
заключа́ть, -а́ю, -а́ешь заключи́ть, -у́, -и́шь (заключённый = PPP.)	abschließen
предполага́ть, -а́ю, -а́ешь предположи́ть, -жу́, -ло́жишь	beabsichtigen, planen

3.4 ДОПОЛНИТЕЛЬНЫЕ ПИСЬМА И ФАКС

3.4.1

АО "СТАНКОИМПОРТ"
ул. Обручева, 34/53,
117839, Москва

Мюнхен, 30.09.19.. г.

О поставке сверлильных станков

Уважаемые дамы и господа!

Подтверждаем получение Вашего каталога N° 34 на 19.. год, за который Вас очень благодарим.

Мы заинтересованы в Ваших сверлильных станках модели 278 МК и просим выслать предложение на 20 штук этих станков. Просим приложить к предложению необходимые чертежи и подробную характеристику.

Надеемся на скорый ответ.

С уважением
Машинен АГ

Копия: Торгпредство ФРГ в России

Нóвые словá

дополни́тельный	zusätzlich
сверли́льный станóк	Bohrmaschine
штýка, сокр. шт.	Stück
чертёж, чертежá	(techn.) Zeichnung
надéяться, -éюсь, -éешься uv. на+4.F.	hoffen auf

3.4.2

АО МЕТАЛЛУРГИМПОРТ МИ

Москва, 117393, Архитектора Власова, 33
Телефон:128-07-75, Телекс: 411388 MGI

Moscow, 117393, Architektora Vlasova, 33
Telephone: 128-07-75, Telex: 411388 MGI

Ваш номер Your ref	Ваше письмо от Your letter of	Наш номер 19-329/512 Our ref	Дата 06.02... г. Date

Представительство фирмы
"КРУПП" АГ в Москве

Вниманию г-на Шнайдера

Уважаемый господин Шнайдер!

Просим Вас направить в наш адрес предложение в 3-х экземплярах на поставку оборудования для завода по переработке лома цветных металлов на компенсационной основе в соответствии с прилагаемыми техническими условиями.

В предложении просим указать цену и вес основных единиц оборудования, а также предусмотреть комплект запчастей на 2 года эксплуатации.

В ожидании Вашего предложения остаемся с уважением
АО "МЕТАЛЛУРГИМПОРТ"

Приложение: по тексту на 11 стр.

Но́вые слова́

обору́дование	Ausrüstung
перера́ботка	Verarbeitung
лом цветны́х мета́ллов	Buntmetallschrott
на компенсацио́нной осно́ве	auf Kompensationsbasis
вес, -а	Gewicht
компле́кт	Satz, Garnitur
едини́ца	Einheit
предусма́тривать, -аю, -аешь предусмотре́ть,-смотрю́, -смо́тришь	vorsehen
запча́сть=запасна́я часть	Ersatzteil
эксплуата́ция	Verwendung, Betrieb

3.4.3

30-08-19.. 14:59 UNIVERSO DOMANI 95 438-8365 стр.01

ТОВАРИЩЕСТВО С ОГРАНИЧЕННОЙ ОТВЕТСТВЕННОСТЬЮ

UD - UNIVERSO DOMANI

р/с N° 010632800004
в банке "Столичный"

Fax: 8-10432245-89432

Господину Уллманну

Уважаемый господин Уллманн!

Благодарим Вас за внимание, проявленное к нашей фирме, и выражаем надежду на дальнейшее развитие взаимовыгодного сотрудничества.

Направляем Вам список интересующих Вас препаратов. Просим Вас сообщить закупочные цены на данный ассортимент. В зависимости от того, насколько приемлемы будут цены, мы сможем производить закупки.

С уважением

Генеральный директор
ТОО "Универсо Домани" Исмагинов И.Х.
14 июня 19.. года

117815, г.Москва, ул. Академика Опарина, д. 4 Тел. 438-1792 Факс 438-8365

Но́вые слова́

проявля́ть, -я́ю, -я́ешь прояви́ть, влю́, -вишь	внима́ние к+3.F.	jm. Aufmerksamkeit schenken
дальне́йший		weiterer
взаимовы́годный		von gegenseitigem Nutzen

сотру́дничество	Zusammenarbeit
препара́т	Präparat
заку́почная цена́	Einkaufspreis
ассортиме́нт	Assortiment
прие́млемый	annehmbar
заку́пка	Ankauf

3.4.4

О запросе на поставку речных судов

Уважаемые господа!

Ссылаясь на Ваш телекс от 19 ноября с.г., просим сообщить, можете ли Вы поставить 3 пассажирских судна в течение 10 /десяти/ месяцев со дня выдачи заказа.

Просим также прислать нам предложение с указанием цены на базе сиф.

С уважением

АО "СУДОИМПОРТ"

Но́вые слова́

речно́й	Fluß-
су́дно, -а, Pl. суда́, судо́в	Schiff
пассажи́рский	Passagier-, Personen-
с, со+2.F.	ab, seit
вы́дача зака́за	Auftragserteilung

3.4.4.1 УПРАЖНЕНИЯ

1. О чём идёт речь в да́нном те́ксте? Отве́тьте снача́ла по-неме́цки, а пото́м по-ру́сски. Напиши́те резюме́ письма́ по-ру́сски. Переведи́те письмо́.
2. Напиши́те отве́т на э́то письмо́!

☞ 3.5 ДАВАЙТЕ ЗАПОМНИМ НЕМНОГО ГРАММАТИКИ!

3.5.1 "brauchen"

а) ну́жен, нужна́, ну́жно, нужны́ + (быть) + 3.F.: wörtlich "mir ist ... nötig"

Напр.: Мне нужны́ (бы́ли, бу́дут) де́ньги. – Ich brauche Geld (brauchte, werde brauchen).
Ему́ ну́жен (был, бу́дет) друг.
Нам нужна́ (была́, бу́дет) его́ по́мощь.

нужда́ться в + 6.F.: etwas benötigen, brauchen (buchsprachlich)

Напр.: Мы о́чень нужда́емся в Ва́ших това́рах.

3.5.2 Zur Bildung des Superlativs

Der Superlativ der Langform des Adjektivs kann auf verschiedene Arten gebildet werden: zB **ва́жная пробле́ма**

1. са́мая ва́жная пробле́ма
2. наибо́лее (indeklinabel) ва́жная пробле́ма
3. важне́йшая пробле́ма
4. наиважне́йшая пробле́ма

1.= gebräuchlichste Form, 2.–4. = buchsprachlich, seltener 3. und 4.: Wenn der Adjektivstamm auf Kehllaut (г,к,х) auslautet, wird **-а́йший** angefügt, wobei Konsonantenwechsel eintritt, z.B.: высо́кий – высоча́йший, бли́зкий – ближа́йший.

Die Formen auf -**ейший (-айший)** können auch den sehr hohen Grad einer Eigenschaft ohne Vergleich ausdrücken (Elativ) und werden dann im Deutschen durch Umschreibung mit "sehr", "äußerst" u.ä. wiedergegeben, z.B. крупне́йший го́род – "eine sehr große, bedeutende Stadt", oder "die größte Stadt".

Merke: дальне́йший heißt nur "weiterer".

3.5.3 "Interesse"

1. **интересова́ться**, интересу́юсь, -у́ешься + 5.F. "sich interessieren für"
   Мы интересу́емся Ва́шими катало́гами.
2. **интересова́ть**, интересу́ет, интересу́ют + 4.F. "interessieren"
   Нас интересу́ют Ва́ши катало́ги.
3. (быть) **заинтересо́ван**, -а, -о, -ы **в** + 6.F. "interessiert sein an"
   Мы заинтересо́ваны в Ва́ших компью́терах.
4. **проявля́ть, прояви́ть интере́с к** + 3.F. "Interesse an etw. zeigen"
   Фи́рма проявля́ет интере́с к на́шим катало́гам.
5. **представля́ть, предста́вить интере́с для** + 2.F. "für jemanden von Interesse sein"
   Ва́ши изде́лия представля́ют большо́й интере́с для нас.

3.6 УПРАЖНЕНИЯ

3.6.1

Отве́тьте на вопро́сы по образцу́:
У вас есть на́ши прейскура́нты?. – Нет, мы нужда́емся в ва́ших прейскура́нтах. – Нет, нам нужны́ ва́ши прейскура́нты.

1. В ва́шем о́бществе есть информа́ция о поста́вке?
2. В "Автоэ́кспорте" есть уже́ после́дняя моде́ль компью́тера?
3. У вас уже́ есть стенд на я́рмарке?
4. У партнёра уже́ есть предложе́ние?
5. У австри́йской стороны́ уже́ есть изде́лия ру́сской фи́рмы?

3.6.2

Измени́те предложе́ния по образцу́ **(изменя́ть, -я́ю, -я́ешь, измени́ть, -ню́, -ишь – verändern)**:
На́ша фи́рма ещё не име́ет специфика́цию. – На́шей фи́рме нужна́ специфика́ция. На́ша фи́рма нужда́ется в специфика́ции.

1. Ру́сский производи́тель ещё не име́ет э́то обору́дование.
2. У на́шего партнёра ещё нет при́нтера (**при́нтер=Drucker**).
3. У нас ещё нет чертежа́ Ва́шего станка́.
4. У госпожи́ Шульц ещё нет сме́ты.
5. У покупа́теля нет отве́та.

3.6.3

Переведи́те с по́мощью су́перлатива:

die neuesten Modelle, eine überaus wichtige Frage, weitere Bestellungen, ein bedeutendes Industriezentrum, ein äußerst interessantes Angebot, in der nächsten Zeit, die kürzeste **Frist** (**срок**), der höchste Berg, eine sehr große Bestellung

3.6.4

Переде́лайте предложе́ния, употребля́я в них су́перлатив по образцу́:
Минск явля́ется кру́пным го́родом. – Минск явля́ется крупне́йшим го́родом Белару́си (**Белару́сь, -и = Weißrußland**). Укажи́те, где возмо́жны вариа́нты.

1. Мы получи́ли интере́сное предложе́ние.
2. Про́сим Вас присла́ть нам но́вый катало́г.
3. Фи́рма вы́дала нам кру́пный зака́з.
4. Студе́нты реша́ют тру́дные зада́чи.
5. Цугшпитце – высо́кая гора́.
6. Альберт Эйнштейн был вели́кий учёный.

3.6.5

Замени́те (заменя́ть, -я́ю, я́ешь, замени́ть, -ню́, -ишь ersetzen) глагол *интересова́ться* сино́нимами *заинтересо́ван в..., проявля́ть интере́с к ..., интересова́ть, представля́ть интере́с для кого́-н.* по образцу́:
Фи́рма *интересу́ется* Ва́шими прибо́рами.
Фи́рма *заинтересо́вана* в Ва́ших прибо́рах.
Фи́рма *проявля́ет интере́с к* Ва́шим прибо́рам.
Фи́рму *интересу́ют* Ва́ши прибо́ры.
Ва́ши прибо́ры *представля́ют интере́с для* фи́рмы.

1. Ру́сские предприя́тия (**предприя́тие = Betrieb**) интересу́ются неме́цкими изде́лиями.
2. Наш зака́зчик интересу́ется нове́йшими образца́ми.
3. Фи́рма "Зименс" интересу́ется вышеука́занными това́рами.
4. Дире́ктор интересу́ется Ва́шим предложе́нием.
5. Мы интересу́емся после́дней моде́лью при́нтера.
6. Делово́й партнёр интересу́ется Ле́йпцигской я́рмаркой.
7. Клие́нты интересу́ются прейскура́нтом.

3.6.6

Скажи́те, что ...

1. Sie sich für das Angebot interessieren.
2. die russischen Partner großes Interesse für die neuen Computer zeigen.
3. Sie an einer prompten Lieferung interessiert sind.
4. die neuen Maschinen für Ihre Firma von Interesse sind.
5. Sie die Frage interessiert, ob Ihr Partner die Geräte im nächsten Quartal liefern kann.

3.6.7

Напиши́те делово́е письмо́, употребля́я сле́дующие слова́ и выраже́ния:

О, поста́вка компью́теров, в отве́т на, сообща́ть, интересова́ться, но́вые компью́теры моде́ли HP-486, проси́ть сде́лать предложе́ние, вышеука́занные компью́теры, указа́ть це́ны и сро́ки поста́вки, усло́вия платежа́, ожида́ть, ско́рый отве́т, уваже́ние.

3.6.8

Соста́вьте запро́с по сле́дующим да́нным:

Фи́рма "EUROFLOR", Франкфурт на Майне, спра́шивает у АО "Новоэ́кспорт" о возмо́жности поста́вки 100 т то́рфа. Поста́вка в а́вгусте с.г. фра́нко-ваго́н неме́цкая грани́ца. Основа́ние для запро́са: торго́вое соглаше́ние, заключённое 3 мая 19.. года в Москве́.

3.6.9

Переведи́те на немецкий язы́к:

В газе́те "Коммерса́нтъ" N° 6 (февра́ль) 19.. г. мы нашли́ Ва́шу рекла́му комба́йна "Дон-1500". Нас о́чень интересу́ет э́та моде́ль. Про́сим Вас присла́ть нам её техни́ческое описа́ние.
Зара́нее благодари́м Вас
С уваже́нием

3.6.10

ТКАНИ оптом от СИТЦА и ШЕЛКА до ГОБЕЛЕНА и КЕВЛАРА.
Минимальная партия на 4 млн. руб.
Адрес: 117292, г. Москва, ул. Ив. Бабушкина, д. 13/1.
Фирма "Маджестик". Тел. (095) 125-39-34, 125-26-84.
Факс (095) 125-09-66.

Прореаги́руйте на вышеука́занное объявление, кото́рое вы заме́тили в еженеде́льнике "Эконо́мика и жизнь" N° 51/19... Вы произво́дите бельё для больни́ц и подо́бных учрежде́ний, и вы заинтересо́ваны в получе́нии образцо́в, катало́га, актуа́льного прейскура́нта и подро́бной информа́ции об усло́виях поста́вки и платежа́. В своём письме́ вы ука́зываете на то, что есть возмо́жность значи́тельных зака́зов, е́сли информа́ция удовлетвори́т вас.

Но́вые слова́

реаги́ровать, -ую, -уешь	reagieren
еженеде́льник	Wochenschrift, wöchentlich erscheinende Zeitschrift
бельё	Wäsche, Bettwäsche, Unterwäsche
учрежде́ние	Anstalt

3.6.11

Напиши́те делово́е письмо́:

Sie haben in der Nr. 7/19.. der Zeitung "Эконо́мика и жизнь" eine Reklame über die **s/w Videokameras** (**видеока́мера ч/б изображе́ния**) mit **Kommunikationssystem** (**систе́ма коммуника́ции**) und **Monitoren** (**мо́нитор**) der Firma "ONIKS" gesehen und bitten um Zusendung eines Prospekts mit der genauen Beschreibung. Außerdem bitten Sie um Mitteilung über den Preis in DM und über die Liefermöglichkeiten von 100 Stück im November 19..

3.6.12

Прокомменти́руйте разви́тие цены́ на **зо́лото (Gold)** в отде́льных ме́сяцах, употребля́я выраже́ния "повыша́ться" и "снижа́ться":

В январе́ цена́ на зо́лото в Ло́ндоне составля́ла 368 долл. США,
в феврале́ – 371
в ма́рте – 386
в апре́ле – 359
в ма́е – 358
в ию́не – 364
в ию́ле – 365
в а́вгусте – 369
в сентябре́ – 374
в октябре́ – 372
в ноябре́ – 367
а в декабре́ – 370 до́лларов США.

повыша́ться, -а́ется, -а́ются **повы́ситься, -ится, -сятся**	**на+4.F.**	**sich erhöhen, steigen um ...**
снижа́ться, -а́ется, -а́ются **сни́зиться, -ится, -ятся**	**на+4.F.**	**sinken, fallen um ...**

3.7 ДИАЛОГ

Госпожа́ Штайнер, представи́тель австри́йской фи́рмы "Фест-Альпине Интертрейдинг" в Москве́, прихо́дит на перегово́ры в А/О "Трубоимпорт" к господи́ну Петро́ву, что́бы вы́яснить с ним вопро́с о поста́вке бесшо́вных труб.

Ш. - Здра́вствуйте, господи́н Петро́в!

П. - Здра́вствуйте, госпожа́ Штайнер! Давно́ мы не ви́делись! Вы бы́ли в о́тпуске?

Ш. - Да, я отдыха́ла на мо́ре, в Ту́рции.

П. - Ну и как?

Ш. - Всё бы́ло хорошо́, то́лько бы́ло сли́шком мно́го тури́стов. А где вы провели́ о́тпуск? Вы хорошо́ отдохну́ли?

П. - Спаси́бо, хорошо́. Мы с семьёй опя́ть бы́ли в до́ме о́тдыха под Сама́рой, на Во́лге. Нам там о́чень понра́вилось в про́шлом году́. Мо́жет быть, перейдём к де́лу?

Ш. - Да, я хоте́ла бы обсуди́ть с ва́ми запро́с на поста́вку бесшо́вных труб.

П. - Я вас слу́шаю.

Ш. - Мы о́чень ра́ды ва́шему запро́су, но к сожале́нию мы не мо́жем поста́вить все тру́бы в тече́ние 10 ме́сяцев со дня вы́дачи зака́за. С остальны́ми усло́виями мы согла́сны.

П. - А что вы предлага́ете?

Ш. - Мы хоте́ли бы предложи́ть поста́вку пе́рвой па́ртии бесшо́вных труб в тре́тьем кварта́ле, второ́й в четвёртом кварта́ле, а после́дней в нача́ле сле́дующего го́да.

П. - Мину́точку, я запишу́ э́ти но́вые сро́ки. К сожале́нию, я не могу́ реши́ть э́тот вопро́с сам. Мне на́до поговори́ть с дире́ктором на́шего о́бщества.

Ш. - А когда́ мы полу́чим отве́т?

П. - Как то́лько мы реши́м э́тот вопро́с. Я ду́маю, на сле́дующей неде́ле.

Ш. - Хорошо́. Мы вам сра́зу же вы́шлем предложе́ние.
П. - Договори́лись. У вас есть ещё вопро́сы?
Ш. - Нет, спаси́бо, э́то всё. До свида́ния.
П. - До свида́ния.

Но́вые слова́

бесшо́вная труба́	Nahtlosrohr
выясня́ть, -я́ю, -я́ешь	klären
вы́яснить, -ю, -ишь	
под Сама́рой	in der Nähe von Samara
остально́й	übriger
как то́лько	sobald

3.8 УПРАЖНЕНИЯ

3.8.1

Отве́тьте на вопро́сы:

1. О чём идёт речь в перегово́рах ме́жду господи́ном Петро́вым и госпожо́й Штайнер?
2. В каки́х фи́рмах рабо́тают г-жа Штайнер и г-н Петро́в?
3. Где **состоя́тся (состоя́ться – stattfinden)** э́ти перегово́ры?
4. О чём они́ говоря́т в нача́ле перегово́ров?
5. Где отдыха́ла г-жа Штайнер?
6. Почему́ Петро́вы опя́ть бы́ли на Во́лге?
7. С чем австри́йская сторона́ не согла́сна?
8. Каки́е сро́ки поста́вки предлага́ет г-жа Штайнер?
9. Кто мо́жет реши́ть вопро́с о сро́ках поста́вки?

3.8.2

Госпожа́ Штайнер сообща́ет содержа́ние э́того разгово́ра своему́ **нача́льнику (Chef).** Она́ употребля́ет сле́дующие слова́ и выраже́ния:
перегово́ры, А/О "Трубоимпорт", речь шла о, запро́с на поста́вку, бесшо́вные тру́бы, благодари́ть за запро́с, сообщи́ть, что..., сро́ки поста́вки, не согла́сны, поста́вка труб, в тече́ние 10 ме́сяцев со дня вы́дачи зака́за, остальны́е усло́вия, предложи́ть, други́е сро́ки поста́вки, кварта́л, сле́дующий год, поговори́ть с дире́ктором, отве́т, сле́дующая неде́ля.

3.8.3

Проведи́те диало́г с **по́мощью (по́мощь, -и - Hilfe)** сле́дующих **опо́рных слов (Stützwörter)**:

П. - Давно́ мы не ви́делись! ... в о́тпуске?
Ш. - ...на мо́ре, в Ту́рции.
П. - Ну ...?
Ш. - Хорошо́, но бы́ло мно́го ... А где вы ...?
П. - Мы опя́ть отдыха́ли в ... . к де́лу.
Ш. - Я хоте́ла бы поговори́ть о ...
П. - Пожа́луйста, я вас ...
Ш. - Мы, к сожале́нию, не мо́жем ... С остальны́ми усло́виями ...
П. - Что же вы ...?
Ш. - Мы хоте́ли бы предложи́ть поста́вку пе́рвой ...
П. - Подожди́те мину́точку, я ... Я не могу́ реши́ть... На́до поговори́ть... Вы полу́чите отве́т на ...
Ш. - Отли́чно. Мы вам сра́зу же ...

3.8.4

Проведи́те разгово́р на осно́ве сле́дующих да́нных:

P. - Guten Tag, Frau Steiner!
S. - Guten Tag, Herr Petrow. Wie geht es Ihnen?
P. - Danke, gut. Ich war auf Urlaub.
S. - Wo waren Sie denn?
P. - Wie im vergangenen Jahr war ich mit meiner Familie an der Wolga, bei Samara. Dort gefällt es uns sehr gut. Und wo haben Sie Ihren Urlaub verbracht?
S. - Ich war in Griechenland, am Meer. Leider waren dort zu viele Urlauber. Mit dem Hotel waren wir sehr zufrieden.
P. - Vielleicht sollten wir zur Sache kommen?
S. - Ja, ich möchte mit Ihnen über die Lieferung der Nahtlosrohre reden.
P. - Bitte sehr. Worum geht es?
S. - In Ihrer Anfrage ist von der Lieferung dieser Rohre innerhalb von 10 Monaten die Rede. Leider können wir nicht alle Rohre innerhalb dieser Frist liefern.
P. - Was schlagen Sie vor?
S. - Wir möchten die Lieferung der Rohre ab dem 3. Quartal dieses Jahres vorschlagen.
P. - Ich werde mir diese neuen Fristen notieren. Leider kann ich diese Frage nicht ohne den Direktor unserer Gesellschaft entscheiden. Ich rufe Sie in der nächsten Woche an.
S. - Gut. Ich werde Ihnen dann sofort unser Angebot schicken. Vielen Dank für das Gespräch und auf Wiedersehen.
P. - Auf Wiedersehen.

3.8.5

Госпожа́ Шта́йнер звони́т в А/О "Трубои́мпорт", г-ну Петро́ву. Она прово́дит с ним разгово́р на осно́ве сле́дующих да́нных:

- "Трубои́мпорт".
- Melden Sie sich als Frau Steiner von der Voest-Alpine Intertrading. Lassen Sie sich mit Herrn Petrow verbinden.
- Подожди́те мину́точку. (подхо́дит Петро́в)
- Здра́вствуйте, госпожа́ Шта́йнер. Это Петро́в.

3. ЗАПРОС

- Sie begrüßen Herrn Petrow und fragen ihn, ob er schon mit dem Direktor gesprochen habe.
- Я как раз хоте́л вам сообщи́ть, что дире́ктор на́шего о́бщества согла́сен с но́выми сро́ками поста́вки.
- Sie sind sehr froh über diese Entscheidung und werden das Angebot in der nächsten Woche absenden.
- Большо́е вам спаси́бо. Жела́ю вам хорошо́ провести́ **выходны́е дни (выходно́й день – freier Tag).** Вы куда́-нибудь уезжа́ете?
- Danken Sie und sagen Sie, daß Sie leider zu Hause bleiben müssen, weil Sie nach dem Urlaub so viel Arbeit haben. Verabschieden Sie sich von Herrn Petrow.
- До свида́ния.

4. УРОК – ПОВТОРЕНИЕ

4.1

Сформули́руйте про́сьбы к ва́шему делово́му партнёру, **исходя́ из (ausgehend von)** сле́дующих фа́ктов:

1. У вас нет но́вых катало́гов ва́шего партнёра.
2. Вы не зна́ете це́ны на но́вые моде́ли автомоби́лей.
3. Вы слы́шали, что ваш делово́й партнёр произво́дит но́вые изде́лия, но у вас нет информа́ции о них.
4. Вы хоти́те, что́бы ваш партнёр позвони́л вам домо́й в понеде́льник ве́чером.
5. Что́-то не в поря́дке с **упако́вкой (упако́вка – Verpackung)** това́ра, кото́рый вы покупа́ете у ва́шего партнёра. На́до прове́рить ме́тод упако́вки.
6. Вам нужна́ по́мощь ва́шего партнёра в организа́ции вы́ставки.
7. У вас ещё нет образцо́в сле́дующих изде́лий: ...

4.2

Напиши́те нача́ло делово́го письма́, ссыла́ясь на нижесле́дующие факты:

1. Вы ви́дели объявле́ние ва́шего делово́го партнёра в газе́те "Эконо́мика и жизнь" N° 37/19.. о маши́нах для произво́дства моро́женого и интересу́етесь и́ми.
2. Ваш делово́й партнёр присла́л вам свой катало́г на осе́нний сезо́н. Вы хоти́те получи́ть прейскура́нт.
3. Вы получи́ли запро́с от ва́шего партнёра на мужски́е боти́нки. Ваш представи́тель, г-н Хёффке, придёт к нему́ на днях.
4. Вы получи́ли факс с запро́сом на но́вый политехни́ческий слова́рь. К сожале́нию, в да́нный моме́нт все экземпля́ры про́даны. Сле́дующую па́ртию вы полу́чите че́рез три неде́ли.
5. От ва́шего партнёра вы получи́ли те́лекс N° 798. Одна́ко вы не согла́сны с ценой́ на ротацио́нные пе́чи. (**печь, -и = Ofen**)

4.3

Напиши́те письмо́ на основа́нии сле́дующих да́нных:

Sie haben in der Zeitschrift "Wneschnjaja torgowlja" die Anzeige der AO Stins Coman gesehen und interessieren sich für den Computer AT 386 DX. Sie bitten um Zusendung der neuesten Kataloge und der Preislisten. Außerdem ersuchen Sie um Mitteilung der Lieferbedingungen.

4.4

Напиши́те делов́ые пи́сьма на основа́нии сле́дующих да́нных:

1. Sie teilen der AO Avtoexport mit, daß Ihre Vertreter die neuesten Modelle der Typen Lada Bella und Taiga-Wostok auf dem russischen Stand auf der Wiener Herbstmesse gesehen haben und daß sie sich sehr für sie interessieren. Sie weisen darauf hin, daß Ihre Firma eine der größten Importfirmen Österreichs ist und die Nachfrage nach russischen Autos in der letzten Zeit steigt. Sie bitten um ein Angebot über 1.000 Autos (500 Ladas, 500 Taiga-Wostok).
   Sie fordern auch die genaue technische Beschreibung aller Modelle an und teilen mit, daß eine kurze Lieferfrist sehr wichtig wäre.
2. Sie bitten Ihren Geschäftspartner um ein Angebot über 10 t **Folie (плёнка)**, 0,8 mm stark, 140 mm breit, mit Lieferung im Dezember 19.. . Länge der **Rollen (руло́н)** gemäß Spezifikation. Weiters fragen Sie unter Bezugnahme auf Ihre Anfrage vom 20.10.19.. , wann Sie ein Angebot erhalten werden.

4.5

Напиши́те те́лексы по сле́дующим да́нным:

а) ХЬЮЛЕТТ-ПАККАРД, представительство в России – Предложите 500 штук микрокалькуляторов HP-412-L, поставка ноябрь – декабрь. Письмо следует. АО "Торговля и кредит", Москва.

б) РОСТСЕЛЬМАШ, Ростов-на-Дону – Предложите **комбайны (комба́йн – Mähdrescher)** "Дон-680" и "Дон 1200", по 500 штук, поставка первый и второй кварталы 19.. г.

4.6

Напиши́те, что...

1. Sie den Erhalt des Katalogs bestätigen.
2. Ihre Firma dringend Information über die neuesten Modelle benötigt.
3. Sie an der raschen Zusendung des Angebots über Drucker interessiert sind.
4. Sie Ihrem Geschäftspartner in den nächsten Tagen die von ihm benötigten Angaben übersenden werden.
5. Sie dem Brief die Zeichnungen und die technische Dokumentation beilegen.
6. Sie die Adresse Ihres Geschäftspartners auf der Leipziger Messe von einem Geschäftsfreund erhalten haben.
7. Sie um ein Angebot über 30 Tonnen der obenerwähnten Ware bitten.

4.7

Напиши́те, что...

1. Sie auf die Anzeige Ihres Geschäftspartners in der Zeitschrift "Wneschnjaja torgowlja" Bezug nehmen und um Zusendung von Mustern bitten.
2. kurze Lieferfristen für Ihre Firma sehr wichtig wären.
3. Sie Ihren Partner um Mitteilung der Lieferfristen bitten.
4. Sie auf der Wiener Frühjahrsmesse erfahren haben, daß Ihr Partner einer der größten Importeure von Computern ist.
5. die Nachfrage nach Erzeugnissen der Firma Ihres Partners stark gestiegen ist.
6. Sie den Erhalt des Schreibens Ihres Geschäftspartners dankend bestätigen.

4.8

Переведи́те с по́мощью словаря́:

1. VASH 10249 BG/MT
   K SOJALENIIU MONITORY NE EXPORTIRUEM, PREDLOJIT NE MOJEM
2. VASH TLX NR.128/102
   BLAGODARIM VASH TLX OT 6.1....
   PROSIM PRISLAT OBRAZCY MATERIALA I SOOBSCIT TEHNICHESKIE DANNYE (TEPLOPROVODNOST I T.P.) I GDE ETI MATERIALY UJE UPOTREBLIALIS V ROSSII. CHTO KASAETSIA ASBESTOVYH IZDELII, TO PROSIM TAKJE PRISLAT KATALOGI I OBRAZCY.
3. PROSIM PREDLOJIT 30.000 T UGLIA S POSTAVKOI FEVRAL - MART NA USLOVIIAH FRANKO-GRANICA FRG.
4. PROSIM PREDLOJIT 2000 TN CINKA, POSTAVKA 1-4 KVARTAL 19.. G. FOB RUSSKII PORT DLIA IORDANII S UKAZANIEM ANALIZA.
   BLAGODARIM ZARANEE.

5. PROSIM VAS SROCHNO SOOBSCIT NAM UROVEN CENY NA TONALNYI KREM "MAKE UP" ANALOGICHNYJ TONALNOMU KREMU "PLÉNITUDE" FIRMY "L´ORÉAL" I NA KREM DLIA ZAGARA ANALOGICHNYJ KREMU DLIA ZAGARA "AMBRE SOLAIRE" TOI JE FIRMY. KOLICHESTVO - NA 1 MLN. TUB.
PRI KALKULIACII CENY PROSIM UCHEST, CHTO TOVAR DOLJEN BUDET POSTAVLIATSIA IN BULK, T.E. BEZ TUB POSTAVKA 19.. GOD.

КЛЮЧ

4.1

1. Про́сим Вас присла́ть но́вые катало́ги.
2. Мы попроси́ли бы Вас сообщи́ть нам це́ны на но́вые моде́ли автомоби́лей.
3. Не могли́ бы Вы присла́ть нам информа́цию на новые изде́лия, кото́рые Вы произво́дите на Ва́шем предприя́тии.
4. Я был бы о́чень благода́рен Вам, е́сли бы Вы позвони́ли мне домо́й в понеде́льник ве́чером.
5. Мы бу́дем Вам весьма́ призна́тельны, е́сли Вы прове́рите ме́тод упако́вки, так как что-то не в поря́дке с упако́вкой това́ра, кото́рый мы покупа́ем у Вас.
6. Обраща́емся к Вам с про́сьбой помо́чь нам в организа́ции вы́ставки.
7. Мы бы́ли бы о́чень обя́заны Вам, е́сли бы Вы напра́вили нам образцы́ сле́дующих изде́лий: ...

4.2

1. Мы нашли́ Ва́ше объявле́ние в газе́те "Эконо́мика и жизнь" N° 37/19.. о маши́нах для произво́дства моро́женого и сообща́ем Вам, что мы заинтересо́ваны в э́тих маши́нах.
2. Мы получи́ли Ва́ше письмо́ с катало́гом на осе́нний сезо́н и про́сим Вас присла́ть нам прейскура́нты.
3. В отве́т на Ваш запро́с на мужски́е боти́нки ста́вим Вас в изве́стность, что наш представи́тель, г-н Хофмюллер, придёт к Вам на днях.
4. В связи́ с Ва́шим запро́сом на но́вый политехни́ческий слова́рь информи́руем Вас, что в да́нный моме́нт все экземпля́ры про́даны и что мы полу́чим сле́дующую па́ртию че́рез не́сколько неде́ль.
5. В отве́т на Ваш те́лекс N° 798 извеща́ем Вас, что мы не согла́сны с цено́й, кото́рую Вы предлага́ете.

4.3

А/О Стинс Коман

Кас.: Ва́шего объявле́ния в журна́ле "Вне́шняя торго́вля"

Уважа́емые господа́!

Мы ви́дели Ва́шу рекла́му в журна́ле "Вне́шняя торго́вля" и интересу́емся компью́тером AT 386 DX. Про́сим Вас присла́ть нам Ва́ши нове́йшие катало́ги и прейскура́нты, а та́кже сообщи́ть нам усло́вия поста́вки.

С уваже́нием

4.4

1. А/О Автоэкспорт
   Москва
   Сообща́ем Вам, что на́ши представи́тели ви́дели нове́йшие моде́ли ти́пов "Лада Белла" и "Тайга́-Восто́к" на росси́йском сте́нде на Ве́нской осе́нней я́рмарке. Мы о́чень интересу́емся и́ми. На́ша фи́рма явля́ется одно́й из крупне́йших и́мпортных фирм Австрии, и спрос на росси́йские автомоби́ли в после́днее вре́мя повыша́ется.
   Про́сим сде́лать нам предложе́ние на 1000 автомоби́лей (500 шт. ма́рки "Лада", 500 ма́рки "Тайга́-Восто́к"). Про́сим Вас присла́ть нам подро́бное техни́ческое описа́ние всех моде́лей и сообща́ем Вам, что коро́ткий срок поста́вки име́л бы для нас большо́е значе́ние.
   С уваже́нием

2. Про́сим сде́лать нам предложе́ние на 10 тонн плёнки толщино́й в 0,8 мм, ширино́й в 140 мм, с поста́вкой в декабре́ 19.. г. Длина́ руло́нов согла́сно специфика́ции. Ссыла́ясь на наш запро́с от 20.10.19.. г., мы та́кже про́сим сообщи́ть, когда́ мы полу́чим предложе́ние.

4.5

а) HEWLETT-PACKARD PREDSTAVITELSTVO V ROSSII – PROSIM VAS SDELAT NAM PREDLOJENIE NA 50 SHTUK MIKROKALKULIATOROV HP-412-L S POSTAVKOI V NOIABRE – DEKABRE. PISMO SLEDUET. AO TORGOVLIA I KREDIT MOSKVA.

б) ROSTSELMASH, ROSTOV NA DONU – PROSIM SDELAT NAM PREDLOJENIE NA 500 SHTUK KOMBAINOV DON-680 I DON 1200 S POSTAVKOI V PERVOM, VTOROM KVARTALAH 19..

4.6

1. Подтвержда́ем получе́ние катало́га.
2. На́ша фи́рма сро́чно нужда́ется в информа́ции о нове́йших моде́лях.
3. Про́сим Вас сро́чно присла́ть нам предложе́ние на при́нтеры.
4. Напра́вим ну́жные Вам да́нные в ближа́йшие дни.
5. Прилага́ем к э́тому письму́ чертежи́ и техни́ческую документа́цию.
6. Мы получи́ли Ваш а́дрес на Ле́йпцигской я́рмарке от делово́го партнёра.
7. Про́сим Вас сде́лать нам предложе́ние на 30 тонн вышеука́занного това́ра.

4.7

1. Ссыла́ясь на Ва́ше объявле́ние в журна́ле "Вне́шняя торго́вля", про́сим Вас присла́ть нам образцы́.
2. Коро́ткие сро́ки поста́вки име́ли бы о́чень большо́е значе́ние для на́шей фи́рмы.
3. Про́сим Вас сообщи́ть нам сро́ки поста́вки.
4. На Ве́нской весе́нней я́рмарке мы слы́шали, что Вы явля́етесь одни́м из крупне́йших импортёров компью́теров.
5. Спрос на изде́лия Ва́шей фи́рмы ре́зко повы́сился.
6. С благода́рностью подтвержда́ем получе́ние Ва́шего письма́.

4.8

1. Ihr Telex 10249 Bg/Mt
   Leider exportieren wir keine Monitore, wir können kein Angebot machen.
2. Ihr Telex Nr. 128/102
   Wir danken für Ihr Telex vom 6.1. ...
   Bitte schicken Sie uns Muster des Materials, und teilen Sie uns die technischen Daten mit (Wärmeleitfähigkeit u.ä.) und wo diese Materialien in Rußland schon verwendet wurden.
3. Bitte machen Sie uns ein Angebot über 30.000 Tonnen Kohle mit Lieferung Februar – März frei Grenze BRD.

4. Erbitten Angebot über 2.000 t Zink, Lieferung 1.–4. Quartal 19.. fob russischer Hafen für Jordanien mit Angabe der Analyse.Wir danken im voraus.
5. Bitte teilen Sie uns umgehend das Preisniveau für die Tönungscreme "make up" analog der Tönungscreme "Plénitude" der Firma "l´Oréal" und für eine Sonnencreme analog der Sonnencreme "Ambre solaire" derselben Firma mit. Menge – für 1 Mio. Tuben. Bei der Kalkulation bitte zu beachten, daß die Ware in bulk, d.h. ohne Tuben, geliefert werden muß. Lieferung im Jahre 19...

5. ПРЕДЛОЖЕНИЕ

5.1 ОБРАЗЦЫ ПИСЕМ И ТЕЛЕКСОВ

5.1.1

О холодильнике "Фрост Стар 2000" 15.03.19.. г.

Уважаемые дамы и господа!

Предлагаем Вам без обязательства наш новый холодильник модели "Фрост Стар 2000", подробное описание которого Вы найдёте в приложении к настоящему письму.

Цена за штуку составляет 600 (шестьсот) марок ФРГ. При платеже в течение трех недель мы можем предоставить Вам скидку в четыре процента с суммы счёта.

Цена понимается франко-вагон пограничная станция...

Поставка осуществляется по железной дороге в деревянных ящиках.

Так как этот холодильник пользуется большой популярностью, советуем Вам выдать заказ как можно скорее.

С уважением

Приложение: упомянутое на 4 л.

Но́вые слова́

холоди́льник	Kühlschrank
без обяза́тельства	freibleibend
вы найдёте в + 6.F.	hier: entnehmen Sie dem …
цена́ за шту́ку	Preis je Stück
составля́ть, -я́ю, -я́ешь соста́вить, -влю, -вишь	betragen
ма́рка ФРГ	Deutsche Mark
при платеже́	bei Zahlung
ски́дка в четы́ре проце́нта	Skonto (Preisnachlaß) von 4 %
проце́нт, -а	Prozent
желе́зная доро́га	Eisenbahn
деревя́нный я́щик	Holzkiste
по́льзоваться популя́рностью	sich … Beliebtheit erfreuen
по́льзоваться, -уюсь, -уешься + 5.F.	gebrauchen, benützen

Примеча́ние (Anmerkung):
Ча́сто це́ны снача́ла пи́шутся ци́фрами, пото́м **в ско́бках** (in Klammern) **про́писью** (in Worten), наприме́р: *Цена́ составля́ет руб. 34.000 (три́дцать четы́ре ты́сячи).*

5.1.2

А/О АВТОЭКСПОРТ

Россия, 119902, Москва, ул.Волхонка, 14. Телекс: 411135,112651.
Тел. 202-28-35, 202-83-37. Факс: 2083335-75

ЭАФ Греф унд Штифт 57-224/156 19.04.19.. г.
Вена

О предложении на автомобили марки "Лада"

Уважаемые дамы и господа!

В ответ на Ваш запрос от 20 декабря 19.. г. посылаем Вам при этом твердое предложение на 200 легковых автомобилей марки "Лада", типа Л-2109. Мы хотели бы обратить Ваше внимание на то, что мы можем поставить эти автомобили в течение двух месяцев со дня выдачи заказа по той же самой цене и на тех же самых условиях, что и в прошлом году.

С уважением
А/О "АВТОЭКСПОРТ"

Приложение: на 5 листах

5.1.3

СТАНКОИМПОРТ СТИ STANKOIMPORT

117839, Москва, ул. Обручева, 34/63, ТФ/TF: 333-51-01,
ТКС/ТХ: 113283-2, 7691

Фирма
"М.у.Д.Гертнер КГ"
1060 Вена
Филлградергассе, 7
Австрия Москва, "19" мая 19.. г.

О предложении на фрезерный станок

Уважаемые дамы и господа!

Настоящим предлагаем Вам фрезерный станок модели 7210 по цене 4800 ам. долл. с поставкой в IV квартале 19.. г.

Наше предложение действительно до 1 мая 19.. г.

С уважением
Фирма "Станкофрез"

Приложение: техническая характеристика станка мод. 7210

5.1.4

TELEX

TLX. NR. 326
PROMSYRIOIMPORT
VNIMANIIU G-NA BELOVA
PROSIM SROCHNO OTVETIT NA NASH TLX. NR. 316 OT
18.3. SROK DEISTVIIA NASHEGO PREDLOJENIIA
ISTEKAET CHEREZ POLTORA CHASA.
JDEM OTVETA.
S UVAJENIEM

TELEX

Нóвые словá

срок дéйствия	Gültigkeitsfrist, -dauer
истекáть, -áет, -áют	ablaufen
истéчь, -течёт, -текýт	
полторá	anderthalb

5.2 КОММЕНТАРИЙ

Различáют а) **твёрдое предложéние,** котóрое терýет сúлу по истечéнии определённого срóка, и б) **свобóдное предложéние**, в котóром предлагáются товáры "без обязáтельства", т.е. продавéц не являéтся свя́занным такúм предложéнием.

Различáют тáкже **запрóшенное предложéние**, котóрое является ответóм на запрóс, и **незапрóшенное (инициатúвное) предложéние**, в котóром продавéц обращáется к покупáтелю по сóбственной инициатúве.

Предложéние **должнó** содержáть слéдующие дáнные:

1. колúчество товáра,
2. вид и кáчество товáра,
3. цéну за колúчество úли вес товáра.

Крóме этого, предложéние **мóжет** содержáть:

4. указáния о том, как и когдá поставля́ется товáр,
5. другúе указáния.

Нóвые словá

различáть, -áю, -áешь	unterscheiden
различúть, -чý, -чúшь	
твёрдое предложéние	Festangebot
теря́ть, -я́ю, -я́ешь	verlieren
по-	
сúла	Stärke; *hier*: Gültigkeit
по истечéнии +2.F	nach Ablauf von
определённый	ein bestimmter
свобóдное предложéние	freibleibendes Angebot
обязáтельство	Verpflichtung
свя́занный	verbunden; *hier:* gebunden
запрóшенное предложéние	verlangtes Angebot
незапрóшенное (инициатúвное) предложéние	unverlangtes Angebot

со́бственный	eigener
по инициати́ве	auf Initiative
инициати́ва	Initiative
вид	Art
ка́чество	Beschaffenheit, Qualität

5.3 ТИПОВЫЕ ФРАЗЫ

Благодари́м Вас за Ваш запро́с от 3 а́вгуста с.г.	Wir danken Ihnen für Ihre Anfrage vom 3.8. d.J.
С благода́рностью подтвержда́ем получе́ние Ва́шего письма́ от ...	Dankend bestätigen wir den Erhalt Ihres Schreibens vom ...
Подтвержда́ем получе́ние Ва́шего письма́ N° 123/19.., кото́рое поступи́ло к нам сего́дня у́тром.	Wir bestätigen den Erhalt Ihres Schreibens Nr.123/19.., das heute morgen bei uns eintraf.
В отве́т на Ваш запро́с от ... каса́тельно поста́вки автомоби́лей сообща́ем, что ...	In Beantwortung Ihrer Anfrage vom ... betreffend die Lieferung von Autos teilen wir Ihnen mit, daß ...
При э́том высыла́ем Вам твёрдое предложе́ние на поста́вку запасны́х часте́й.	Anbei senden wir Ihnen ein Festangebot über die Lieferung von Ersatzteilen.
Мы ра́ды Ва́шему интере́су к на́шим изде́лиям.	Wir freuen uns über Ihr Interesse an unseren Produkten.
В приложе́нии к настоящему письму́ пересыла́ем Вам наш катало́г на осе́нний сезо́н.	In der Beilage zu diesem Schreiben übersenden wir Ihnen unseren Katalog für die Herbstsaison.
С этой по́чтой высыла́ем Вам образцы́ тка́ней.	Mit gleicher Post schicken wir Ihnen Muster der Stoffe.
Усло́вия поста́вки и платежа́ прилага́ются.	Die Liefer- und Zahlungsbedingungen werden beigelegt.
Ка́чество това́ра соотве́тствует но́рмам ГОСТа.	Die Qualität der Ware entspricht der russischen Industrienorm.
Эти це́ны включа́ют перево́зку и страхова́ние до ...	Diese Preise schließen Transport und Versicherung bis ... ein.
Настоя́щее предложе́ние теря́ет си́лу ...	Dieses Angebot verliert seine Gültigkeit ...
... по истече́нии трёх неде́ль с сего́дняшнего дня.	... nach Ablauf von drei Wochen ab dem heutigen Tag.
С удово́льствием де́лаем Вам сле́дующее предложе́ние.	Gerne unterbreiten wir Ihnen folgendes Angebot.
Вы уви́дите, что на́ши изде́лия са́мого высо́кого ка́чества.	Sie werden sehen, daß unsere Podukte von höchster Qualität sind.
Наде́емся, что на́ши вы́годные усло́вия удовлетворя́т Вас.	Wir hoffen, daß unsere günstigen Bedingungen Sie zufriedenstellen werden.

Мы ожида́ем Ва́шего про́бного зака́за. — Wir freuen uns auf Ihren Probeauftrag (sehen ... entgegen).

Эта моде́ль по́льзуется больши́м спро́сом. — Dieses Modell erfreut sich großer Nachfrage.

Но́вые слова́

сезо́н	Saison
но́рмы ГОСТа (=государственный стандарт)	russische Industrienorm
перево́зка	Transport
вы́годный	günstig
удовлетворя́ть, -я́ю, -я́ешь удовлетвори́ть, -рю́, -ри́шь	zufriedenstellen
про́бный зака́з	Probeauftrag

5.4 ДОПОЛНИТЕЛЬНЫЕ ПИСЬМА

5.4.1

Линц, 29.08.19.. г.

О координатных столах с ЧПУ модели KNC 400

Уважаемые дамы и господа!

В ответ на Ваше письмо от 05.08. .. относительно координатных столов с ЧПУ сообщаем, что мы предлагаем Вам без обязательства на 19.. год 10 станков модели KNC 400 по цене австрийских шиллингов 250 000 (двести пятьдесят тысяч) за станок франко-вагон австро-венгерская граница.

Срок поставки: I и II кварталы 19.. года.

Упаковка: деревянные ящики

Условия платежа: инкассо против документов.

С уважением

Но́вые слова́

координа́тный стол	Koordinatentisch
ЧПУ=числово́е програ́ммное управле́ние	Computersteuerung ("NC"=numeric control)
упако́вка	Verpackung
инка́ссо про́тив докуме́нтов	Dokumenteninkasso

5.4.2

Торгово-промышленная палата России
The Russian Chamber of Commerce and Industry
А/О ЭКСПОЦЕНТР

Международные и иностранные выставки в России
International and Foreign Exhibitions in Russia
Москва, 107113, Сокольнический вал, 1-а, тел. 268-58-74, Телекс: 411185

Расчетный счет N° 60800024 в Московском Международном Банке

Господину Г.Гофману
Торговое представительство
Австрии в России
г.Москва, Староконюшенный пер., 1

Ваш N°
Your ref.
Ваша дата
Your date
Наш N°
Our ref. 0404-24/567
Наша дата 19.. 07 27
Our date

Уважаемый господин Гофман!

А/О "Экспоцентр" с благодарностью подтверждает получение Вашего письма от 06.07. 19.. вместе с адресно-справочной книгой австрийских фирм и организаций "Херольд 19..", занимающихся экспортом и импортом товаров.

Благодарим Вас за сотрудничество.

С уважением
Е.Б.Яковлев
зам. генерального директора

Но́вые слова́

а́дресно-спра́вочная кни́га	Adreßbuch
спра́вочный	Informations-, Auskunfts-
зам. = замести́тель	Stellvertreter

5.4.3 ДЕЛОВОЕ ПИСЬМО

О предложении на координатные столы с ЧПУ

Уважаемые господа!

Ссылаясъ на переговоры нашего сотрудника, г-на Ридера, с директором А/О "Станкоимпорт", г-ном Михалковым, которые состоялись в торговом представительстве Российской Федерации в Австрии, сообщаем Вам, что мы готовы предоставить Вам скидку в 3 процента с общей суммы счета.

При этом высылаем Вам твердое предложение на 10 координатных столов модели KNC 400 по цене 25.000 ам. долларов за станок, а также 10 коорди-натных столов модели KNC 600 по цене 27.000 ам. долларов за станок. Все остальные условия в соответствии с нашим письмом от 23.05....

Мы благодарим Вас за Ваш запрос и надеемся, что наши выгодные условия удовлетворят Вас.

В приложении к этому письму Вы найдете список других наших моделей.

Ожидаем Вашего заказа.

С уважением

Приложение: предложение, список моделей, 3л.

5.5 КАК ВЫРАЗИТЬ БЛАГОДАРНОСТЬ

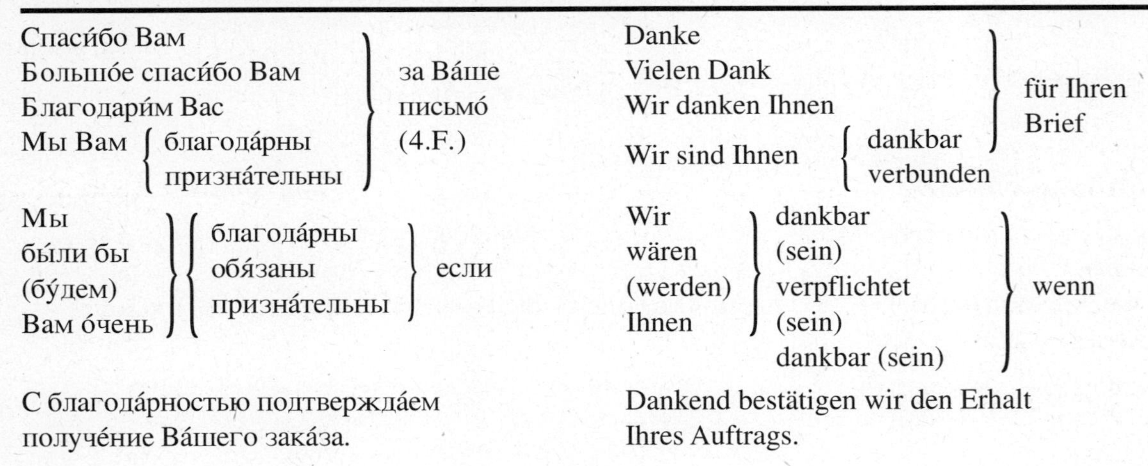

Спаси́бо Вам / Большо́е спаси́бо Вам / Благодари́м Вас / Мы Вам { благода́рны / призна́тельны } за Ва́ше письмо́ (4.F.)	Danke / Vielen Dank / Wir danken Ihnen / Wir sind Ihnen { dankbar / verbunden } für Ihren Brief
Мы бы́ли бы (бу́дем) Вам о́чень { благода́рны / обя́заны / призна́тельны } если	Wir wären (werden) Ihnen { dankbar (sein) / verpflichtet (sein) / dankbar (sein) } wenn
С благода́рностью подтвержда́ем получе́ние Ва́шего зака́за.	Dankend bestätigen wir den Erhalt Ihres Auftrags.

Примеры:

1. Спаси́бо за но́вую кни́гу.
2. Большо́е Вам спаси́бо за по́мощь.
3. Благодари́м Вас за запро́с.
4. Мы Вам о́чень благода́рны за Ваш сове́т.
5. Мы бы́ли бы Вам о́чень обя́заны, е́сли бы Вы присла́ли нам Ваш катало́г.
6. На́ша фи́рма Вам о́чень призна́тельна за ски́дку с цены́.
7. С благода́рностью подтвержда́ем **поступле́ние** (**Einlangen**) Ва́шего предложе́ния.
8. Мы бу́дем Вам о́чень призна́тельны, е́сли Вы пришлёте нове́йший прейскура́нт.

☞ 5.6 ДАВАЙТЕ ЗАПОМНИМ НЕМНОГО ГРАММАТИКИ!

"müssen"

1. мне (3.F.) на́до=ну́жно+(быть) + Inf.
Мне на́до (=ну́жно) (бы́ло, бу́дет) купи́ть сувени́ры.
На́до und **ну́жно** sind Synonyme. In Geschäftsbriefen werden sie kaum verwendet.

2. я (1.F.) до́лжен (должна́, -о́, -ы́) + (быть) + Inf.
Дире́ктор до́лжен (был, бу́дет) реши́ть э́тот вопро́с.
Предложе́ние должно́ содержа́ть сле́дующие да́нные.
До́лжен drückt eine Verpflichtung oder Gesetzmäßigkeit aus (vgl. *долг*: die Pflicht).

3. мне (3.F.) прихо́дится, пришло́сь, придётся + Inf.
Иногда́ ей прихо́дится ходи́ть на рабо́ту пешко́м.
Было уже́ по́здно. Нам пришло́сь взять такси́.
Нет бла́нков на неме́цком языке́. Вам придётся запо́лнить бланк на ру́сском языке́.
Die Handlung findet gegen den Willen des Subjekts statt.

4. мне (3.F.) сле́дует, сле́довало (бы) + Inf.
Вам сле́дует бро́сить кури́ть.
Ему́ сле́довало бы бо́льше учи́ться. (Er sollte mehr lernen).
Сле́дует drückt eine Empfehlung aus.

5. я (1.F.) вы́нужден (вы́нуждена, -ы) + (быть) + Inf.
Мы вы́нуждены обрати́ть Ва́ше внима́ние на плохо́е ка́чество това́ра.
Wir sind gezwungen, auf die schlechte Qualität der Ware hinzuweisen.
Die Gundbedeutung kann durch einige Ausdrücke verstärkt werden, z.B.:
На́до/ну́жно durch: **мне** (3.F.) **необходи́мо** + (быть) + Inf.="unbedingt müssen"
Нам необходи́мо поговори́ть с дире́ктором фи́рмы "Интерпром".
до́лжен durch: **я** (1.F.) **обя́зан (-а, -о, -ы)** + (быть) + Inf.="verpflichtet sein"
Рабо́чие обя́заны вы́полнить гра́фик рабо́ты. Фи́рма обя́зана поста́вить станки́ в тече́ние двух ме́сяцев.
Zwischen den Formen bestehen auch stilistische Unterschiede. Es folgt in der Regel ein Infinitiv im vollendeten Aspekt, außer bei Verneinung und Wiederholung.

5.7 УПРАЖНЕНИЯ

5.7.1

Замени́те **вы́деленные** (**hervorgehobene**) слова́ други́ми **подходя́щими (подходя́щий – passend)** выраже́ниями:

1. Мы *благодари́м* Вас за ски́дку в три проце́нта.
2. *Благодарю́* Вас за образцы́.
3. *Большо́е спаси́бо* за предложе́ние, кото́рое мы получи́ли сего́дня.
4. Мы *Вам благода́рны* за Ва́ше письмо́, кото́рое мы получи́ли сего́дня.
5. Мы *Вам призна́тельны* за образцы́ Ва́ших изде́лий.
6. *Спаси́бо за* Ваш зака́з, кото́рый поступи́л к нам вчера́.
7. На́ша фи́рма Вам о́чень *благода́рна* за ски́дку с су́ммы счёта.

5.7.2

Напиши́те, что...

1. Sie sich für das freibleibende Angebot über 200 PKW bedanken.
2. Sie für das Skonto von 2 % vom Rechnungsbetrag dankbar sind.

3. Sie den Erhalt des Angebots dankbar bestätigen.
4. Sie sich für das Angebot über Werkzeugmaschinen der Type KNC 400 bedanken.
5. Sie dem Geschäftspartner für die schnelle Erledigung Ihrer Bitte sehr verbunden sind.
6. Sie mit Dank den Erhalt der Antwort auf Ihre Anfrage vom 4. April d.J. bestätigen.

5.7.3

Измени́те предложе́ние, вставля́я вме́сто вы́деленных слов сле́дующие выраже́ния:

Вам на́до обрати́ться к *на́шему представи́телю.*

Господи́н Петро́в ... ... на́ши партнёры
Сотру́дник ... ... генера́льный дире́ктор
Госпожа́ Никиг ... ... ру́сские специали́сты
Мы ... ... замести́телю дире́ктора

5.7.4

Замени́те сло́во ***на́до*** в **предыду́щем (vorhergehend)** упражне́нии **подходя́щими по смы́слу** (**dem Sinn nach passende**) выраже́ниями.

5.7.5

Вме́сто вы́деленных слов вста́вьте подходя́щие по смы́слу сино́нимы:

1. Рабо́чие *должны́* зако́нчить суда́ до конца́ го́да.
2. Ва́ша фи́рма *должна́* поста́вить нам обору́дование в тече́ние IV кварта́ла.
3. Мы *должны́* обрати́ть Ва́ше внима́ние на повыше́ние цен.
4. Вы ещё пло́хо зна́ете э́ти пра́вила. Вы *должны́* бу́дете их повтори́ть.
5. У меня́ есть ещё вопро́сы. Мне о́чень *ну́жно* обрати́ться к специали́сту.
6. Заво́д *обя́зан* пересла́ть нам образцы́ но́вых моде́лей.
7. Мне *необходи́мо* купи́ть биле́ты ещё сего́дня, потому́ что за́втра их, мо́жет быть, уже́ не бу́дет.
8. Мы *должны́* бы́ли ещё раз верну́ться к э́тому вопро́су.

5.7.6

Напиши́те, что...

1. Sie unbedingt mit dem Vertreter der A/O "Medexport" sprechen müssen.
2. Ihr Partner das Angebot noch einmal überprüfen sollte.
3. die russischen Partner verpflichtet waren, die Maschinen bis Jahresende zu liefern.
4. die Lieferung in Holzkisten per Bahn erfolgen muß.
5. Sie den Brief leider noch einmal schreiben mußten.
6. Sie für den Urlaub ein Zimmer im Hotel "Kosmos" bestellen müssen.
7. man das Formular nicht auf Russisch auszufüllen braucht.

5.7.7

Напиши́те, что ...

1. Sie anbei ein freibleibendes Angebot über die Lieferung von Elektrogeräten der Marke "Express" übersenden.
2. Sie Ihrem Geschäftspartner für die Anfrage bezüglich der Lieferung von Ersatzteilen danken.
3. Sie sich über das Interesse freuen, das die Fachleute auf der Leipziger Herbstmesse an Ihren Produkten gezeigt haben.
4. Sie mit gleicher Post die neuesten Kataloge mit der ausführlichen technischen Beschreibung abschicken.
5. Sie dem Probeauftrag Ihres Geschäftspartners entgegensehen.

5.7.8

Напиши́те предложе́ние, употребля́я сле́дующие слова́ и выраже́ния:

О, предложе́ние на компью́теры, подтвержда́ть, получе́ние, письмо́ от..с.г., благодари́ть за запро́с, каса́тельно, поста́вка, компью́теры, ма́рка HP-386, ра́ды, интере́с, на́ши изде́лия, при э́том, высыла́ть, твёрдое предложе́ние на, поста́вка, 10 штук, вышена́званные компью́теры, в приложе́нии, спи́сок, на́ши моде́ли, це́ны, усло́вия поста́вки и платежа́, прилага́ть проспе́кт, при́нтеры HP-67, в настоя́щее вре́мя, по́льзоваться больши́м спро́сом.

5.7.9

N *Изготовим и Реализуем*

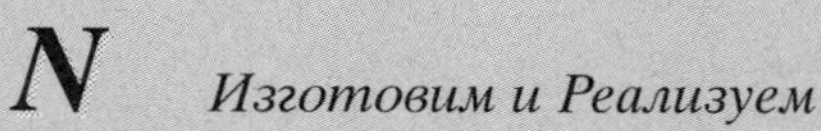

П О Л И Е Т И Л Е Н О В У Ю
П Л Е Н К У и П А К Е Т Ы
а также
цветные рекламные
ПАКЕТЫ
возможен любой бартер

Приобретаем:
экструдера для произв. п/э пленки,
полиэтилен в гранулах в/д и н/д,
отходы пластмасс.

348047 г.Луганск,	Тел. (0642)
ул. О. Кошевого, 32	52-21-17; 57-32-25
фирма НИЦПИР	Факс(кругл.) 52-22-04

Ва́ша фи́рма, "IMEX", Postfach (а/я) 237, A-5400 Hallein, Австрия, уже́ не́сколько лет успе́шно занима́ется и́мпортом и э́кспортом са́мых разли́чных това́ров, в том числе́ и полиэтиле́на в гра́нулах высо́кого давле́ния и ни́зкого давле́ния. Поэ́тому вы отправля́ете письмо́ в фи́рму "НИЦГИР", чьё объявле́ние вы ви́дели в газе́те "Эконо́мика и жизнь" N° 4/19.., и предлага́ете любо́е коли́чество упомя́нутого п/э са́мого высо́кого ка́чества по ориентиро́вочной цене́ 1 долл. США за кг, ски́дка с э́той цены́ зави́сит от зака́занного коли́чества, поста́вка това́ра в пластма́ссовых мешка́х по желе́зной доро́ге, об усло́виях платежа́ мо́жно договори́ться отде́льно.

Но́вые слова́

в том числе́	darunter
давле́ние	Druck
любо́й	beliebig
ориентиро́вочный	ungefähr
пластма́ссовый мешо́к	Kunststoff-, Plastiksack

5.7.10

Напиши́те отве́т на запро́с 3.4.1 на стр. 41:

Цена́ за шту́ку - 20.000.- долл. США фра́нко-грани́ца РФ, опла́та в любо́й свобо́дно конверти́руемой валю́те, перево́зка в деревя́нных я́щиках по желе́зной доро́ге в тече́ние четырёх неде́ль со дня вы́дачи зака́за, срок де́йствия да́нного предложе́ния - до конца́ ноября́ с.г., приложе́ние: тре́буемые чертежи́ и подро́бная характери́стика.

5.7.11

Составьте предложе́ние по сле́дующим да́нным:

Die Firma Mannesmann AG, Moskauer Vertretung B. Dorogomilowskaja ul., 54, kv. 28–31, bietet der "Promsyrjoimport", Rossia, 121834, Moskau, ul. Tschajkowskogo 13, aufgrund des Handelsabkommens zwischen der BRD und Rußland vom ... und der Anfrage vom 5.2.19.. 12.000 t Rohre (**Durchmesser [диа́метр]** 1.452 mm) an. Preis: ... DM pro Tonne, FOB Hamburg. Lieferfrist: im 1. Quartal 19...

Zahlungsbedingungen: Dokumenteninkasso. Es wird darauf hingewiesen, daß die Preise unverändert geblieben sind.

5.7.12

Напиши́те делово́е письмо́ (предложе́ние) на основа́нии сле́дующих да́нных:

Фи́рма "Шниттке", Кёльн, благодари́т А/О "Разноэ́кспорт" (Росси́я, 107140, Москва́, Ве́рхняя Красносе́льская ул., 15) за запро́с от 8.2.19.. каса́тельно о́буви и де́лает предложе́ние без обяза́тельства на о́бувь: 10 тыс. пар мужски́х боти́нок ма́рки "Элан", кори́чневые, цена́ за па́ру - 32 ма́рки ФРГ, 10 тыс. пар же́нских ту́фель, бе́жевые, цена́ за па́ру - 35 ма́рок ФРГ. Образцы́ отправля́ются с э́той по́чтой. При платеже́ в тече́ние ме́сяца фи́рма предоставля́ет ски́дку в 4% с су́ммы счёта. Цена́ понима́ется фра́нко-ваго́н грани́ца ФРГ. Поста́вка в III кварта́ле, по желе́зной доро́ге. Упако́вка: в коро́бках, по 100 коро́бок в деревя́нных я́щиках.

Но́вые слова́

о́бувь, -и	Schuhe, Schuhwerk
па́ра	Paar
мужско́й	männlich, Herren-
боти́нок, -нка, Pl. боти́нки, -нок	Schuh, Herrenschuh
же́нский	weiblich, Damen-
ту́фля, -и, 2.Pl. ту́фель	(Damen-)Schuh
бе́жевый	beige
коро́бка	Schachtel

5.7.13

Напиши́те пи́сьма на основа́нии сле́дующих да́нных:

1. Sie beziehen sich auf die Anfrage der Firma Mocker bezüglich der Lieferung von … Sie bieten 600 t zum Preis von 430 US-Dollar franko Grenze Ungarn mit folgenden Lieferfristen: 200 t im Mai, 200 t im Juni, 200 t im 3. Quartal. Sie bitten um Antwort bis zum 14.4. ...
2. Sie bieten 2–4 t ... mit Lieferung im 1. Quartal 19.. zum Preis von DM 10,62 pro kg fob Rotterdam an. Verpackung: 175 kg netto (1.974 kg brutto) in **Metallfässern (металли́ческая бо́чка)**. Sie bitten um Mitteilung, ob Ihre Partner am Kauf der Ware interessiert sind.
3. Betrifft die Lieferung von ... für Rumänien. Teilen Sie Ihrem Partner mit, daß Sie die Lieferung im 4. Quartal nicht garantieren können, falls der Auftrag nicht bis zum 25.9.19.. einlangt, da Anfragen anderer Firmen vorliegen.
4. Sie bestätigen das Telefongespräch vom 21.3.19.., in dem Ihre Firma einen Preis von DM 23 pro kg franko österreichisch-ungarische Grenze für Folien, 300 m breit, bei einer Bestellung von 45 t angeboten hat. Die Lieferung könnte in 4 Wochen erfolgen. Zahlungsbedingungen: innerhalb von 60 Tagen mit 3 % Skonto. Ihre Firma würde sich freuen, den Auftrag zu erhalten.

5.7.14

Переведи́те те́лексы с по́мощью словаря́:

1. cena avstr. shill. 24200 iavlialas pervonachalnoi cenoi kotoruiu my prosili utorgovat nashe reshenie soobscim dopolnitelno uvajeniem
2. nashli vozmojnost predlojit 120 tn s postavkoi 2-3 kv (dosrochnaia otgruzka razreshaetsia) nashi nailuchshie usloviia 50120 avstr. shill./tn franko granica avstrii. prosim otvetit do 17/1/19..
3. k sojaleniiu dostich ceny dm 2350/t absoliutno nevozmojno. nasha minimalnaia cena dm 3244/t, proizvodstvo tovara po bolee nizkoi cene nerentabelno. firma prodaet tovar drugim pokupateliam. v etoi sviazi daje v sluchae dogovorennosti po cenam na 2.-4. kv. 19.. kolichestvo budet kraine ogranichenno.

5.8 ДИАЛОГ

Господи́н Ридер, сотру́дник фи́рмы "Шармюллер Гез.м.б.Х. и комп. КГ.", прихо́дит на перегово́ры в торго́вое представи́тельство Росси́йской Федера́ции в Австрии к господи́ну Михалко́ву, дире́ктору АО "Станкои́мпорт". На перегово́рах речь идёт о предложе́нии на координа́тные столы́ с ЧПУ.

М. - Здра́вствуйте, господи́н Ридер!

Р. - Здра́вствуйте, господи́н Михалко́в! Очень рад встре́титься с ва́ми. Ка́жется, мы ви́делись после́дний раз полтора́ го́да наза́д.

М. - Соверше́нно ве́рно. Это бы́ло на вы́ставке в Москве́.

Р. - Ка́жется, вы пе́рвый раз в Ве́не. Как вам нра́вится на́ша столи́ца?

М. - Ве́на - прекра́сный го́род. К сожале́нию, не хвата́ет вре́мени, что́бы ознако́миться с его́ достопримеча́тельностями. У меня́ о́чень мно́го деловы́х встреч на я́рмарке.

Р. - А что вы уже́ ви́дели в Ве́не?

М. - Пока́ то́лько центр го́рода, Рингштрассе, и ... да. коне́чно, Шёнбрунн. Дворе́ц произвёл на меня́ большо́е впечатле́ние.

Р. - Вам на́до обяза́тельно пойти́ в Госуда́рственный о́перный теа́тр.

М. - Да, мне говори́ли. С удово́льствием пойду́. Но разреши́те приступи́ть к де́лу.

Р. - Да, коне́чно.

М. - Благодарю́ вас за ва́ше интере́сное предложе́ние. На́ше о́бщество о́чень заинтере́совано в станка́х, упомя́нутых в ва́шем предложе́нии, но мы хоте́ли бы заказа́ть и моде́ль KNC 600.

Р. - Мы о́чень ра́ды, что на́ша проду́кция по́льзуется таки́м спро́сом.

М. - Мы согла́сны со все́ми усло́виями предложе́ния, то́лько про́сим предоста́вить нам ски́дку в 3% с су́ммы счёта.

Р. - Я вас хорошо́ понима́ю, но мне придётся спроси́ть господи́на Шармюллера. Я ду́маю, что он пойдёт вам навстре́чу.

М. - Когда́ же вы мо́жете нам сде́лать твёрдое предложе́ние?

Р. - Вы его́ полу́чите че́рез две неде́ли.

М. - Отли́чно. Я благодарю́ вас, что вы зашли́.

Р. - Жела́ю вам хорошо́ провести́ вре́мя в Ве́не.

М. - Спаси́бо, до свида́ния.

Р. - До свида́ния.

Вена, Шёнбрунн

5.8.1 КАК ВЫРАЗИТЬ ВОСТОРГ

Прекра́сно!
Великоле́пно!
Замеча́тельно!
Отли́чно!
Гениа́льно!
Мы в восто́рге от э́того при́нтера!
Фильм произвёл на нас большо́е впечатле́ние.

5.9 УПРАЖНЕНИЯ

5.9.1

Отве́тьте на вопро́сы:

1. Где прохо́дит делова́я встре́ча?
2. О чём идёт речь на перегово́рах?
3. Кака́я фи́рма предложи́ла координа́тные столы́?
4. Г-н Ридер и г-н Михалко́в уже́ знако́мы друг с дру́гом?
5. Где и когда́ они́ ви́делись после́дний раз?
6. Почему́ г-н Михалко́в ви́дел в Ве́не ма́ло достопримеча́тельностей?
7. С каки́ми ве́нскими достопримеча́тельностями он уже́ ознако́мился?
8. Куда́ г-н Ридер сове́тует ему́ пойти́?
9. В каки́х станка́х заинтересо́вана ру́сская сторона́?
10. О чём про́сит ру́сский партнёр?
11. В како́м предложе́нии заинтересо́ван директор А/О "Станкои́мпорт"?
12. Когда́ фи́рма "Шармюллер" сде́лает предложе́ние?

5.9.2

Г-н Ридер сообща́ет своему́ нача́льнику о перегово́рах в торгпре́дстве.

5.9.3

Проведи́те делову́ю бесе́ду с по́мощью сле́дующих опо́рных слов:

Р. - Очень рад вас ви́деть, ... полтора́ го́да наза́д.
М. - ... в Москве́.
Р. - Как вам ... Ве́на?
М. - ... прекра́сный го́род. ... ещё ма́ло ви́дел, потому́ что ... На я́рмарке ... Я ви́дел то́лько ... Мне осо́бенно понра́вился ... Но разреши́те ...
Р. - Пожа́луйста.
М. - Мы получи́ли ... Мы заинтересо́ваны не то́лько ... но и ...
Р. - Очень прия́тно ...
М. - Мы хоте́ли бы попроси́ть вас... Со все́ми остальны́ми ...
Р. - Хорошо́, я переда́м ... Я ду́маю, что он ...
М. - Когда́ вы смо́жете ...?
Р. - Вы ... че́рез две неде́ли .
М. - Спаси́бо, что ...
Р. - Не́ за что, до свида́ния.

Вена, Государственный оперный театр (Штатсопер)

5.9.4

Разыгра́йте диало́г че́рез "перево́дчиков" (**перево́дчик – Dolmetsch**):

М. - Здра́вствуйте, господи́н Ридер. Очень прия́тно с ва́ми встре́титься, ведь мы давно́ не ви́делись.
Р. - Ja, das stimmt. Wir haben uns vor eineinhalb Jahren in Moskau auf der Messe gesehen.
М. - А тепе́рь я прие́хал к вам в Ве́ну.
Р. - Ich habe gehört, Sie sind zum ersten Mal in Wien. Wie gefällt es Ihnen hier?
М. - Ве́на - прекра́сный го́род. К сожале́нию, я пока́ ви́дел ма́ло достопримеча́тельностей, потому́ что у меня́ о́чень мно́го рабо́ты на я́рмарке.
Р. - Welche Sehenswürdigkeiten haben Sie schon gesehen?

М. - Вчера́ мы е́здили в Шёнбрунн. Дворе́ц - прекра́сный па́мятник архитекту́ры, и парк произвёл на меня́ большо́е впечатле́ние. Это всё, ка́жется, ... нет, я та́кже ви́дел це́нтр го́рода, Рингштрассе и Воти́вкирхе. А что вы ещё сове́туете посмотре́ть?

Р. - Wenn Sie Zeit haben, müssen Sie unbedingt in die Staatsoper gehen. Das Gebäude ist auch sehr schön.

М. - Если бу́дет вре́мя, с удово́льствием пойду́. Но, к сожале́нию, я прие́хал то́лько на одну́ неде́лю. Дава́йте перейдём к де́лу.

Р. - Bitte sehr.

М. - Мы получи́ли ва́ше предложе́ние на станки́ моде́ли KNC 400, и мы о́чень заинтересо́ваны в них. Кро́ме того́, мы хоте́ли бы заказа́ть и 10 станко́в моде́ли KNC 600, кото́рые мы нашли́ в ва́шем катало́ге.

Р. - Wir freuen uns über Ihr Interesse an unseren Erzeugnissen und werden Ihnen ein neues Angebot unterbreiten.

М. - Мы согла́сны со все́ми усло́виями ва́шего пе́рвого предложе́ния, то́лько про́сим вас предоста́вить нам ски́дку в 3 % с су́ммы счёта.

Р. - Diese Frage muß ich zuerst mit Herrn Scharmüller besprechen. Ich glaube aber, daß er Ihnen entgegenkommen wird.

М. - Это бы́ло бы великоле́пно. А когда́ вы могли́ бы сде́лать э́то предложе́ние?

Р. - Ich werde übermorgen mit Herrn Scharmüller sprechen und Ihnen Ende der Woche das Angebot schicken.

М. - Хорошо́. Благодарю́ вас за визи́т.

Р. - Ich wünsche Ihnen noch einen angenehmen Aufenthalt in Österreich.

М. - Спаси́бо. До свида́ния.

Р. - Auf Wiedersehen.

6. ОТВЕТ НА ПРЕДЛОЖЕНИЕ

6.1 ОБРАЗЦЫ ПИСЕМ

6.1.1

ТОО ФЕНИКС - PHOENIX LTD.
Москва, 107140, Верхняя Красносельская, 15. Тел.: 264-01-83, 264-04-83
Телекс: 411235, Факс: 264-01-83-350

N°24/0445 " 7 " декабря 19...г.

"Майер-Шу Гез.м.б.Х."
А-1060 Вена
Мариахильферштрассе 47

О станке "Шумайстер 2000"

Уважаемые дамы и господа!

Ваше предложение от 27.11.19.. на станок "Шумайстер 2000" для производства обуви высокого качества нами получено.

Подтверждаем наше согласие на закупку 10 штук упомянутых станков на условиях, указанных в Вашем предложении.

С уважением
"ТОО ФЕНИКС"

Но́вые слова́

ТОО=това́рищество с ограни́ченной отве́ственностью (=о́бщество с ограни́ченной отве́тственностью)	Gesellschaft mit beschränkter Haftung (GmbH)
согла́сие	Einverständnis

согла́с-ный
согла́с-ие
соглас-ова́ть
соглаш-е́ние

6.1.2

Об оборудовании ТКХ-27

Уважаемые господа!

С благодарностью подтверждаем получение Вашего предложения от 05.07.... на оборудование для оптимирования технологических процессов ТКХ-27.

Наше решение о возможности закупки вышеназванного товара сообщим Вам в ближайшее время.

С уважением

6.1.3

О диктофоне "AW 2090 Континенталь"

Уважаемые господа!

Благодарим за Ваше предложение от 21.08.... на диктофон "AW 2090 Континенталь". В настоящее время мы не заинтересованы в закупке предлагаемого Вами диктофона.

С уважением

6.1.4

О дождевальной установке "Рейнстар"

Уважаемые дамы и господа!

Подтверждаем получение Вашего предложения от 24.06.... на дождевальную установку "Рейнстар" и сообщаем, что не сможем им воспользоваться, потому что Ваша цена на товар выше, чем в других имеющихся у нас пред-ложениях.

Ввиду наших долголетних связей с Вами просим Вас пересмотреть цену на "Рейнстар". Ожидаем Вашего ответа до 01.08. с.г.

С уважением

Но́вые слова́

диктофо́н	Diktaphon
предлага́емый	angeboten, offeriert
дождева́льная устано́вка	Beregnungsanlage
ввиду́ + 2.F.	in Anbetracht
долголе́тний	langjährig
пересма́тривать, -аю, -аешь	abändern, überprüfen
пересмотре́ть, -ю́, -смо́тришь	

6.2 КОММЕНТАРИЙ

Различа́ют ра́зные **фо́рмы отве́та на предложе́ние**.
Е́сли покупа́тель согла́сен со все́ми усло́виями предложе́ния, он подтвержда́ет его́ приня́тие продавцу́.
Вы́дача зака́за и́ли заключе́ние контра́кта то́же явля́ется приня́тием предложе́ния.
Е́сли покупа́тель не согла́сен с усло́виями предложе́ния, и́ли е́сли он не заинтересо́ван в заку́пке това́ра, он не принима́ет предложе́ние, а отклоня́ет его́.
Е́сли покупа́тель не согла́сен с ча́стью усло́вий предложе́ния (наприме́р с цено́й, сро́ками поста́вки, усло́виями платежа́, упако́вкой, ка́чеством, коли́чеством, арбитра́жем и т.п.), то он сообща́ет об э́том продавцу́ в отве́те на предложе́ние.

Но́вые слова́

приня́тие	Annahme
отклоня́ть, -я́ю, -я́ешь	ablehnen
отклони́ть, -ю́, -и́шь	
арбитра́ж, -а	Arbitrage, Schiedsgericht
и т.п. (=и тому́ подо́бное)	u.ä.

6.3 ТИПОВЫЕ ФРАЗЫ

С благода́рностью подтвержда́ем получе́ние Ва́шего предложе́ния.	Wir bestätigen dankend den Erhalt Ihres Angebots.
Мы согла́сны с цено́й, назна́ченной Ва́ми.	Wir sind mit dem Preis, der von Ihnen angegeben wurde, einverstanden.
Мы заинтересо́ваны в заку́пке вышеука́занного това́ра.	Wir sind am Ankauf der obenerwähnten Ware interessiert.
Я бу́ду рад помести́ть свой зака́з на Ва́шей фи́рме.	Ich werde mich freuen, meine Bestellung bei Ihrer Firma zu plazieren.
Ва́ше предложе́ние в це́лом подхо́дит нам.	Ihr Angebot paßt uns im großen und ganzen.
Ка́чество предлага́емого Ва́ми това́ра удовлетворя́ет нас.	Die Qualität der von Ihnen angebotenen Ware stellt uns zufrieden.
Ка́чество това́ра соотве́тствует на́шим тре́бованиям.	Die Qualität der Ware entspricht unseren Anforderungen.
Ссыла́ясь на Ва́ше предложе́ние от ..., спеши́м сообщи́ть Вам, что ...	Bezugnehmend auf Ihr Angebot vom ... beeilen wir uns, Ihnen mitzuteilen, daß ...
Мы тща́тельно рассмотре́ли Ва́ше предложе́ние на при́нтеры.	Wir haben Ihr Offert über Drucker sorgfältig geprüft.
На́ши комите́нты согла́сны с Ва́шими усло́виями поста́вки и платежа́.	Unsere Kommittenten sind mit Ihren Liefer- und Zahlungsbedingungen einverstanden.
Мы напи́шем Вам, как то́лько полу́чим отве́т на́ших клие́нтов.	Wir werden Ihnen schreiben, sobald wir die Antwort unserer Klienten erhalten haben.
Пе́ред вы́дачей зака́за мы хоти́м получи́ть от Вас отве́т на сле́дующие вопро́сы: ...	Vor Auftragserteilung möchten wir von Ihnen die Antwort auf folgende Fragen erhalten: ...
Про́сим Вас отве́тить на вопро́сы, за́данные на́шими получа́телями.	Bitte beantworten Sie die Fragen, die von unseren Abnehmern gestellt wurden.
Про́сим отде́льно указа́ть це́ны на запасны́е ча́сти.	Bitte geben Sie die Preise für die Ersatzteile gesondert an.
Назна́ченная Ва́ми цена́ сли́шком высо́кая.	Der von Ihnen genannte Preis ist zu hoch.
У нас име́ются бо́лее вы́годные офе́рты други́х фирм.	Uns liegen günstigere Angebote anderer Firmen vor.
Мы не смо́жем воспо́льзоваться Ва́шим предложе́нием.	Wir werden von Ihrem Angebot nicht Gebrauch machen können.
Ввиду́ завы́шенной цены́ мы не мо́жем приня́ть Ва́шу офе́рту.	In Anbetracht des überhöhten Preises können wir Ihr Offert nicht annehmen.

Éсли Вы сни́зите цéну на 15 %, мы гото́вы рассмотрéть Вáше нóвое предложéние.	Wenn Sie den Preis um 15 % reduzieren, sind wir bereit, Ihr neues Angebot zu prüfen.
На основáнии Вáшего предложéния N°... от ... мы закáзываем Вам 100 килогрáмм кéтовой икры́.	Auf der Grundlage Ihres Angebots Nr. ... vom ... bestellen wir bei Ihnen 100 kg Lachskaviar.
Прóсим Вас состáвить соответ́ствующий контрáкт на основáнии при́сланного Вáми предложéния.	Bitte verfassen Sie einen entsprechenden Vertrag auf der Grundlage des von Ihnen zugesandten Offerts.

Нóвые словá

назначáть, -áю, -áешь назнáчить, -у, -ишь	festsetzen, bestimmen, angeben
помещáть, -áю, -áешь помести́ть, -щу́, -сти́шь	plazieren, unterbringen
в цéлом	im großen und ganzen
подходи́ть, -хожу́, -хóдишь+ 3.F.	passen
тщáтельно	sorgfältig
рассмáтривать, -аю, -аешь рассмотрéть, -ю, -ишь	prüfen, untersuchen
комитéнт	Kommittent, Auftraggeber
получáтель	Abnehmer
офéрта	Angebot, Offert
отдéльно	gesondert
завы́шенный (PPP. v. завы́сить)	überhöht
снижáть, -áю, -áешь сни́зить, -жу, -зишь	senken
кéтовая икрá	Lachskaviar

выс-óкий вы́ш-е по-выш-áть по-вы́с-ить по-выш-éние за-выш-áть за-вы́с-ить выс-отá	ни́з-кий ни́ж-е ни́ж-ний по-ниж-áть по-ни́з-ить по-ниж-éние с-ниж-áть с-ниж-éние	ответ́ со-ответ́-ствовать со-ответ́-ствие ответ́-ственный	мéст-о по-мещ-áть по-мест-и́ть по-мещ-éние

6.4 ДОПОЛНИТЕЛЬНЫЕ ПИСЬМА

6.4.1

РИ

РАЗНОИМПОРТ

АО "РАЗНОИМПОРТ" АО "RAZNOIMPORT

121 200, МОСКВА, Смоленская-Сенная, 32 121 200, MOSCOW, Smolenskaya-Sennaya, 32
Телегр. адрес: МОСКВА, РАЗНОИМПОРТ Cable address: RAZNOIMPORT MOSCOW
Телефон 244-37-61. Телетайп 112613 Telephone 244-37-61 Telex: 112613

045/947 "14" мая 19.. г.

"Винер Айзенверке"
Гезеллшафт м.б.Х.
А-1015 Вена
а/я 59

Кас.: муфт для кабеля дальней связи

Уважаемые дамы и господа!

С благодарностью подтверждаем получение письма N° 45/19.. и каталогов на муфты, которые мы передали на изучение нашим клиентам. Если они проявят интерес, вернёмся к этому вопросу.

С уважением
АО "РАЗНОИМПОРТ"

Но́вые слова́

му́фта	Muffe (techn.), Kupplung
ка́бель, -я	Kabel
да́льняя связь	Fernverbindung, Nachrichtenverbindung
изуче́ние	Studium; *hier*: Ansicht
клие́нт	Kunde, Klient

6.4.2

ТОО РАЗНОЭКСПОРТ

107 140, МОСКВА, Верхняя Красносельская, 15 Тел.: 264-01-83, 264-04-83 Факс 264-04-83-47

При ответе ссылайтесь на наш номер и дату
In your reply please refer to letter no. and date

АКГ "Акустише унд Киногерэте Гез.м.б.Х."
Брунхильденгассе, 1
А-1150 Вена
0786/712-94 "19" мая 19.. г.

О микрофоне типа Д-321

Уважаемые дамы и господа!

Мы получили Ваше предложение на микрофон типа Д-321. На выставке "Современная промышленная техника" в Москве 2-11 апреля с.г. специалисты фирмы "Мосмикро" ознакомились с Вашими приборами.

К сожалению, в Вашем предложении указаны не все технические данные микрофона Д-321. Просим Вас прислать нам подробное техническое описание, а также образец микрофона.

Ввиду задержки просим Вас продлить Ваше предложение до 31 августа 19.. года.

С уважением
ТОО "РАЗНОЭКСПОРТ"

Но́вые слова́

заде́ржка	Verzögerung
продлева́ть, -а́ю, -аешь продли́ть, -ю́, -и́шь	(Frist) verlängern

6.4.3

"Интербум"
Мариахильферштрассе 41-44
А-1060 Вена

Ваш: Бра/Фр от 24.10.19.. 05.11.19..

Уважаемые дамы и господа!

Благодарим Вас за любезное предложение.
К сожалению, мы в настоящее время в закупках каменного угля не заинтересованы ввиду отсутствия заказов от промышленности. В случае необходимости вернемся к этому вопросу позже.

С уважением

Но́вые слова́

любе́зный	liebenswürdig
ка́менный у́голь	Steinkohle
отсу́тствие	das Fehlen

6.4.4

27.12.19.. г.

О периферийных устройствах ПУ-485

Уважаемые дамы и господа!

С благодарностью подтверждаем получение Вашего предложения от 13.12.19.. на периферийные устройства ПУ-485.

К сожалению, в настоящее время нет заказов на такие устройства. В случае поступления заказов обратимся к Вашей фирме.

С уважением

Но́вые слова́

перифери́йное устро́йство	Peripheriegerät

6.4.5

17.06.19.. г.

О Вашем предложении на пишущие машинки

Уважаемые дамы и господа!

Мы получили Ваше предложение от 23.5.19.. и сообщаем Вам, что Ваше предложение на пишущие машинки неконкурентоспособно. Кроме того, интерес к закупке названного товара отпал.

Просим Вас сообщить нам о возможности поставки 100 лазерных принтеров типа **Laser Jet III P** в марте следующего года.

С уважением

Но́вые слова́

пи́шущая маши́нка	Schreibmaschine
(не)конкурентоспосо́бный	(nicht) konkurrenzfähig
отпада́ть, -а́ет, -а́ют отпа́сть, отпадёт, отпаду́т	entfallen, wegfallen
ла́зерный при́нтер	Laserdrucker

6.4.6

N°73-237/94 21.06.19.. г.

О предложении N° ... от 26.05. ... на женскую обувь

Уважаемые дамы и господа!

Подтверждаем получение Вашего предложения N°... от 26.05. .. на 100.000 пар женской обуви.

Мы согласны с новым сроком поставки и с другими условиями предложения и заказываем Вам 100 000 пар женской обуви. Просим Вас составить соответствующий контракт на основании присланного Вами предложения.

С уважением

А/О "Диана"

6.5 ТЕЛЕКСЫ

6.5.1

TELEX

KAS. VASH 2/1487
PREDLAGAEMYE VAMI MODELI V GERMANII NE POLZUIUTSIA SPROSOM. K SOJALENIIU VOZMOJNOST IH ZAKUPKI ISKLIUCHENA.
S UVAJENIEM

TELEX

6.5.2

TELEX

KAS. KRASOK I LAKOV
POSKOLKU OTGRUZKA 80 T PLANIRUETSIA NA 2.-4.KV 19.. NASHI KLIENTY NE GOTOVY PRINIAT NEMEDLENNOE RESHENIE ZAKUPKE. PROSIM V VIDE ISKLIUCHENIIA PRODLIT VASHE PREDLOJENIE DO 15/2...
S UVAJENIEM

TELEX

Но́вые слова́

исключённый (PPP. v. исключи́ть)	ausgeschlossen
кра́ска	Farbe
лак	Lack
поско́льку	da, weil
плани́ровать, -ую, -уешь за-	planen
неме́дленный	sofort, unverzüglich
в ви́де исключе́ния	ausnahmsweise

ключ
ис-ключ-а́ть
ис-ключ-и́ть
ис-ключ-е́ние
ис-ключ-и́тельный
за-ключ-а́ть
за-ключ-и́ть
за-ключ-е́ние
в-ключ-а́ть
в-ключ-и́ть
вы-ключ-а́ть
вы́-ключ-ить
вы-ключ-а́тель

☞ 6.6 ДАВАЙТЕ ЗАПОМНИМ НЕМНОГО ГРАММАТИКИ!

Passives Mittelwort der Vergangenheit (PPP.=Participium praeteriti passivi)

Bildung vom vollendeten Aspekt transitiver Verben auf drei Arten:

1. **auf -нный: сде́лать – сде́ланный –** gemacht. Die Endung **-нный** tritt an die Stelle der Nennform auf **-ать, -ять** und **-еть** (i-Konjugation).
   Betonung: Im Infinitiv endbetonte Verben (z.B. *написа́ть*) ziehen die Betonung um eine Silbe vor, die übrigen behalten die Infinitivbetonung:
   напис**а́**ть – нап**и́**санный – geschrieben
   указ**а́**ть – ук**а́**занный – angegeben
   предусмотр**е́**ть – предусм**о́**тренный – vorgesehen
   потер**я́**ть – пот**е́**рянный – verloren
   Kurzform: сде́лан, сде́лана, сде́лано, сде́ланы – ist, sind... gemacht

2. **auf -енный, -ённый:** поста́вить – поста́вленный – geliefert
   реши́ть – решённый – beschlossen, gelöst
   -енный, -ённый tritt an die Stelle der 1. Pers. Sg. des vollendeten Futurums bei Verben der i-Konj. auf **-ить, -зти, -сти, -чь** sowie den Komposita von **идти́** (пройти́ – про́йденный). Dabei ist gegebenenfalls der Lautwandel zu beachten:
   отпра́**в**ить – отпра́**вл**ю – отпра́**вл**енный
   Betonung: bei den Verben auf **-ить** richtet sich die Betonung nach der 2. Pers. Sg. des vollendeten Futurums:
   купи́ть – куп**лю́** (Lautwandel) – **ку́пишь – ку́пленный** – gekauft
   заключи́ть – заключу́ – заключ**и́шь –** заключ**ённый** – abgeschlossen
   Bei den übrigen Verben lautet das PPP. in der Regel auf **-ённый:**
   привезти́ – привезу́ – привезёшь – привезённый – gebracht, hertransportiert
   перенести́ – перенесу́ – перенесённый – übertragen
   перевести́ – переведу́ – переведённый – übersetzt, überwiesen (Geld)
   Kurzform: -ённый: решённый: решён, решена́, решено́, решены́ – ist (...) gelöst
   -енный: ку́пленный: ку́плен, ку́плена, ку́плено, ку́плены - ist (...) gekauft

3. **auf -тый:** откры́ть – откры́тый – geöffnet
   -тый tritt an die Stelle der Nennformendung -ть, wenn vor dieser **-о, -ы, -у** stehen, außerdem häufig bei einsilbigen Verben. Das PPP. einsilbiger präfigierter Verben ist häufig auf dem Präfix betont, die weibliche Kurzform ist oft endbetont:

	Kurzform
забы́ть – забы́тый	забы́т, -а, -о, -ы – vergessen
взять – взя́тый	взят, взята́, взя́то, взя́ты – genommen
нача́ть – на́чатый	на́чат, начата́, на́чато, на́чаты - begonnen
заня́ть – за́нятый	за́нят, занята́, за́нято, за́няты – besetzt, beschäftigt
упомяну́ть – упомя́нутый	упомя́нут, -а, -о, -ы – erwähnt

(Verben auf **-ну́ть** ziehen die Betonung um eine Silbe vor.)

Verwendung des PPP.

На́ша фи́рма уча́ствовала в вы́ставке, *организо́ванной в Москве́.*
Unsere Firma nahm an einer Ausstellung teil, die in Moskau organisiert wurde.

На́ша фи́рма уча́ствовала в *организо́ванной в Москве́* вы́ставке.
Unsere Firma nahm an einer in Moskau organisierten Ausstellung teil.

ACHTUNG!
Ergänzungen zum attributiven PPP. vor dem dazugehörigen Substantiv werden immer zwischen PPP. und Substantiv "eingekeilt":

Die (von Ihnen in Ihrem Schreiben vom ...) gewünschten Waren werden nicht mehr erzeugt.
Запро́шенные (Ва́ми в Ва́шем письме́ от ...) изде́лия бо́льше не произво́дятся.

На́ша фи́рма уча́ствовала в вы́ставке, *кото́рая была́ организо́вана в Москве́.*
Unsere Firma nahm an einer Ausstellung teil, die in Moskau organisiert wurde.

Zur Bildung des Passivs

Поста́вка *осуществля́ется* в ию́не с.г. – Die Lieferung wird im Juni d.J. durchgeführt (=erfolgt). **(unvollendeter Aspekt)**

Поста́вка *была́ (бу́дет) осуществлена́* в ию́не. – Die Lieferung wurde (wird) im Juni durchgeführt (werden). **(vollendeter Aspekt)**

Die **Kurzform** dient zum Ausdruck des Passivs im **vollendeten Aspekt:**

Präsens: Магази́н *закры́т.* – Das Geschäft ist geschlossen
Prät.: Магази́н *был закры́т.* – Das Geschäft war (wurde) geschlossen.
Futur: Магази́н *бу́дет закры́т.*- Das Geschäft wird geschlossen sein (werden).
был wird manchmal ausgelassen.

6.7 УПРАЖНЕНИЯ

6.7.1

Напиши́те **по́лную** (**Lang**-) и кра́ткую фо́рмы PPP. и поста́вьте **ударе́ние** (**Betonung**). Прове́рьте с по́мощью словаря́.
Образе́ц: **прочита́ть-** прочи́танный, прочи́тан, прочи́тана, прочи́тано, прочи́таны
продать, напечатать, запросить, приложить, предоставить, выполнить, назначить, закрыть, применить, поднять, услышать, завысить, рассмотреть, отклонить, продлить.

6.7.2

Измени́те сле́дующие выраже́ния по образцу́ и поста́вьте ударе́ние:
сде́ланные в Росси́и маши́ны – Маши́ны сде́ланы в Росси́и.

1. осуществлённая в ма́е поста́вка – ______________________
2. закры́тый рестора́н – ______________________
3. хорошо́ иллюстри́рованная кни́га – ______________________
4. поста́вленные Ва́шей фи́рмой изде́лия – ______________________
5. прило́женный к письму́ контра́кт – ______________________

6.7.3

Переведи́те сле́дующие выраже́ния.

1. die gelieferten Waren – ______________________
2. die von uns ausgewählten Bücher – ______________________
3. die vorgesehenen Lieferfristen – ______________________
4. die von den Gästen besetzten Plätze – ______________________
5. die beigelegten Spezifikationen – ______________________

6.7.4

Измени́те сле́дующие предложе́ния по образцу́:

Ссыла́емся на торго́вое соглаше́ние, *заключённое в Москве́ в 19.. г.*
Ссыла́емся на торго́вое соглаше́ние, *кото́рое бы́ло заключено́ в Москве́ в 19..г.*
Ссыла́емся *на заключённое в Москве́ в 19.. г.* торго́вое соглаше́ние.

1. Мы ещё раз возвраща́емся к вопро́сам, *кото́рые бы́ли упомя́нуты в Ва́шем письме́.*
2. Пограни́чник собра́л *запо́лненные тури́стами тамо́женные деклара́ции.*
3. *Вопро́сы, решённые на перегово́рах в Берлине*, каса́ются мно́гих неме́цких фирм.
4. Про́сим Вас поста́вить нам това́р *на усло́виях, ука́занных в Ва́шем предложе́нии.*
5. Прилага́ем к письму́ информа́цию, *запро́шенную Ва́ми в те́лексе №..*
6. Благодари́м Вас за после́днюю па́ртию *зака́занного на́ми това́ра.*
7. Я уже́ отпра́вила пода́рки, *кото́рые я купи́ла в* ***командиро́вке*** **(командиро́вка – Dienstreise)**.

6.7.5

Подбери́те подходя́щие оконча́ния слов:

1. Подтвержда́ем получе́ние Ва́ш____ офе́рт___ , кото́р___ мы получи́ли сего́дня.
2. При э́том высыла́ем Вам предложе́ние на поста́вк__ ка́менн___ угл__.
3. С благода́рност____ подтвержда́ем получе́ние Ва́ш___ катало́г__.
4. В отве́т на Ваш запро́с на поста́вк__ компью́тер___ сообща́ем, что ...
5. На́ш__ цен___ включа́ет и страхова́ние.
6. С э́той по́чт___ высыла́ем Вам не́сколько образц___.
7. Мы ра́д___ Ва́ш____ интере́с__ к на́ш___ това́р___.
8. Настоя́щ___ офе́рт__ теря́ет си́лу по истече́н___ трёх ме́сяц___.

6.7.6

Напиши́те, что ...

1. Ihre Bestellung bei der Firma Ihres Partners plaziert wurde.
2. die von Ihnen bestellten Waren noch nicht geliefert wurden.
3. in Anbetracht der starken **Konkurrenz (конкуре́нция**) die Preise gesenkt wurden.
4. das Angebot Ihres Geschäftspartners von Ihren Fachleuten geprüft wurde.
5. Ihre Firma von der Qualität der angebotenen Waren zufriedengestellt war.
6. die in Deutschland erzeugten Autos sich großer Beliebtheit erfreuen.

6.7.7

Измени́те коне́ц предложе́ния:

Мы согла́сны со все́ми усло́виями предложе́ния, кроме *цены́.*
... Lieferfristen
... Zahlungsbedingungen
... Qualität
... Menge
... Verpackung
... Lieferbedingungen

6.7.8

Переведи́те с по́мощью словаря́.

1. polagaem telekse opechatka cene. prosim srochno proverit. mojem zafiksirovat cenu tolko na pervye 3000 t s postavkoi 1 polugodii. na sleduiuscie 3000 t gotovy zafiksirovat cenu iiune. prosim srochno otvetit. uvajeniem

2. Уважаемые господа!
   Мы рассмотрели Ваши предложения о взаимных поставках химических продуктов. Однако в Вашем перечне не указаны возможные годовые объёмы взаимных поставок, что затрудняет нас дать Вам исчерпывающий ответ. Мы считали бы целесообразным организовать встречу с Вашими представителями в конце июля 19.. года.
   По вопросу химикатов и фармацевтических средств рекомендуем Вам обратиться в АО "Медэкспорт".

   С уважением

6.7.9

Напиши́те, что...

1. die Preise für die Computer überhöht sind.
2. das Offert über Mikrophone sorgfältig überprüft wurde.
3. Sie mit der Qualität der angebotenen Waren zufrieden sind.
4. Sie die Qualität der erwähnten Ausrüstung im großen und ganzen zufriedenstellt.
5. Ihren Kommittenten die Liefer- und Zahlungsbedingungen passen.
6. das Angebot Ihres Geschäftspartners nicht konkurrenzfähig ist.

6.7.10

Напиши́те отве́т на предложе́ние на основа́нии сле́дующих да́нных:

Подтвержда́ть, благода́рность, получе́ние, предложе́ние от ..., поста́вка 150 компью́теров, марка НР-456, второ́й кварта́л с.г., к сожале́нию, сообщи́ть, сро́ки поста́вки, не удовлетворя́ть, кро́ме того́, цена́, на́званная, ка́жется, завы́шенная, ввиду́, долголе́тний, сотру́дничество, проси́ть, пересмотре́ть, цена́, получа́тели, заинтересо́ван, неме́дленная поста́вка, проси́ть, сообщи́ть, возмо́жность, сро́чная поста́вка, по получе́нии, но́вое предложе́ние, гото́в, подписа́ть, контра́кт.

6.7.11

Напиши́те отве́т на предложе́ние на основа́нии сле́дующих да́нных:

1. Die Firma Liebherr-Holding GmbH , per. Sadowskich, 6, pom. (**помеще́ние = Zimmer**) 10, dankt der Stankoimport AG, 117839, Moskau, ul. Obrutschewa, 34/63, für das Angebot vom 25.3.19.. über computergesteuerte Werkzeugmaschinen der Typen M-700 und M-701 mit Lieferung im 3. und 4. Quartal 19.. Sie hat das Angebot mit ihren Abnehmern erörtert und teilt mit, daß zur Zeit keine Bestellungen für die erwähnten Werkzeugmaschinen vorliegen und sie daher das Angebot ablehnen muß.
2. Die Firma Klöckner-Humboldt-Deutz, Pokrowskij bul., 4/17, bestätigt dankend den Erhalt des Angebots vom 15. März 19... der A/O Mashinoexport, 117330, Moskau, Mosfilmowskaja ul., 35, über Baumaschinen der Typen "Sewan-38" und "Lena-327". Die Firma ist am Ankauf der erwähnten Baumaschinen interessiert, falls einige Bedingungen des Angebots abgeändert werden: Lieferfristen: im Lauf des 2. Quartals 19.. Preis: Die Firma will eine Preissenkung um 10 % , da ähnliche Angebote anderer Firmen vorliegen. Es wird um umgehende Antwort gebeten.

6.7.12

Напиши́те отве́т на предложе́ние, в кото́ром вы

а) принима́ете предложе́ние
б) отклоня́ете предложе́ние
в) сообща́ете, что вы согла́сны со все́ми усло́виями предложе́ния кро́ме сро́ков поста́вки. Вы про́сите присла́ть но́вое предложе́ние с но́выми сро́ками поста́вки (сентя́брь – октя́брь с.г.).

6.7.13

26 ма́рта с.г. вы получи́ли из Росси́и предложе́ние на де́тские брю́ки по цене́ 15 долл. США за шту́ку. Приблизи́тельно в то же вре́мя одна́ южнокоре́йская фи́рма предложи́ла вам подо́бные брю́ки по цене́ 8 америка́нских до́лларов за шту́ку. Одна́ко в при́нципе вы заинтересо́ваны в деловы́х свя́зях с ру́сской фи́рмой. Как вы бу́дете отвеча́ть на предложе́ние ру́сской фи́рмы?

6.8 ТЕЛЕФОННЫЙ РАЗГОВОР

Представи́тель фи́рмы "Саломон-Шу Гез.м.б.Х.", госпожа́ Нидермайер, звони́т из торгпре́дства ФРГ в Москве́ в А/О "Диана" г-ну Камы́шину. Речь идёт о предложе́нии фи́рмы на зи́мнюю же́нскую о́бувь.

Н. - Попроси́те, пожа́луйста, господи́на Камы́шина.
Секрета́рь – Камы́шин вы́шел. Позвони́те, пожа́луйста, че́рез 15 мину́т.
Н. - Но мне необходи́мо...
Секрета́рь – Мину́точку, он как раз верну́лся. Я вас соединю́ с ним.
К. - Я вас слу́шаю.
Н. - Это Нидермайер из фи́рмы "Саломон-Шу". Здра́вствуйте, господи́н Камы́шин!
К. - Вот сюрпри́з! Здра́вствуйте, госпожа́ Нидермайер. Я как раз хоте́л с ва́ми связа́ться. Отку́да вы звони́те?
Н. - Из торгпре́дства ФРГ в Москве́. Я хоте́ла бы вас спроси́ть насчёт на́шего предложе́ния от 2 ма́рта на зи́мнюю же́нскую о́бувь. Вы уже́ получи́ли на́ши образцы́?
К. - Да, коне́чно, получи́ли. Большо́е вам спаси́бо.
Н. - Ну и как?
К. - Они́ нам вполне́ подхо́дят.
Н. - Я о́чень ра́да, что вы дово́льны на́шими това́рами. Когда́ же вы вы́дадите нам зака́з?
К. - Ви́дите ли, тут у нас тру́дности. Мы хоте́ли бы, чтобы вы поста́вили всю па́ртию в тече́ние пе́рвого кварта́ла сле́дующего го́да, а не, как предусмо́трено в ва́шем предложе́нии, во всех кварта́лах равноме́рно.
Н. - Всё поня́тно, но э́то нельзя́ реши́ть по телефо́ну. Я должна́ посове́товаться с господи́ном Варнеке, на́шим комме́рческим дире́ктором.
К. - Как то́лько мы полу́чим предложе́ние с но́выми сро́ками поста́вки, мы помести́м у вас зака́з.
Н. - Хорошо́, я вам сообщу́ по фа́ксу.
К. - По фа́ксу? Ра́зве вы уже́ уезжа́ете? Вам не понра́вилось в Москве́?
Н. - Да что вы! Я о́чень дово́льна всем: меня́ помести́ли в гости́нице "Лагу́на", там прекра́сные номера́ и в рестора́не отли́чно гото́вят.
К. - Вам нра́вится ру́сская ку́хня?
Н. - Да, о́чень, осо́бенно борщ, пельме́ни и бли́нчики.
К. - В тако́м слу́чае рекоменду́ю вам рестора́н "Ру́сский дом", в це́нтре го́рода, недалеко́ от Кра́сной пло́щади. Рестора́н изве́стен свое́й ру́сской ку́хней.
Н. - Спаси́бо за сове́т. Обяза́тельно попро́бую. Зна́чит, вы полу́чите от меня́ факс, как то́лько я поговорю́ с на́шим прокури́стом. Я ду́маю, что вопро́с бу́дет решён положи́тельно ...
К. - ... и мы вам вы́дадим зака́з.
Н. - Большо́е вам спаси́бо. До свида́ния.
К. - До свида́ния.

Но́вые слова́

соединя́ть, -я́ю, -я́ешь соедини́ть, -ю́, -и́шь	verbinden
связа́ться, свяжу́сь, свя́жешься	s. in Verbindung setzen
насчёт	bezüglich, wegen
тру́дность, -и	Schwierigkeit
равноме́рно	gleichmäßig (verteilt)
пельме́ни, -ей	Fleischklößchen
бли́нчики, -ов	Pfannkuchen

труд	со-тру́д-ничество
тру́д-ный	за-труд-ня́ть
со-тру́д-ник	за-труд-ни́ть
со-тру́д-ничать	тру́д-ность

6.8.1 КАК ВЫРАЗИТЬ СОГЛАСИЕ

Это нас устра́ивает.	Das paßt uns.
Это мне подхо́дит.	Das paßt mir.
Мы согла́сны.	Wir sind einverstanden.
Это вам удо́бно?	Ist Ihnen das genehm?

Ü 6.8.2 УПРАЖНЕНИЯ

6.8.2.1

Отве́тьте на вопро́сы:

1. По како́му вопро́су г-жа Нидермайер звони́т в А/О "Диана"?
2. Кому́ звони́т г-жа Нидермайер?
3. О како́м предложе́нии идёт речь?
4. Дово́льна ли росси́йская сторона́ предлага́емой о́бувью?
5. О чём про́сит г-н Камы́шин?
6. С кем г-жа Нидермайер должна́ посове́товаться?
7. Когда́ росси́йский зака́зчик помести́т зака́з?
8. В како́й гости́нице останови́лась г-жа Нидермайер?
9. Почему́ она́ дово́льна гости́ницей?
10. Каки́е блю́да она́ предпочита́ет?
11. Како́й рестора́н рекоменду́ет ей г-н Камы́шин?

Ресторан «ТАВЕРНА» предлагает изысканные кушанья русской, итальянской, французской и европейской кухни

Фешенебельная гостиница «ЛАГУНА» предоставляет услуги международного класса!

Профкомпексим Profkompexim

Для гостей: целебный воздух ВОРОНЦОВСКОГО парка; апартаменты и номера «люкс»; комфортабельный конференц-зал; новейшие устройства информации и связи; охраняемая автостоянка.

СП «ПРОФКОМПЕКСИМ», парк — отель «ЛАГУНА» и ресторан «ТАВЕРНА» в Москве:
РОССИЙСКАЯ ФЕДЕРАЦИЯ, 117313, Москва, Ленинский проспект, 95/15.
Телефоны: (7—095) 133—43—93 (гостиница, круглосуточно), 133—43—92 (ресторан).
Факс: (7—095) 938—21—00.

РАСЧЕТЫ В ТВЕРДОЙ ВАЛЮТЕ: ПО КРЕДИТНЫМ КАРТОЧКАМ.

6.8.2.2

Г-жа Нидермайер пи́шет резюме́ разгово́ра по телефо́ну с г-ном Камы́шиным.

6.8.2.3

Разгово́р в **бюро́ обслу́живания (Servicebüro)**:

- Еле́на Гео́ргиевна, мы по доро́ге ви́дели, что в кинотеа́тре "Росси́я" идёт фильм "Так жить нельзя́". Это тот са́мый фильм, о кото́ром мы так мно́го слы́шали до́ма, режиссёра Говору́хина?
- Сейча́с посмотрю́... Да, то́чно.
- Как вы ду́маете, сто́ит его́ посмотре́ть?
- Непреме́нно. Вы не пожале́ете. Ведь э́то оди́н из са́мых сенсацио́нных фи́льмов после́днего вре́мени. Хоти́те, что́бы я заказа́ла вам биле́ты?

- Да, бу́дьте добры́, закажи́те четы́ре биле́та, лу́чше всего́ на за́втрашний ве́чер. Е́сли возмо́жно, пода́льше от экра́на.
- Хорошо́, я постара́юсь. Зайди́те ко мне за́втра у́тром.

Но́вые слова́

непреме́нно	unbedingt
жале́ть, -е́ю, -еешь	bedauern, bereuen
по-	
стара́ться, -а́юсь, -а́ешься	sich bemühen
по-	
экра́н	Leinwand, Bildschirm

6.8.2.4

Проведи́те делову́ю бесе́ду с по́мощью сле́дующих опо́рных слов:

К. - Мне переда́ли, что ... поговори́ть ...
Н. - Речь идёт о ...
К. - Спаси́бо за ... Получа́тели ...
Н. - ... о́чень ра́ды, что на́ши ...
К. - Мы не согла́сны со сро́ками ...
Н. - Что и́менно ... измени́ть? Каки́е сро́ки вы ...?
К. - Мы про́сим поста́вить ..., а не ...
Н. - Это нельзя́ ... по телефо́ну. Мне придётся ...
К. - Как то́лько ..., мы вам ...
Н. - Отве́т ... по те́лексу.
К. - В како́й гости́нице ...?
Н. - .... "Лагуна". Там ... номера́, ... ру́сская ку́хня.
К. - Недалеко́ от Кра́сной пло́щади ...
Н. - Я обяза́тельно туда́ ... Спаси́бо за ...

7. ПОСТАВКА

7.1 ОБРАЗЦЫ ПИСЕМ

7.1.1

24.04.19.. г.

О поставке телевизоров Ладога 401 Д

Уважаемые дамы и господа!

В связи с поздним получением Вашего подтверждения на отгрузку часть товара поступила к получателю только в марте сего года. Поэтому просим Вас подтвердить изменение сроков поставки по контрактам N° 683078/19.. и N° 683079/19... Часть поставки переносится на первый квартал 19.. года. Протокол изменения сроков поставки вышлем Вам дополнительно.

С уважением

ПО "Интертеле"

7.1.2

N° 027/264-85 19.03.19.. г.

Об отгрузке 150 машин типа X

Уважаемые дамы и господа!

Ссылаясь на наше письмо от 27.02..., просим Вас отгрузить 150 машин типа ЛНО-2 в соответствии с контрактом N° 32-003/63102 через Гамбург до конца марта 19.. г.

Кроме того, просим Вас давать нам извещение по телексу обо всех отдельных отгрузках в течение 48 часов после отгрузки, как это предусмотрено в контракте.

С уважением

СП "АМЕКС"

Но́вые слова́

отгру́зка	Verladung
ПО=произво́дственное объедине́ние	Produktionsvereinigung (Firmenbezeichnung)
извеще́ние	Benachrichtigung
СП=совме́стное предприя́тие	Joint-venture

изве́ст-ие
изве́ст-ный
изве́ст-ность
извещ-а́ть
извест-и́ть
извещ-е́ние

7.1.3

А/О ТЕНТО

121 200, МОСКВА, Смоленская пл., 32/34, Тел.: 244-17-03, Телекс: 112594, Факс: 2441703-34

Фирма "Бауер унд Зене"
Гамбург

25.08.19.. г.

О поставке телевизоров

Уважаемые дамы и господа!

Перевозка телевизоров осуществляется в 10 (десяти) контейнерах на т/х "Анатолий Быков", который прибудет в Гамбург 17.09. ..г.

Во избежание простоя судна в порту просим Вас обеспечить немедленную отгрузку контейнеров.

Напоминаем также, что страхование осуществляется за счет заказчика.

С уважением
А/О "ТЕНТО"

Но́вые слова́

т/х = теплохо́д	Motorschiff
во избежа́ние	zur Vermeidung
просто́й (ср. *про***стоя́ть**)	Stehzeit, Liegezeit
порт, -а, в порту́	Hafen
обеспе́чивать, -аю , -аешь обеспе́чить, -чу, -чишь	gewährleisten, sicherstellen
напомина́ть, -а́ю, -а́ешь напо́мнить, -ю, -ишь	in Erinnerung rufen, jemanden erinnern
страхова́ние	Versicherung
за счёт	auf Kosten

7.2 КОММЕНТАРИЙ

В зави́симости от спо́соба транспортиро́вки различа́ют сле́дующие ба́зисные усло́вия поста́вки:

1. Железнодоро́жные перево́зки

Поста́вки осуществля́ются на усло́виях **фра́нко-ваго́н грани́ца страны́ продавца́.** Это означа́ет, что:

- продаве́ц несёт расхо́ды по транспортиро́вке това́ра до госуда́рственной грани́цы свое́й страны́, расхо́ды по перегру́зке несёт покупа́тель;
- пра́во со́бственности на това́р, а та́кже риск случа́йной утра́ты и́ли случа́йного поврежде́ния това́ра перехо́дят с продавца́ на покупа́теля с моме́нта переда́чи това́ра с желе́зной доро́ги страны́ продавца́ на желе́зную доро́гу, принима́ющую това́р;
- да́той поста́вки счита́ется да́та ште́мпеля пограни́чной ста́нции на железнодоро́жной накладно́й.

2. Во́дные перево́зки

Поста́вки осуществля́ются на усло́виях **фоб, сиф, каф**, предусмо́тренных в контра́кте.

фоб: - продаве́ц несёт все расхо́ды до моме́нта погру́зки това́ра на борт су́дна;
- пра́во со́бственности на това́р, а та́кже риск случа́йной утра́ты и́ли случа́йного поврежде́ния това́ра перехо́дит с продавца́ на покупа́теля с моме́нта перехо́да това́ра че́рез борт су́дна в порту́ погру́зки;
- да́той поста́вки счита́ется да́та бортово́го коносаме́нта.

сиф и́ли каф: - продаве́ц несёт расхо́ды по транспортиро́вке до моме́нта прибы́тия су́дна в порт отгру́зки; все расхо́ды по отгру́зке това́ра из трю́мов су́дна несёт покупа́тель;
- пра́во со́бственности на това́р, а та́кже риск случа́йной утра́ты и случа́йного поврежде́ния това́ра перехо́дит с продавца́ на покупа́теля с моме́нта перехо́да това́ра че́рез борт су́дна в порту́ погру́зки;
- да́той поста́вки счита́ется да́та бортово́го коносаме́нта.

3. Автомоби́льные перево́зки

Поста́вки осуществля́ются на усло́виях фра́нко-ме́сто погру́зки това́ра на тра́нспортные сре́дства покупа́теля.

4. Возду́шные перево́зки

Поста́вки осуществля́ются на усло́виях фра́нко-ме́сто сда́чи това́ра к перево́зке организа́цией возду́шного тра́нспорта страны́ продавца́.

Но́вые слова́

в зави́симости от чего́-л	(in Anhängigkeit von) je nach
спо́соб транспортиро́вки	Beförderungsart
ба́зисный	Grund-
расхо́ды, -ов	Kosten
пра́во со́бственности на что́-л.	Eigentumsrecht an etwas
риск	Risiko
случа́йный	zufällig
утра́та	Verlust
поврежде́ние	Beschädigung
ште́мпель, -я	Stempel
фоб = свобо́дно на борту́ (free on board)	frei an Bord
каф = сто́имость и фрахт (CFR, cost and freight)	Kosten und Fracht
бортово́й	Bord-
коносаме́нт	Konnossement
прибы́тие	Ankunft
трюм	Laderaum, Schiffsraum

слу́ч-ай случ-а́йный случ-а́ться случ-и́ться	прибы-ва́ть прибы́т-ь прибы́т-ие

7.2.1 Маркиро́вка

Что э́то зна́чит по-не́мецки?

НЕ КАНТОВАТЬ ______________________

БОИТСЯ СЫРОСТИ ______________________

БОИТСЯ ХОЛОДА ______________________

БОИТСЯ СВЕТА ______________________

БОИТСЯ ТЕПЛА ______________________

ВЕРХ ______________________

ЖИДКОСТЬ ______________________

ОСТОРОЖНО СТЕКЛО ______________________

ЗДЕСЬ ПОДНИМАТЬ ______________________

КРЮЧКАМИ НЕ БРАТЬ ______________________

Но́вые слова́

маркиро́вка	Markierung
кантова́ть, -у́ю, -у́ешь uv.	kanten
сы́рость, -и	Feuchtigkeit
хо́лод	Kälte
тепло́	Wärme
верх	oben
жи́дкость, -и	Flüssigkeit
стекло́	Glas
крючо́к, крючка́	Haken

7.3 ТИПОВЫЕ ФРАЗЫ

Това́р перево́зится в двадцатифу́товых конте́йнерах /в мешка́х, в коро́бках, в деревя́нных я́щиках, на поддо́нах/.	Die Ware wird transportiert in 20-Fuß-Containern /in Säcken, in Schachteln (Kartons), in Holzkisten, auf Paletten/.
Экспеди́тор до́лжен был доста́вить тре́тью па́ртию това́ра не поздне́е 4 (четвёртого) ию́ня.	Der Spediteur sollte die 3. Warensendung bis spätestens 4.6. zustellen.
В накладно́й должны́ быть ука́заны вид упако́вки, маркиро́вка, габари́ты и вес.	Im Frachtbrief müssen Verpackungsart, Markierung, Abmessungen und Gewicht angegeben sein.
Перево́зка това́ра осуществля́ется на т/х (теплохо́де) "Васи́лий Шукши́н".	Der Transport der Ware erfolgt mit dem MS "Wassilij Schukschin".
Мы вчера́ зако́нчили рабо́ту над Ва́шей маши́ной и сего́дня у́тром отпра́вили её в Ваш а́дрес по́ездом N° 123.	Wir haben gestern die Arbeit an Ihrer Maschine abgeschlossen und haben sie heute morgen mit dem Zug Nr. 123 an Sie abgeschickt.
Самолёт прибыва́ет в Ве́ну 28 ма́я в 8 ч. 30 мин. (рейс OS 622).	Das Flugzeug trifft in Wien am 28. 5. um 8.30 Uhr ein (Flug Nr. OS 622).
В приложе́нии к настоя́щему письму́ Вы найдёте дублика́т железнодоро́жной на-	Der Beilage zu diesem Schreiben entnehmen Sie ein Duplikat des Eisen-

кладно́й, упако́вочные листы́ и гаранти́йное письмо́ ОТК заво́да-изготови́теля.	bahnfrachtbriefes, die Verpackungslisten und das Garantieschreiben der Abt. f. techn. Kontrolle des Herstellerwerks.
Ры́ба была́ перевезена́ рефрижера́тором "Заря́".	Die Fische wurden mit dem Kühlschiff "Zarja" transportiert.
Ваш аппара́т гото́в, Вы мо́жете прие́хать за ним в любо́е вре́мя.	Ihr Apparat ist fertig, Sie können ihn jederzeit abholen.
Страхова́ние това́ра осуществля́ется за счёт зака́зчика.	Die Versicherung der Ware geht auf Kosten des Kunden.
Страхова́я су́мма поставля́емого това́ра составля́ет 30 тыс.до́лларов США.	Die Versicherungssumme der gelieferten Ware beträgt 30.000 US-Dollar.
Су́дно хо́дит/идёт под ча́ртером.	Das Schiff fährt unter einem Chartervertrag.
Капита́н су́дна указа́л в коносаме́нте, что конте́йнер повреждён.	Der Schiffskapitän vermerkte im Seefrachtbrief, daß der Container beschädigt war.
Како́й спо́соб транспортиро́вки сто́ит деше́вле: на грузово́й маши́не и́ли морски́м путём?	Welche Transportart ist billiger: mit LKW oder auf dem Seeweg?
Про́сим подтверди́ть получе́ние отгру́зочных докуме́нтов.	Bitte bestätigen Sie den Erhalt der Frachtpapiere.
Про́сим сообщи́ть нам об оконча́нии погру́зки хло́пка.	Bitte verständigen Sie uns, sobald die Verladung der Baumwolle abgeschlossen ist.

Но́вые слова́

двадцатифу́товый	20-Fuß-
мешо́к, мешка́	Sack
поддо́н	Palette
экспеди́тор	Spediteur
доставля́ть, -я́ю, -я́ешь доста́вить, -влю, -вишь	zustellen
габари́ты, -ов	Abmessungen
прибыва́ть, -а́ю, -а́ешь прибы́ть, -бу́ду, -бу́дешь } куда́-н.	eintreffen, einlangen in
дублика́т	Duplikat
упако́вочный лист	Verpackungsliste
гаранти́йное письмо́	Garantieschreiben, -brief
ОТК= отде́л техни́ческого контро́ля	Abteilung für technische Kontrolle
заво́д-изготови́тель	Herstellerwerk
рефрижера́тор	Kühlschiff
страхова́ние	Versicherung
страхово́й	Versicherungs-
ча́ртер	Charter-Vertrag
повреждённый (PPP. v. повреди́ть)	beschädigt
грузова́я маши́на	Lastwagen, LKW
погру́зка	Verladung
хло́пок, хло́пка	Baumwolle

до-став-ля́ть до-ста́в-ить до-ста́в-ка по-став-ля́ть по-ста́в-ить по-ста́в-ка	груз груз-ово́й груз-ови́к от-гру́з-очный по-груж-ать по-груз-и́ть по-гру́з-ка вы-... за-... от-... пере-...

7.4 ДОПОЛНИТЕЛЬНЫЕ ТЕЛЕФАКС, ТЕЛЕКСЫ И ПИСЬМА

7.4.1

26/05 19.. *Tel. 0043 1 404 06 42 12* *POLDEX INTERCOAL* *S. 01*

POLDEX

ERZ- UND STAHLHANDELSGES. M.B.H.

An: Фирма "Коксуголь"
г-ну Смирнову
Seiten: 1

Von: Вольфганг Шмирхер
Полдекс
Datum: 26.5.19..

Уважаемый господин Смирнов!

Согласно нашей транспортной инструкции N° 11419 от 24.04... Вы должны были начать отгрузку первых 1400 т каменного угля в начале апреля.

Убедительно просим Вас начать отгрузку в июне или, по крайней мере, загрузить несколько вагонов и сообщить их номера. Так как дело весьма срочное, просим Вас телексировать о начале отгрузки.

С уважением

Вольфганг Шмирхер

A-1040 Wien, Floragasse 7
Tel.+43/1/4040642, 5050651
Fax +43/1/4040642-12
Telex 753114097 POCOA

A-8280 Fürstenfeld, Grazerpl. 5
Tel.+43/3382/52052-0
Fax +43/3382/53558
Telex 39115, 39244

7.4.2

TELEX

```
VNIMANIIU GOSPODINA SCHMIRCHERA
OTNOS. POSTAVKI KAMENNOGO UGLIA PO KONTR.
27/683885
 FAX OT 26.5.19..
UVAJAEMYI GOSPODIN SCHMIRCHER!
PROSIM NAS IZVINIT ZA VYNUJDENNUIU ZADERJKU
ISPOLNENIIA KONTRAKTA. MY NACHALI OTGRUZKU PERVOI
PARTII UGLIA - 1400T - 16.5. SOOBSCAEM NOMERA
OTPRAVLENNYH VAGONOV: 543/845-12, 543/854-13 ...
V NASTOIASCEE VREMIA OTGRUZKA PRODOLJAETSIA. PO
MERE OTPRAVKI SLEDUIUSCIH VAGONOV BUDEM VAS
INFORMIROVAT.
S UVAJENIEM
SMIRNOV, KOKSUGOL
```

TELEX

Но́вые слова́

инстру́кция	Instruktion, Anweisung
убеди́тельно проси́ть	dringend bitten
по кра́йней ме́ре	wenigstens
загружа́ть, -а́ю, -а́ешь загрузи́ть, -жу́, -загру́зишь	beladen; überlasten
вы́нужденный	erzwungen
исполне́ние	Erfüllung
отправля́ть, -я́ю, -я́ешь отпра́вить, -влю, -вишь	absenden
по ме́ре отпра́вки	je nach Absendung

7.4.3

А/О СТАНКОИМПОРТ **Сти** **A/O STANKOIMPORT**

РОССИЯ - МОСКВА MOSCOW - RUSSIA
117839, МОСКВА, ул. Обручева, 34/63, тел. 3467290, телекс 113283
р/с N 4467281 в Биржевом Банке МФО 254586

Московское представительство
фирмы "Фест-Альпине"

29.08.19.. г. N°____________

Вниманию г-жи Некрасовой Н.

На N°________от____________

Кас.: контракта 64-4/23154-11

Уважаемая госпожа Некрасова!

В приложении направляем Вам счета "Интуртрансавто" на перевозку груза по вышеуказанному контракту от г. Линц до г. Чоп.

По нашим предварительным подсчетам расстояние от г. Линц до границы Австрия - Словакия - 264 км., от г. Линц до г. Чоп - 810 км.

В связи с этим средняя стоимость за один км будет 4,62 ам. доллара.

Таким образом Ваша доля в оплате транспортировки будет составлять приблизительно 1200 ам.долл.

Так как мы не в состоянии поделить счета "Интуртрансавто" на точные суммы стоимости за перевозку грузов от г. Линц до границы Австрия - Словакия, просим Вас оплатить эти счета на основе наших подсчётов.

С глубоким уважением
А/О "СТАНКОИМПОРТ"

Приложение: упомянутое - счета "Интуртрансавто" - 3 шт.

Но́вые слова́

подсчёты, -ов	Berechnungen
расстоя́ние	Entfernung
до́ля	Anteil
дели́ть, -ю́, де́лишь по-	(auf)teilen

7.4.4

О поставке ... по контракту N° 47-02/6060

Уважаемый господин Прохазка!

В соответствии с контрактом N° 47-02/6060 сообщаем Вам разнарядку на 2,5 (два с половиной) миллиона полиэтиленовых мешков. Поставка должна осуществляться по получателям:

1. транс 76755 - 0,5 (пол-) миллиона мешков: Новгородское ПО "Азот", г. Новгород, станция Новгород на Волхове, 0619 Октябрьской железной дороги.
2. транс 76620 - 1,5 (полтора) миллиона мешков, Горловское ПО "Стирол", станция Горловка, 5189 Донецкой железной дороги.
3. транс 76701 - 0,5 миллиона мешков, Ермузовский химический завод, г. Ермузов, 7069 Саратовской железной дороги.

Просим Вас срочно прислать нам контракт на подписание.

С уважением
ТОО "Стройматериалинторг"

Но́вые слова́

разнаря́дка	Versanddisposition
транс	Trans-Nummer

производ-и́ть произво́д-ство произво́д-ственный производ-и́тель производ-и́тельность

7.4.5

T E L E X

Erste Donau-Dampfschiffahrts-Gesellschaft

UDP Izmail
cc.: UDP Wien

Ausgangsfernschreiben Nr.________an________

aufgegeben am: 19.. 09 19 Stunde:________Unterschrift:________

Text: (Maschinschrift)

```
864412699+
412699B UDP SU
131698 DDSG A
VENA    19.09.19..      TLX 2476       9.23 H.
UDP-IZMAIL, CC: UDP - VENA
GOSPODINU DIREKTORU VDOVICHENKO
KAS: PEREVOZOK PILOLESA NA IRAK, ZAPROS
FIRMY BUBEN I FRIED
GLUBOKOUVAJAEMYI GOSPODIN DIREKTOR VDOVICHENKO,
SERDECHNOE SPASIBO ZA VASH TELEKS 63/1403 OT
19...09.17. MY IMELI VCHERA RAZGOVOR S FIRMOI
BUBEN I FRIED, IZ KOTOROGO UZNALI, CHTO IRAKSKAIA
PROMYSHLENNAIA DELEGACIIA PRIBUDET V AVSTRIIU NE
KAK ZAPLANIROVANO 24 SENTIABRIA, A V PERVOI
POLOVINE NOIABRIA 19.. GODA. MY TEM NE MENEE
BUDEM PYTATSIA UZNAT PO VOZMOJNOSTI PODROBNOSTI
PO POVODU PEREVOZOK PILOLESA. NASHA POZICIIA PO
ETOMU VOPROSU BUDET VAM SOOBSCENA NESKOLKO
POZDNEE, MY NADEEMSIA NA VASHE PONIMANIE.
S DRUJESKIM PRIVETOM
                   K  NAVRATIL
412699B UDP SU
131698 DDSG A
```

T E L E X

Но́вые слова́

UDP=Укра́инское Дуна́йское Пароходство	Ukrainische Donauschiffahrt
DDSG=Donaudampfschiffahrtsgesellschaft	
H.=hours	
CC=copy, copies	
пилоле́с	Schnittholz
серде́чный	herzlich
тем не ме́нее	nichtsdestoweniger, trotzdem
подро́бность, -и	Einzelheit, Detail
пози́ция	Position

7.4.6

О поставке иску́сственного удобре́ния "АК 1000"

Уважаемый господин Егоров!

Просим срочно подтвердить получение Белгородским химическим заводом 15 двадцатифутовых контейнеров. Просим отгрузить 400 т товара по следующему плану:

февраль - 100 т, март - 100 т, апрель - 100 т, май - 100 т.

Кроме того, просим Вас подтвердить данный план отгрузок.

С уважением

7.4.7

О станке П-100 Инжект Стар

Уважаемые господа!

Мы вчера закончили работу над заказанным Вами станком П 100 Инжект Стар и сегодня утром отправили станок и запчасти в деревянном ящике поездом N° 284.

В приложении к настоящему письму Вы найдёте дубликат железнодорожной накладной, упаковочный лист и гарантийное письмо. Согласно контракту нами было осуществлено страхование на сумму 25 (двадцать пять) тысяч австр.шилл.

С уважением

Хольштайн и Фурманн

7.5 ДАВАЙТЕ ЗАПОМНИМ НЕМНОГО ГРАММАТИКИ!

7.5.1 Passives Mittelwort der Gegenwart (PPrP.)

Das PPrP. wird von unvollendeten transitiven Verben durch Anhängen von **-ый** an die 1.Person Pl. der Gegenwart gebildet:

предлага́ть - мы предлага́ем - предлага́емый - "der angeboten werdende", der zur Zeit angeboten wird, angeboten

тре́бовать - тре́буемый - verlangt, benötigt
называ́ть - так называ́емый - sogenannt
организова́ть - организу́емый - organisiert
производи́ть - производи́мый - erzeugt
уважа́ть - уважа́емый - (sehr) geehrter

Ausnahme: Verben auf **-ава́ть:**
издава́ть - издава́емый - herausgegeben
Das PPrP. drückt Gleichzeitigkeit aus und wird im Deutschen meist durch einen Relativsatz wiedergegeben. Es wird nicht von allen Verben gebildet.

Beispiele:

Кни́ги, *предлага́емые в Ва́шем мага-зи́не*, по́льзуются больши́м спро́сом.	Die Bücher, die in Ihrem Geschäft angeboten werden, erfreuen sich großer Nachfrage.
Предлага́емые в Ва́шем магази́не кни́ги по́льзуются больши́м спро́сом.	Die in Ihrem Geschäft angebotenen Bücher erfreuen sich großer Nachfrage.

(Zur Wortstellung siehe PPP., **6.6,** S. 81–82)

Ü 7.5.2 УПРАЖНЕНИЯ

7.5.2.1

Образу́йте PPrP., поста́вьте ударе́ния и переведи́те на неме́цкий язы́к:

поставля́ть, экспорти́ровать, продава́ть, проводи́ть, люби́ть, рассма́тривать, применя́ть, изуча́ть, вывози́ть, реша́ть.

7.5.2.2

Вме́сто то́чек вста́вьте PPrP.:

1. Студе́нты гото́вятся к конце́рту, ________________________(организова́ть) в университе́те.
2. Письмо́, ________________________(отправля́ть) авиапо́чтой, дохо́дит быстре́е.
3. Автомоби́ли, ____________________(вывози́ть) из Росси́и, продаю́тся фи́рмой "Бекманн".
4. Приме́ры, ________________________(приводи́ть) преподава́телем, помога́ют студе́нтам поня́ть пра́вило.
5. Обувь, ________________________(ввози́ть) Росси́ей, сде́лана из наилу́чшего материа́ла.

7.5.2.3

Переде́лайте предложе́ния предыду́щего упражне́ния по образцу́:

Газе́ты и журна́лы, издава́емые в Росси́и, продаю́тся в э́том магази́не.
Издава́емые в Росси́и газе́ты и журна́лы продаю́тся в э́том магази́не.

7.5.2.4

Переведи́те сле́дующие выраже́ния, употребля́я PPrP.:

die Bücher, die geliefert werden...
die Ausstellung, die in Moskau durchgeführt wird...
die Waren, die nach Deutschland importiert werden...
die Autos, die in der **EU (ЕС=Европе́йский Сою́з)** erzeugt werden..., die Methoden, die angewendet werden...

7.6 ВЫРАЖЕ́НИЕ ВРЕ́МЕНИ

15 октября́ 1993 го́да (ausgesprochen: пятна́дцатого, ...тре́тьего)	am 15. Oktober 1993
в 1993 году́ (ausgesprochen: ...тре́тьем)	(im Jahre) 1993
два го́да наза́д	vor zwei Jahren
че́рез три неде́ли (ме́сяца)	in (nach) drei Wochen (Monaten)
в э́том (про́шлом, бу́дущем) году́	in diesem (im vergangenen, nächsten) Jahr

на э́той (про́шлой, бу́дущей) неде́ле	in dieser (der vergangenen, kommenden) Woche
в э́том (про́шлом, сле́дующем) ме́сяце	in diesem (im vorigen, nächsten) Monat
в э́то (ближа́йшее, настоя́щее) вре́мя	zu dieser (in der nächsten) Zeit, gegenwärtig
в э́том (про́шлом, ...) кварта́ле	in diesem (im vergangenen,...) Quartal
в пе́рвом (во второ́м,...) полуго́дии	im ersten (zweiten) Halbjahr
в пе́рвой (во второ́й) полови́не дня	am Vormittag (Nachmittag)
в тече́ние э́того (про́шлого,...) кварта́ла, го́да	im Laufe (innerhalb) dieses (des vergangenen,...) Quartals, Jahres
в нача́ле (конце́) ме́сяца	am Monatsanfang (-ende)
5 ма́я с.г. (ausgesprochen: сего́ го́да)	am 5. Mai d.J. (=dieses Jahres)
с двух до трёх часо́в	von zwei bis drei Uhr
в э́ти дни, (на днях)	dieser Tage, vor kurzem, in Kürze
за после́днее десятиле́тие	im letzten Jahrzehnt

7.6.1 УПРАЖНЕНИЯ

7.6.1.1

Допо́лните предложе́ние:

Мы встре́тились (встре́тимся)...
im November, am Vormittag, am Monatsende, von 5 bis 6 Uhr, in einigen Minuten, Anfang Februar, am 8.10. d.J., dieser Tage.

7.6.1.2

Скажи́те, когда́ вы отпра́вите (отпра́вили) инстру́кции о поста́вке!

im vorigen Jahr, im nächsten Jahr, in dieser Woche, in der kommenden Woche, im Laufe dieses Monats, im Laufe von zwei Monaten, in einem halben Jahr, vor drei Monaten, am Ende des Quartals, am 25. Juli d.J., in einigen Tagen, in der nächsten Zeit, dieser Tage, im 2. Halbjahr, am Nachmittag, im dritten Quartal.

7.6.1.3

Сообщи́те, что...

1. das Flugzeug Ihres Geschäftspartners am 13. April um 7 Uhr abends in München ankommen wird (Flug Nr. SU 625).
2. das Fleisch mit dem Kühlschiff "Ivan Bunin" transportiert wird.
3. der Fernsehapparat fertig ist und Ihr Partner ihn Anfang nächster Woche abholen kann.
4. der Transport auf dem Seeweg viel billiger ist als mit LKW.
5. das Schiff die Verladung des **Eisenerzes (желе́зная руда́)** abgeschlossen hat.
6. sich im letzten Jahrzehnt die Importe verringert haben.

7.7 УПРАЖНЕНИЯ

7.7.1

Напиши́те делові́е пи́сьма на основа́нии сле́дующих да́нных:

1. Sie beziehen sich auf den Brief Ihres Partners vom 28.2.19.. bezüglich der Lieferung von 1500 Tonnen Stahlblech und teilen mit, daß Sie das Herstellerwerk gebeten haben, die Lieferung gemäß Vertrag Nr. 4365/97 fortzusetzen. Bis jetzt sind 500 t geliefert worden, und zwar je 250 t im 1. und 2. Quartal. Es ist geplant, die restliche Menge nach folgendem Plan zu liefern: von Juli bis Dezember pro Monat je 100 t, im ersten Quartal des nächsten Jahres 400 t. Sie bitten um Bestätigung der Lieferfristen.

2. Betr. Auftrag Nr. 8435. Die Firma Mayer u. Co. schreibt an A/O "Rospushnina" und teilt mit, daß sie die Ware lt. Bestellung Nr. 8435 vom 23.11.19.. noch nicht erhalten habe. Sie bittet um Mitteilung per Telex oder Fax, wann die Ware geliefert wird.
3. Sie bitten Ihren Partner um Genehmigung, die Entladung der Ware zu beginnen. Sie weisen darauf hin, daß **Verluste (убы́ток, убы́тка)** aus der Stehzeit der Waggons im Falle einer weiteren Verzögerung zu Lasten des Partners gehen.
4. Bezugnehmend auf Ihre Bestellung Nr. 7292 vom 7.3.19.. bitten Sie Ihren Geschäftspartner, die bereits erzeugten 16.700 kg der Ware erst Ende August zu liefern, da die Ware erst Anfang September gebraucht wird. Was die verbleibende Menge betrifft, bitten Sie, die Produktion einzustellen, da die Spezifikation geändert werden muß. Die neue Spezifikation werden Sie Ihrem Partner in den nächsten Tagen übersenden.
5. Lieferverzögerung
   Sie bedauern mitteilen zu müssen, daß die bestellten Peripheriegeräte erst am 26.5.19.. expediert werden können. Sie haben alle Möglichkeiten geprüft, um die Lieferung zu beschleunigen.

7.7.2

Сочини́те отве́т на письмо́ 7.4.1 на стр. 93:

извине́ние за заде́ржку в поста́вке ка́менного угля́, причи́на: забасто́вка горняко́в не́скольких шахт, теперь забасто́вка уже́ ко́нчилась, сегодня у́тром начата́ отгру́зка угля́.

Но́вые слова́

горня́к	Grubenarbeiter
ша́хта	Grube, Bergwerk
забасто́вка	Streik

7.8 ДИАЛОГ

Представи́тель фи́рмы "Ти́ссен" в Москве́, г-жа Хан, прихо́дит на перегово́ры в А/О "Роспромэ́кспорт" к г-ну Песко́ву, дире́ктору фи́рмы "Руда́", по́сле телефо́нного разгово́ра.

П. - Здра́вствуйте, госпожа́ Хан! Спаси́бо, что вы зашли́ к нам. Ну как, вы доста́ли биле́ты в Большо́й теа́тр?

Х. - Здра́вствуйте, господи́н Песко́в! Да, для меня́ в на́шем посо́льстве доста́ли биле́ты на "Жизе́ль". В гла́вной ро́ли выступа́ла Семеня́ка - про́сто чуде́сно танцу́ет. Я уже́ о ней слы́шала, но тако́го мастерства́ я не ожида́ла. Одни́м сло́вом - гениа́льно.

П. - Я о́чень рад, что вам понра́вилось. Я то́же ви́дел её в одно́м бале́те, но в после́днее вре́мя про́сто нет вре́мени ходи́ть в теа́тр. А тепе́рь дава́йте обсу́дим вопро́с о поста́вке руд.

Х. - Меня́ интересу́ют два вопро́са. Во-пе́рвых, по протоко́лу о взаи́мных поста́вках (по контра́кту N° 33-003/63104) вы должны́ нам поста́вить в бу́дущем году́ 10 ты́сяч тонн ма́рганцевой руды́. Мы про́сим вас измени́ть гра́фик поста́вки и поста́вить нам това́р не равноме́рно по всем кварта́лам, а по сле́дующему пла́ну: 3000 тонн в пе́рвом кварта́ле,
3000 тонн во второ́м кварта́ле,
1000 тонн в тре́тьем кварта́ле,
3000 тонн в четвёртом кварта́ле.
Зна́чит, по 3000 тонн во всех кварта́лах, кро́ме тре́тьего.

П. - Да, я ду́маю, что мы мо́жем согласи́ться с э́тими сро́ками поста́вки. Ну́жно соста́вить дополне́ние к контра́кту и зафикси́ровать в нём изменённые сро́ки поста́вки. А како́й второ́й вопро́с?

Х. - Мы хоте́ли бы, что́бы полови́на това́ра была́ перевезена́ ва́шими суда́ми. У вас есть суда́ тре́буемого тоннажа́, что́бы помести́ть весь груз на одно́ су́дно?

П. - Ду́маю, что есть. В при́нципе мы согла́сны, но я хоте́л бы ещё посове́товаться с на́шим генера́льным дире́ктором. Я позвоню́ вам че́рез два-три дня и сообщу́ о на́шем реше́нии.

Х. - Пожáлуйста. А что касáется услóвий платежá, то мы моглú бы обсудúть их на слéдующей встрéче.

П. - Договорúлись. У вас бýдут ещё какúе-нибудь вопрóсы?

Х. - Нет, э́то всё на сегóдня. До свидáния.

П. - До свидáния.

Нóвые словá

чудéсно	wunderbar
мастерствó	Meisterschaft, Vollendung, hohe Kunst
гениáльный	genial
мáрганцевая рудá	Manganerz
грáфик	Plan
фиксúровать, -ую, -уешь за-	fixieren
тоннáж, тоннажá	Tonnage

7.8.1 УПРАЖНЕНИЯ

7.8.1.1

Ответьте на вопрóсы:

1. Чем госпожá Хан увлекáется в свобóдное врéмя?
2. Как онá достáла билéты в Большóй теáтр?
3. Что онá смотрéла?
4. Какóе впечатлéние произвелá на неё балерúна?
5. Какóй товáр должнó постáвить рýсское акционéрное óбщество?
6. О чём прóсит г-жа Хан?
7. Какúе нóвые срóки постáвок онá предлагáет?
8. Где нáдо зафиксúровать изменённые срóки постáвок?
9. Чегó касáется вторóй вопрóс г-жи Хан?
10. С кем г-н Пескóв хóчет посовéтоваться?
11. Какой вопрóс остáлся нерешённым?

7.8.1.2

Г-жа Хан пúшет резюмé разговóра в А/О "Роспромэ́кспорт".

7.8.1.3

Проведúте бесéду с пóмощью слéдующих опóрных слов:

- Я óчень рад, что ... Вам удалóсь достáть ...?
- Да, в нáшем торгпрéдстве ...
- Что вы ...?
- Мне дáли билéты на ...
- И как вам понрáвился ...?
- Балерúна чудéсно ... Я ужé о ней ..., но ...
- А у меня́, к сожалéнию, нет врéмени ... Давáйте перейдём к ...
- Я хотéла бы с вáми поговорúть... Не моглú бы вы изменúть...
- Я дýмаю, что мы ...
- Спасúбо. Вторóй вопрóс касáется ... Мы хотéли бы, чтóбы вы ...
- Мне нáдо посовéтоваться ... Я вам позвоню́ ...
- Об услóвиях платежá мы ...
- Хорошó. У вас есть ещё ...?
- Нет, э́то всё. До свидáния.

7.8.1.4

Г-н Песко́в звони́т по телефо́ну в представи́тельство фи́рмы "Ти́ссен" в Москве́, г-же Хан. Напиши́те резюме́ э́того диало́га.

Х. - Я вас слу́шаю.

П. - Здра́вствуйте, госпожа́ Хан, это Песко́в из "Роспромэ́кспорта".

Х. - До́брый день, господи́н Песко́в. Вы уже́ реши́ли вопро́с о перево́зке ма́рганцевой руды́?

П. - Генера́льный дире́ктор реши́л, что мы мо́жем взя́ть на себя́ перево́зку пяти́ ты́сяч тонн руды́ на усло́виях каф Гамбург.

Х. - Благодарю́ вас. Когда́ мы вы́ясним вопро́с насчёт платежа́? Вы не могли́ бы зайти́ к нам в ближа́йшие дни?

П. - Хорошо́, я приду́ к вам за́втра в де́сять часо́в и мы обсу́дим все оста́вшиеся вопро́сы.

Х. - Ой, к сожале́нию, за́втра в пе́рвой полови́не дня я занята́. В два часа́ вам подхо́дит?

П. - Сейча́с посмотрю́. Да, э́то меня́ устра́ивает. До встре́чи.

7.9 МИКРОДИАЛОГИ

В теа́тре во вре́мя антра́кта

- Ну как, сли́шком мно́го я вам обеща́л?
- Зна́ете, я никогда́ в жи́зни не ви́дела, чтобы кто́-нибудь так танцева́л. Про́сто потрясáюще!
- Я о́чень рад. Не хоти́те ли вы́пить воды́ и́ли ко́фе? В буфе́те есть бутербро́ды.
- С удово́льствием. Я ужа́сно проголода́лась. Но смотри́те, кака́я дли́нная о́чередь.
- Ничего́, подожди́те здесь, пока́ я верну́сь.
- Хорошо́.
- Вы не могли́ бы дать мне свою́ програ́мму на мину́тку? Я хочу́ посмотре́ть, кого́ из арти́стов я зна́ю.
- Коне́чно. Вот она́.
- Благодарю́ вас.
- А я тем вре́менем приведу́ себя́ в поря́док.
- Мне ждать вас здесь?
- Спаси́бо, не на́до. Я ду́маю, я сама́ найду́ на́ши места́.

Во вре́мя спекта́кля

- Вам хорошо́ ви́дно? Мо́жет быть, вы хоти́те поменя́ться места́ми со мной?
- Нет, спаси́бо. Мне всё отли́чно ви́дно отсю́да.
- Декора́ции прекра́сные, не пра́вда ли?
- Да, вы пра́вы, и костю́мы о́чень краси́вые.

По́сле спекта́кля по доро́ге домо́й

- До́брый ве́чер. Такси́ свобо́дно?
- До́брый ве́чер. Свобо́дно. Сади́тесь. Вам куда́?
- Нам к гости́нице "Космос".
- Прие́хали.
- Ско́лько с меня́?
- Де́сять до́лларов.
- А ско́лько э́то в неме́цких ма́рках? У меня́ нет до́лларов.
- Пятна́дцать ма́рок.
- Пожа́луйста.
- Спаси́бо, до свида́ния.

Но́вые слова́

антра́кт		Pause
потряса́ющий		hervorragend
я ужа́сно проголода́лся		ich habe schrecklichen Hunger
тем вре́менем		inzwischen
приводи́ть, -жу́, -во́дишь привести́, -ду́, -дёшь	себя́ в поря́док	sich in Ordnung bringen, sich frisch machen
меня́ться , -я́юсь, -я́ешься по-	места́ми	Plätze tauschen
декора́ции		Dekorationen, Kulissen, Bühnenbild
не пра́вда ли?		nicht wahr?

7.9.1 УПРАЖНЕНИЯ

7.9.1.1

Инсцени́руйте диало́г ме́жду г-ой Хан и г-ном Песко́вым: Они́ вме́сте посеща́ют бале́т **"Лебеди́ное о́зеро" ("Schwanensee")** в Большо́м теа́тре, и они́ разгова́ривают во вре́мя антра́кта.

7.9.1.2

Г-жа Хан пи́шет свое́й ру́сской подру́ге Мари́не о своём вчера́шнем **посеще́нии (посеще́ние - Besuch)** бале́та "Лебеди́ное о́зеро" в Большо́м теа́тре.

7.9.1.3

Предста́вьте себе́, что вы сиди́те вме́сте со свое́й знако́мой в Большо́м теа́тре. Во вре́мя **спекта́кля (спекта́кль - Stück)** ока́зывается, что у ва́шей знако́мой ху́дшее ме́сто, чем у вас. Како́й диало́г мо́жет разви́ться?

Москва, Большой театр

8. УРОК - ПОВТОРЕНИЕ

8.1

Напиши́те, что ...

1. Sie noch ein Fax beantworten müssen.
2. der Briefkopf die Adresse des Absenders enthalten muß.
3. Ihr Geschäftspartner die Ausrüstung zum selben Preis und zu denselben Bedingungen wie im Herbst des Vorjahres liefern muß.
4. die Studenten immer den **Unterricht** (**заня́тия** Pl. n.) besuchen müssen.
5. Sie noch eine Fahrkarte kaufen werden müssen, weil Sie sie verloren haben.
6. Sie Ihrem Partner in der nächsten Woche ein Festangebot schicken müssen.
7. Sie leider gezwungen sind, die Preise um 10 % zu erhöhen.

8.2

Напиши́те делово́е письмо́ (предложе́ние) по сле́дующим да́нным:

1. Sie bedanken sich für die Anfrage vom 19. Juli d.J. und teilen Ihrem Geschäftspartner, der "Maschinoimport AG", Moskau, 121 200, Smolenskaja-Sennaja pl. 32/34, mit, daß Sie das folgende freibleibende Angebot unterbreiten: 5 Eisenbahnwaggons BL-87 zum Preis von ... DM pro Stück, technische Beschreibung liegt bei, Lieferfrist wie in der Anfrage angegeben. Zahlung Dokumenteninkasso. Sie bedanken sich für das Interesse an den Erzeugnissen Ihrer Firma, die sich schon lange einer großen Nachfrage erfreuen.
2. Die Firma Hollstein und Fuhrmann, Wien, bietet dem Konzern "Mjasmolprom", Brest, Weißrußland, freibleibend 10 Maschinen des Typs "Inject Star 100" zum Preis von 45.000 US-Doll. pro Stück an. Man bezieht sich dabei auf die Gespräche zwischen Herrn Generaldirektor N. Schmidt und Herrn Aleksandr I. Protopopow in Wien Ende August 19... Die technische Beschreibung wird beigelegt. Die Lieferung erfolgt per LKW über Tschechien und Polen im Februar 19... Sie weisen noch darauf hin, daß bereits zwei dieser Maschinen seit 5 Jahren in der Stadt Berezovo unweit von Brest in Betrieb sind. Sie würden sich über den Auftrag freuen.

8.3

Серге́й Ильи́ч Ивано́в из ТОО "Импэкспорт", Москва́, звони́т в "Майер-Шу Гез.м.б.Х.", Ве́на:

- *Алло! Это говори́т Ивано́в, Импэкспорт, Москва́. Переда́йте, пожа́луйста, г-ну Майеру, что нам ну́жно 1500 пар же́нских ту́фель моде́ли "Эльёт" по Ва́шему катало́гу. Пусть он вы́шлет нам вы́годное предложе́ние."*

Сочини́те факс с соотве́тствующей офе́ртой: 70 ам.долл. за па́ру фра́нко австр. грани́ца, перево́зка в я́щиках по 100 пар по желе́зной доро́ге, есть все ука́занные в катало́ге цвета́ и разме́ры в доста́точном коли́честве, срок де́йствия офе́рты истека́ет в конце́ с.м.

8.4

Напиши́те, что ...

1. das vorliegende Angebot am Ende des 2. Quartals seine Gültigkeit verliert.
2. alle übrigen Bedingungen dem Angebot Ihres Geschäftspartners entsprechen.
3. Sie sich bemühen werden, in kürzestmöglicher Zeit die gewünschte Auskunft zu geben.
4. Sie leider neue Lieferfristen vorschlagen müssen, da Ihr Werk zur Zeit völlig ausgelastet ist.
5. der Stückpreis 254 DM beträgt und sich der Preis franko Grenze der Bundesrepublik Deutschland versteht.
6. Sie dankend den Erhalt der Muster bestätigen.
7. Sie Ihrem Partner gerne ein neues Angebot unterbreiten werden.
8. Sie dem Stellvertreter des Direktors sehr dankbar für den Rat sind.

8.5

Напиши́те пи́сьма на основа́нии сле́дующих да́нных:

1. Sie bieten 40 Tonnen 2 mm dickes Stahlblech mit Lieferung im März–April zum Preis von DM … franko Grenze BRD und bitten um Bestätigung bis zum 22.1. …
2. Sie teilen Ihrem Geschäftspartner mit, daß Sie zur Zeit nur 30 Tonnen der Ware von gewöhnlicher Qualität mit Lieferung im 2. Halbjahr 19.. offerieren können. Sie hoffen, für Ihren Partner zusätzlich ungefähr 50 Tonnen zu erhalten, worüber Sie ihn noch informieren werden.
3. Sie beziehen sich auf das Telex Nr. 10240 vom 21.10.19.. und teilen mit, daß Sie die Gültigkeit Ihres Angebots Nr. 210/1997 vom 10.10.19.. über die restliche Menge der Ware bis zum 15.11.19.. verlängern.
4. Sie beziehen sich auf das Telex Ihres Geschäftspartners Nr. 9352 vom 3.4.19..und bieten an: 8 t **Zellophan (целлофа́н)** 330 in Rollen mit einer Breite von 330 mm zum Preis von DM 7000,– pro Tonne franko deutsch-tschechische Grenze. Lieferung bis zum 15.9.19.. Zahlungsbedingungen: 30 Tage ab Rechnungsdatum in der Bank des Käufers. Sie bitten um Antwort bis 11.4.19..

8.6

Переведи́те те́лексы с по́мощью словаря́:

1. nasha krainiaia cena 500 tn postavka mai - iiun 19.. franko granica belarus/polsha 2096 nem. marok za tn netto. zarezervirovali dlia vas 500 tn na 3 kvartal 19.. goda. prosim soobscit kakoe obscee kolichestvo mojete zakupit v 19.. godu dlia vengrii. uvajeniem
2. blagodarim za zapros. predlojenie sdelaem v blijaishee vremia. prosim soobscit vashe mnenie ob urovne cen na etot tovar na usloviiah franko granica polshi

8.7

Переведи́те сле́дующие выраже́ния:

1. der heute abgeschickte Brief ____________________
2. Der Brief wurde heute abgeschickt. ____________________
3. der von unserer Firma gewährte Rabatt ____________________
4. Ein Rabatt von 3 % wurde von unserer Firma gewährt. ____________________
5. die bestätigten Bedingungen ____________________
6. Die Bedingungen wurden von unserem Partner bestätigt. ____________________
7. die in Moskau durchgeführte Ausstellung ____________________
8. das von Ihnen angeführte Beispiel ____________________
9. die im Juli durchgeführten Lieferungen ____________________
10. der unterschriebene Vertrag ____________________

8.8

Переведи́те:

1. Wir bestätigen den Erhalt des von Ihnen am 12. April abgeschickten Briefes.
2. Die Firmen nehmen an der Messe teil, die am 4. April eröffnet wurde.
3. Wir sind mit den von Ihnen gelieferten Waren zufrieden.
4. Wir haben uns über alle im Vertrag vorgesehenen Punkte **geeinigt (договори́лись)**.
5. Die Qualität der von Ihnen geschickten Muster stellt uns ganz zufrieden.
6. Die durch Aufträge **ausgelasteten (загру́женный)** Firmen ersuchen, die Lieferung auf das 3. Quartal zu verlegen.

8.9

Напишите, что ...

1. Sie mit den im Angebot Ihres Partners vorgesehenen Lieferbedingungen nicht einverstanden sind.
2. auf der in Sankt Petersburg veranstalteten Industrieausstellung eine **Reihe (ряд)** von Verträgen abgeschlossen wurde.
3. Sie sich auf das Angebot Nr. 23/19.. vom 20.5.19.. beziehen und sich für den Preisnachlaß bedanken, der Ihrer Firma gewährt wurde.
4. die Lieferung der im Mai bestellten Maschinen auf das 4. Quartal verlegt wird.
5. Ihre Kunden mit den im Werk Ihres Partners produzierten Erzeugnissen zufrieden sind.
6. Ihnen der von Ihrem Partner genannte Preis überhöht erscheint.
7. Sie von dem Angebot Ihres Geschäftspartners keinen Gebrauch machen können.
8. Sie vor der Auftragserteilung folgende Fragen klären wollen.

8.10

Переведите с пóмощью словаря́:

1. podtverjdaem zakupku 300 tn dmt po cene am.doll. 535.- franko-granica ukraina - vengriia s postavkoi mart 19... upakovka: big bags (große Säcke) poluchatelia. prosim podtverdit, soobscit nomer kontrakta. transportnye instrukcii soobscim pozje. (dmt = Dimethyltherephtalat).
2. kas.: nikelia.
   ssylaias na nash razgovor v moskve prosim soobscit vozmojna li (s uchetom deistvuiuscih tamojennyh pravil) postavka obrabotannyh nikelevyh katalizatorov dlia proizvodstva margarina. blagodarim za skoryi otvet. s uvajeniem.

8.11

Напишите отве́т на предложе́ние на основа́нии сле́дующих да́нных:

Die Firma Maculan, Wien, dankt der AO "Jakutstroj", Rossijskaja Federacija, Sacha, 846732, Jakutsk, pl. Novatorov, 45, für das Angebot Nr. ... vom ... über 2500 t Zement auf Kompensationsbasis und teilt mit, daß sie mit der vom Geschäftspartner genannten Lieferfrist einverstanden ist und sich freut, die Bestellung bei AO "Jakutstroj" zu plazieren. Maculan bestellt bei AO "Jakutstroj" auf der Grundlage des erwähnten Angebots Nr. ... vom ... 2500 t Zement der Qualität "Amur 96".

8.12

Сообщи́те, что ...

1. Sie sich in einigen Tagen mit Ihrem Geschäftspartner treffen werden.
2. im letzten Jahrzehnt die Preise stark gestiegen sind.
3. im Frachtbrief die Verpackungsart und die Abmessungen des Apparates nicht angegeben waren.
4. die Versicherungssumme DM 40.000 beträgt.
5. Sie für die Zusendung des Eisenbahnfrachtbriefes und des Garantieschreibens danken.
6. ein Container der letzten Sendung beschädigt war.
7. Sie im nächsten Jahr an der internationalen Messe teilnehmen werden.
8. am Monatsende das Angebot ausläuft.
9. das Flugzeug am 14. April um 16.45 Uhr in Berlin ankommt (Flug Nr. SU-114).

8.13

Переведи́те, употребля́я PPrP.:

1. Die von unserer Firma angebotenen Geräte werden in vielen Ländern verkauft.
2. An der Messe, die in Nischni Nowgorod organisiert wird, nehmen deutsche Unternehmen teil.
3. Wir danken Ihnen für die beigelegte Spezifikation.

4. Wir werden Ihnen die benötigten Waren in der nächsten Woche mit einem 20-t-"Scania"-LKW liefern.
5. Sie erhalten alle hier abgeschickten Warenpartien in 4–5 Tagen.
6. Die Computer, die in der EU erzeugt werden, erfreuen sich großer Nachfrage.

8.14

Напиши́те деловы́е пи́сьма на основа́нии сле́дующих да́нных:

1. Sie bitten, Ihnen Ihr Exemplar des Vertrages zu retournieren, das Ihrem Geschäftspartner auf der Ausstellung in Moskau von Direktor Popov übergeben worden war. Weiters bitten Sie Ihren Partner, umgehend das Verladedatum der von Ihnen bestellten 50 t mitzuteilen.
2. Sie können die Verladung von 1400 t bis zum 17.6.... nicht garantieren und bitten, die Verladefrist bis Ende Mai zu verlängern.
3. Sie bitten Ihren Partner, sich dringend mit der Firma Salamander wegen des Versands von 1500 Paar Herrenschuhen gem. Vertrag Nr. 432/19.. in Verbindung zu setzen. Die Firma hat den Versand für den 13.–14. März geplant. Sie erwarten am nächsten Tag, dem 24.5., Antwort.
4. Ihre Telexe Nr. 815/3570 vom 17.4. und auch Nr. 815/3688 vom 19.4. sind bisher nicht beantwortet worden. Sie bitten, die Lieferung der Sendung vom April zu beschleunigen, und bitten weiters um eine Benachrichtigung über die Verladung per Telex.

8.15

Переведи́те те́лексы:

1. vnimaniiu g-na belova. kas. cianurhlorid. vagon n. 24251845 na podhode k zavodu-postavsciku budet otgrujen ponedelnik 23 marta informaciia dana tambovu. uvajeniem elizarov.
2. vnimaniiu g-na nazarova
   1. pozdravliaem podkliucheniem mejdunarodnomu tlx.
   2. ponimaem na sleduiuscei nedele budete v moskve dlia vstrechi nami.
   3. prosim soobscit nachalas li otgruzka uglia v izmaile

   s uvajeniem
   interbum

КЛЮЧ

8.1

1. Я до́лжен ещё отве́тить на факс.
2. Заголо́вок до́лжен содержа́ть а́дрес отправи́теля.
3. Вы должны́ поста́вить обору́дование по той же са́мой цене́ и на тех же са́мых усло́виях, что и о́сенью про́шлого го́да.
4. Студе́нтам сле́дует всегда́ посеща́ть заня́тия.
5. Мне придётся купи́ть друго́й биле́т, потому́ что я его́ потеря́л(а).
6. Я до́лжен посла́ть Вам на сле́дующей неде́ле твёрдое предложе́ние.
7. К сожале́нию, мы должны́ повы́сить це́ны на 10%.

8.2

1. А/О "Машинои́мпорт"
   Москва́, 121 200,
   Смоле́нская-Сенна́я пл., д.32/34,
   Уважа́емые господа́!
   Благодари́м Вас за Ваш запро́с от 19 ию́ля с.г. Де́лаем Вам сле́дующее предложе́ние без обяза́тельства: 5 железнодоро́жных ваго́нов БЛ-87 по цене́ … ма́рок ФРГ за шту́ку. Техни́ческое описа́ние Вы найдёте в приложе́нии к э́тому письму́. Срок поста́вки: как ука́зано в запро́се. Усло́вия платежа́: инка́ссо про́тив докуме́нтов. Благодари́м Вас за Ваш интере́с к изде́лиям на́шей фи́рмы, кото́рые уже́ давно́ по́льзуются больши́м спро́сом.

   С уваже́нием

2. Конце́рн "Мясмолпро́м"
   г.Брест
   Уважа́емые господа́!
   Ссыла́ясь на перегово́ры ме́жду генера́льным дире́ктором Н.Шмидтом и господи́ном Александром И. Протопо́повым в Ве́не в конце́ а́вгуста 19 г., предлага́ем Вам без обяза́тельства 10 станко́в ти́па "Инжект Стар 100" по цене́ 45.000 ам. долл. В приложе́нии Вы найдёте техни́ческое описа́ние. Поста́вка осуществля́ется грузовика́ми че́рез Че́хию и По́льшу в феврале́ 19.. г. Ука́зываем ещё на то, что 2 таки́х станка́ рабо́тают в г. Берёзово недалеко́ от Бре́ста уже́ 5 лет. Мы бы́ли бы о́чень ра́ды, е́сли бы Вы вы́дали нам зака́з.

   С уваже́нием

8.3

О же́нских ту́флях "Эльет"
Дорого́й Серге́й Ильи́ч!
Благодарю́ за Ваш телефо́нный звоно́к от …
Согла́сно Ва́шему жела́нию предлага́ю Вам 1500 пар же́нских ту́фель моде́ли "Эльет" по цене́ 70 до́лларов США за па́ру. Эта цена́ понима́ется фра́нко австри́йская грани́ца.
Ту́фли перево́зятся в я́щиках по 100 пар по желе́зной доро́ге. Все ука́занные в на́шем катало́ге цвета́ и разме́ры име́ются в доста́точном коли́честве на на́шем скла́де.
Это предложе́ние теря́ет си́лу в конце́ с.м.

С уваже́нием

8.4

1. Настоя́щее (Да́нное) предложе́ние теря́ет си́лу в конце́ II кварта́ла.
2. Все остальны́е усло́вия соотве́тствуют Ва́шему предложе́нию.
3. Мы постара́емся дать Вам тре́буемую спра́вку как мо́жно скоре́е.

4. К сожале́нию, мы должны́ предложи́ть но́вые сро́ки поста́вки, так как в настоя́щее вре́мя наш заво́д по́лностью загру́жен.
5. Цена́ за штýку составля́ет ма́рок ФРГ 254 и понима́ется фра́нко-ваго́н грани́ца ФРГ.
6. С благода́рностью подтвержда́ем получе́ние образцо́в.
7. Мы бу́дем ра́ды сде́лать Вам но́вое предложе́ние.
8. Я о́чень благода́рен замдире́ктора за сове́т.

8.5

1. Предлага́ем Вам 40 тонн листово́й ста́ли толщино́й в 2 мм с поста́вкой в ма́рте - апре́ле по цене́ … неме́цких ма́рок фра́нко-ваго́н грани́ца ФРГ и про́сим присла́ть нам подтвержде́ние до 22. 01.19..
2. Сообща́ем Вам, что в настоя́щее вре́мя мы мо́жем предложи́ть то́лько 30 тонн това́ра обыкнове́нного ка́чества с поста́вкой во второ́м полуго́дии 19..г. Наде́емся получи́ть дополни́тельно для Вас о́коло 50 тонн, о чём ещё проинформи́руем.
3. Ссыла́ясь на те́лекс N° 10240 от 21.10.19.., сообща́ем Вам, что продлева́ем срок де́йствия предложе́ния N° 210/1997 от 10.10.19.. на остально́е коли́чество това́ра до 15.11.19…
4. Ссыла́емся на Ваш те́лекс N° 9352 от 03.04. 19.. и предлага́ем: 8 тонн целлофа́на 330 в руло́нах ширино́й в 330 мм по цене́ неме́цких ма́рок 7000 за то́нну фра́нко-ваго́н неме́цко-че́шская грани́ца. Поста́вка осуществля́ется до 15.09. 19.. . Усло́вия платежа́: 30 дней с да́ты счёта в ба́нке покупа́теля. Про́сим отве́тить до 11.04.19. .

8.6

1. Unser äußerster Preis für 500 t bei Lieferung Mai-Juni 19.. frei Grenze Weißrußland-Polen ist 2096 DM je Tonne netto. Wir haben für Sie 500 t für das 3. Quartal 19.. reserviert. Bitte teilen Sie uns mit, welche Gesamtmenge Sie im Jahr 19.. für Ungarn kaufen können. Mit freundlichen Grüßen
2. Wir danken für die Anfrage. Ein Angebot werden wir in der nächsten Zeit machen. Bitte teilen Sie uns Ihre Ansicht über das Preisniveau für diese Ware zu den Bedingungen frei Grenze Polen mit.

8.7

1. отпра́вленное сего́дня письмо́
2. Письмо́ бы́ло отпра́влено сего́дня.
3. предоста́вленная на́ми ски́дка
4. Ски́дка в 3 проце́нта была́ предоста́влена на́ми.
5. подтверждённые усло́вия
6. Усло́вия бы́ли подтверждены́ на́шим партнёром.
7. проведённая (организо́ванная) в Москве́ вы́ставка
8. приведённый Ва́ми приме́р
9. осуществлённые в ию́ле поста́вки
10. подпи́санный контра́кт

8.8

1. Подтвержда́ем получе́ние письма́, отпра́вленного Ва́ми 12 апре́ля.
2. Фи́рмы уча́ствуют в я́рмарке, кото́рая была́ откры́та 4 апре́ля.
3. Мы дово́льны поста́вленными Ва́ми това́рами.
4. Мы договори́лись обо всех пу́нктах, предусмо́тренных в контра́кте.
5. Ка́чество при́сланных Ва́ми образцо́в нас вполне́ удовлетворя́ет.
6. Загру́женные зака́зами заво́ды про́сят перенести́ поста́вку на тре́тий кварта́л.

8.9

1. Мы не согла́сны с предусмо́тренными в Ва́шем предложе́нии усло́виями поста́вки.
2. На организо́ванной в Санкт-Петербу́рге промы́шленной вы́ставке был заключён ряд контра́ктов.
3. Ссыла́ясь на предложе́ние N° 23/19.. от 20.05.19.., благодари́м за ски́дку, предоста́вленную на́шей фи́рме.
4. Поста́вка зака́занных в ма́е станко́в перено́сится на 3 кварта́л.
5. Произведённые на Ва́шем заво́де изде́лия вполне́ удовлетворя́ют на́ших клие́нтов.
6. На́званная Ва́ми цена́ ка́жется нам завы́шенной.
7. Мы не мо́жем воспо́льзоваться Ва́шим предложе́нием.
8. Пе́ред вы́дачей зака́за мы хоти́м вы́яснить сле́дующие вопро́сы.

8.10

1. Wir bestätigen den Ankauf von 300 t "DMT" zum Preis von US-Doll. 535,– frei Grenze Ukraine-Ungarn mit Lieferung im März 19.. . Verpackung: big bags des Empfängers. Bitte zu bestätigen und die Vertragsnummer mitzuteilen. Transportanweisungen werden wir später mitteilen.
2. Betrifft: Nickel
   Bezugnehmend auf unser Gespräch in Moskau ersuchen wir um Mitteilung, ob (unter Berücksichtigung der geltenden Zollvorschriften) die Lieferung von bearbeiteten Nickelkatalysatoren für die Margarineerzeugung möglich ist. Wir danken für Ihre umgehende Antwort. Mit freundlichen Grüßen

8.11

А/О "Якутстрой"
РФ, Саха, 846732, Якутск
пл. Новаторов, 45

Благодари́м Вас за Ва́ше предложе́ние N° … от … на 2500 т цеме́нта на компенсацио́нной осно́ве. Мы согла́сны с на́званным Ва́ми сро́ком поста́вки и ра́ды помести́ть у Вас зака́з. На основа́нии упомя́нутого предложе́ния N° … от … зака́зываем Вам 2500 т цеме́нта "Аму́р 96".

8.12

1. Я хочу́ встре́титься с Ва́ми че́рез не́сколько дней.
2. За после́днее десятиле́тие це́ны ре́зко повы́сились.
3. В накладно́й не́ были ука́заны вид упако́вки и габари́ты прибо́ра.
4. Страхова́я су́мма составля́ет 40.000.– ма́рок ФРГ.
5. Благодарю́ Вас за железнодоро́жную накладну́ю и за гаранти́йное письмо́.
6. Оди́н конте́йнер после́дней па́ртии был повреждён.
7. В сле́дующем году́ мы бу́дем уча́ствовать в Междунаро́дной я́рмарке.
8. Предложе́ние теря́ет си́лу в конце́ сего́ ме́сяца.
9. Самолёт прилети́т в Берли́н 14 апре́ля в 16.45 ч. (рейс N° СУ-114).

8.13

1. Предлага́емые на́шей фи́рмой (на́ми) прибо́ры продаю́тся во мно́гих стра́нах.
2. В я́рмарке, организу́емой в Ни́жнем Но́вгороде, уча́ствуют неме́цкие предприя́тия.
3. Благодари́м Вас за прилага́емую специфика́цию.
4. Мы поста́вим Вам тре́буемые това́ры на сле́дующей неде́ле 20-то́нным грузовы́м автомоби́лем "Сканиа".
5. Вы получа́ете все отправля́емые отсю́да па́ртии че́рез 4-5 дней.
6. Компью́теры, производи́мые в ЕС (=Европе́йском Сою́зе) по́льзуются больши́м спро́сом.

8.14

1. Про́сим вас верну́ть нам тот экземпля́р контра́кта, кото́рый переда́л Вам дире́ктор Попо́в на вы́ставке в Москве́ (..., пере́данный Вам дире́ктором Попо́вым ...). Та́кже про́сим Вас сро́чно сообщи́ть нам да́ту отгру́зки зака́занных на́ми 50 т.
2. Не мо́жем гаранти́ровать отгру́зку 1400 т до 17 ию́ня и про́сим Вас продли́ть срок отргу́зки до конца́ ма́я.
3. Про́сим Вас сро́чно связа́ться с фи́рмой "Саламандер" относи́тельно вопро́са отгру́зки 1500 пар мужски́х боти́нок согла́сно контра́кту N° 432/19... Фи́рма заплани́ровала отгру́зку на 13 - 14 ма́рта. Ждём Ва́шего отве́та за́втра, 24.05.
4. На на́ши те́лексы N° 815/3570 от 17.04., а та́кже N° 815/3688 от 19.04. мы до сих пор не получи́ли отве́та. Про́сим Вас ускóрить поста́вку апре́льской па́ртии, а та́кже сообщи́ть об отгру́зке по те́лексу. С уваже́нием

8.15

1. Zu Handen Herrn Belov
   Betr.: Zyanurchlorid
   Der Waggon Nr. 24251845 ist unterwegs zum Lieferwerk und wird am Montag, dem 23.März, verladen. Tambow (=russ. Stadt) wurde informiert. Mit freundlichen Grüßen, Jelisarow.
2. Zu Handen Herrn Nazarov
   1. Wir gratulieren Ihnen zum Anschluß an das internationale Telex.
   2. Wir gehen davon aus, daß Sie in der nächsten Woche zu einem Treffen mit uns in Moskau sein werden.
   3. Wir bitten um Mitteilung, ob die Verladung der Kohle in Izmail begonnen hat.

   Mit freundlichen Grüßen, Interbum

9. ПЛАТЁЖ

9.1 ОБРАЗЦЫ ПИСЕМ И ТЕЛЕКСОВ

9.1.1

A.N.WILLE A.G.
MASCHINENFABRIK

D-63843 NIEDERNBERG, POSTFACH 218, BRD
(06028)8765-0, FAX 8765-22
TELEX 015510 ANW M D

Полтавский государственный
горнообогатительный комбинат
315341, г. Комсомольск
Полтавской области
Украина

Ihre Zeichen u. Ihre Nachricht	Unsere Zeichen	Durchwahl Nr.	Datum
08.03. 19..	Dr.M./V.	502	20.03.19..

Betreff

Кас.: условий платежа

Уважаемые дамы и господа!

В письме от 13.02.19.. мы просили Вас предоставить нам следующие условия платежа: 30 дней со дня получения документов, из них 15 дней льготных и 15 дней с выплатой процентов, исходя из 8,5% годовых.

Как мы Вас уже информировали, наша фирма сама предоставляет своим клиентам рассрочку платежа в течение 30 дней, что является торговой практикой на немецком рынке. Мы не берем на себя финансирование сделок.

Ссылаясь на переговоры нашего генерального директора Майера в Комсомольске с И. Беловым и А. Павловым, еще раз просим Вас подтвердить вышеназванные условия платежа.

С уважением

Но́вые слова́

льго́тные дни (от: льго́та)	Fristtage (Privileg, Vergünstigung)
вы́плата	Auszahlung
проце́нты, -ов	Zinsen
исходя́ из 8,5% годовы́х	(bei) 8,5 % Zinsen p.a.
рассро́чка	Stundung, Teilzahlung
финанси́рование	Finanzierung
сде́лка	Geschäft, Transaktion

дéл-ать
с-дéл-ать
с-дéл-ка
дéл-о
дел-овóй
от-дéл-ьно
из-дéл-ие

9.1.2

Об инкассо N° 2633532 на ... от ...

Уважаемые господа!
По сообщению Промстройбанка, Вами не оплачено инкассо N° 2633532 на ... от ... в сумме немецких марок 2 883 085 (два миллиона восемьсот восемь-десят три тысячи восемьдесят пять). Просим Вас срочно телексировать дату оплаты, а также причины задержки.

С уважением

Нóвые словá

Промстройбáнк = Банк промы́шленного строи́тельства	Industriebank
оплáчен, -а, -о, -ы, (PPP. v. оплати́ть)	bezahlt
оплáта	Bezahlung

9.1.3

Уважаемые господа!
Ссылаясь на Ваше письмо от 25.09...., сообщаем Вам, что мы предлагаем осуществить платежи за товар в австрийских шиллингах по курсу к доллару на день платежа, но цену устанавливать в американских долларах по методике, предложенной в нашем письме от 24.08. ...
Просим подтвердить наше предложение.

С уважением

9.1.4

TELEX

ZA OTGRUJENNYI 14.03. .. TOVAR PO NAKLADNYM
6182250 264 I 265 8/4 ... VYSTAVLEN SCHET 85734
DOKUMENTY V BLIJAISHEE VREMIA POSTUPIAT VASH BANK
ZADERJKA V VYSTAVLENII SVIAZANA S POZDNIM
POSTUPLENIEM DOKUMENTOV NASHEGO ZAVODA
S UVAJENIEM

TELEX

Нóвые словá

выставля́ть, -я́ю, -я́ешь / вы́ставить, -влю, -вишь (счёт)	(Rechnung) ausstellen
выставлéние (счёта)	Ausstellung (einer Rechnung)

9.1.5

PO VASHEMU UKAZANIIU BYL OTKRYT AKKREDITIV NA
244.671.- AM.DOLLAROV V POLZU KIPRSKOI FIRMY.
CHOTELI BY VAM NAPOMNIT, CHTO SROK POSTAVKI
TOVAROV V TECHENIE 45 DNEI SO DNIA OTKRYTIIA
AKKREDITIVA, T.E. DO 10 IANVARIA 19.. G.
PROSIM VAS SOOBSCHIT, KAKAIA SITUACIIA S
OTGRUZKOI TOVAROV I OTPRAVKOI DOKUMENTOV V BANK
DLIA SNIATIIA DENEG S AKKREDITIVA.
S NASTUPAIUSCIM NOVYM GODOM

TELEX

Нóвые словá

в пóльзу когó-л.	zugunsten
ки́прский (ср.Ки́пр)	zypriotisch (vgl. Zypern)
отпрáвка	Absendung
сня́тие (дéнег)	Behebung (von Geld)
наступáющий	anbrechend, bevorstehend

9.2 КОММЕНТАРИЙ

Сáмые распространённые услóвия платежá во внешнеторгóвых оперáциях - это **аккредити́в** и **инкáссо прóтив докумéнтов**. Трéтья возмóжность обеспéчения платежá - предоставлéние покупáтелем **бáнковской гарáнтии**. Постáвка товáра на услóвиях платежá по откры́тому счёту осуществля́ется рéдко, а и́менно в тех слу́чаях, когдá партнёры сотру́дничают ужé давнó и не сомневáются в обою́дной платёжеспосóбности.

1. Аккредити́в

Банк получáтеля открывáет по поручéнию покупáтеля аккредити́в в пóльзу продавцá, и банк продавцá информи́рует продавцá, что он полу́чит су́мму по счёту прóтив представлéния докумéнтов. Обы́чно э́то слéдующие **докумéнты**: счёт, сертификáт кáчества, сертификáт о происхождéнии товáра, отгру́зочные докумéнты (железнодорóжная накладнáя и т.п.).

Банк продавцá проверя́ет, соотвéтствуют ли э́ти докумéнты формáльно услóвиям аккредити́ва, и éсли да - выплáчивает продавцу́ су́мму аккредити́ва. Кáчество товáра бáнком не проверя́ется.

информи́рует продавцá об откры́тии аккредити́ва

уполномóчивает банк открывáть аккредити́в

Существу́ют разли́чные **ви́ды аккредити́ва**; са́мые распространённые из них - **безотзывно́й и подтверждённый аккредити́вы.**
Безотзывно́й аккредити́в: по́сле информа́ции продавца́ об откры́тии аккредити́ва банк бо́льше не впра́ве отзыва́ть его́.
Подтверждённый аккредити́в: банк продавца́ наравне́ с ба́нком покупа́теля отвеча́ет за выполне́ние обяза́тельств по усло́виям аккредити́ва, незави́симо от фина́нсового положе́ния покупа́теля, т.е. банк обя́зан вы́платить продавцу́ су́мму аккредити́ва, да́же е́сли покупа́тель за э́то вре́мя стал неплатёжеспосо́бным.
Преиму́щество аккредити́ва для продавца́: он получа́ет де́ньги, е́сли докуме́нты в по́лном поря́дке, незави́симо от измене́ний фина́нсового положе́ния покупа́теля. **Недоста́ток** аккредити́ва для покупа́теля: аккредити́вная фо́рма расчётов явля́ется наибо́лее дорого́й фо́рмой обеспе́чения платежа́.

2. Инка́ссо

Банк выпла́чивает продавцу́ су́мму согла́сно счёту про́тив определённых докуме́нтов.
В отли́чие от аккредити́ва, ба́нком не гаранти́руется платёж. Банк выпла́чивает де́ньги то́лько про́тив докуме́нтов, даю́щих пра́во на со́бственность това́ра.
Ба́нковские расхо́ды для инка́ссо ме́ньше, чем для аккредити́ва, одна́ко продавцу́ не предоставля́ются таки́е твёрдые гара́нтии платежа́, как в слу́чае аккредити́ва.

3. Ба́нковская гара́нтия

Банк покупа́теля гаранти́рует продавцу́ платёж в тече́ние определённого сро́ка.
Така́я ба́нковская гара́нтия иногда́ для покупа́теля деше́вле, чем аккредити́в. Одна́ко продавцу́ факти́чески предоставля́ются те же са́мые гара́нтии платежа́.
Цель всех вышеука́занных усло́вий платежа́ - дать продавцу́ гара́нтию получе́ния де́нег одновре́ме́нно с переда́чей пра́ва на со́бственность това́ра.

Но́вые слова́

распространённый (PPP. v. распространи́ть, -ню́, -ни́шь)	verbreitet
аккредити́в	Akkreditiv
обеспе́чение	Gewährleistung, Sicherstellung, Versorgung
ба́нковская гара́нтия	Bankgarantie
откры́тый счёт	offene Rechnung
сотру́дничать, -аю, -аешь uv.	zusammenarbeiten
сомнева́ться, -а́юсь, -а́ешься в чём-л.	zweifeln an etwas
обою́дный	gegenseitig, beiderseitig
(не)платёжеспосо́бность, -и	Zahlungs(un)fähigkeit
сертифика́т ка́чества (о ка́честве)	Qualitätszeugnis
сертифика́т о происхожде́нии това́ра	Ursprungszeugnis
отгру́зочные докуме́нты	Versanddokumente
форма́льно	formal
выпла́чивать, -аю, -аешь вы́платить, -плачу, -платишь	auszahlen
уполномо́чивать, -аю, -аешь уполномо́чить, -чу, -чишь	bevollmächtigen
откры́тие аккредити́ва	Eröffnung eines Akkreditivs
безотзывно́й аккредити́в	unwiderrufliches Akkreditiv
подтверждённый аккредити́в	bestätigtes Akkreditiv

(быть) впра́ве + Inf.	berechtigt sein zu
наравне́ с кем-л.	gleich wie jem.
отзыва́ть, -а́ю, -а́ешь отозва́ть, отзову́, отзовёшь	widerrufen
выполне́ние обяза́тельств	Erfüllung von Verpflichtungen
незави́симо от чего́-л.	unabhängig von etwas
фина́нсовый	finanziell
(не)платёжеспосо́бный	zahlungs(un)fähig
преиму́щество	Vorteil
недоста́ток, недоста́тка	Nachteil
в отли́чие от чего́-л.	zum Unterschied von etwas
гаранти́ровать, -ую, -уешь	garantieren
факти́чески	faktisch

вы́-плат-а вы-пла́ч-ивать вы́-плат-ить	обеспе́ч-ивать обеспе́ч-ить обеспе́ч-ение	гара́нти-я гаранти́-йный гаранти́-ровать

9.3 ТИПОВЫЕ ФРАЗЫ

Перево́д на Ваш счёт в Моско́вском Междунаро́дном Ба́нке был осуществлён две неде́ли наза́д.	Die Überweisung auf Ihr Konto bei der Moskauer Internationalen Bank wurde vor zwei Wochen durchgeführt.
Мы поручи́ли на́шему ба́нку перевести́ на́званную су́мму на Ваш счёт в Моско́вском Междунаро́дном Ба́нке.	Wir haben unsere Bank beauftragt, den genannten Betrag auf Ihr Konto bei der Moskauer Internationalen Bank zu überweisen.
Мы перечи́слили су́мму вы́ставленного нам счёта на Ваш теку́щий счёт в банке.	Wir haben den Rechnungsbetrag auf Ihr Kontokorrentkonto überwiesen.
Сде́лка была́ заключена́ на компенсацио́нной осно́ве.	Das Geschäft wurde auf Kompensationsbasis abgeschlossen.
Опла́та това́ра осуществля́ется путём аккредити́ва.	Die Zahlung erfolgt mittels Akkreditivs.
Платёж произво́дится в СКВ (свобо́дно конверти́руемой валю́те).	Die Zahlung erfolgt in frei konvertierbarer Währung.
Како́й валю́той Вы бу́дете плати́ть? Ма́рками ФРГ, австри́йскими ши́ллингами и́ли до́лларами США?	In welcher Währung werden Sie zahlen? Mit DM, österreichischen Schillingen oder US-Dollars?
Ку́рсы не́скольких за́падных валю́т сни́зились по сравне́нию с ма́рками ФРГ.	Die Kurse einiger Westwährungen sind gegenüber der DM gefallen.
Про́сим откры́ть жиросчёт в Моско́вском Междунаро́дном Ба́нке.	Bitte eröffnen Sie ein Girokonto bei der Moskauer Internationalen Bank.
Мы дебетова́ли Ваш счёт сле́дующими су́ммами.	Wir haben Ihr Konto mit folgenden Beträgen belastet.
При прове́рке Ва́ших счето́в мы нашли́ в них арифмети́ческую оши́бку.	Bei der Überprüfung Ihrer Rechnungen fanden wir in ihnen einen Rechenfehler.
Мы возвраща́ем Вам Ваш счёт, так как в нём, очеви́дно, была́ допу́щена оши́бка.	Wir retournieren Ihnen Ihre Rechnung, da in ihr offensichtlich ein Irrtum vorliegt.
Про́сим Вас испра́вить вы́писку из счёта.	Bitte berichtigen Sie den Kontoauszug.
Про́сим подтверди́ть испра́вленное са́льдо ... до́лларов.	Bitte bestätigen Sie den berichtigten Saldo von ... Dollar.
Так как платёж был произведён по́сле истече́ния сро́ка для упла́ты нали́чными, мы не мо́жем согласи́ться с вы́четом ски́дки в разме́ре двух проце́нтов.	Da die Zahlung nach Ablauf der Barzahlungsfrist erfolgte, können wir dem Abzug von 2 % Skonto nicht zustimmen.
Вы вы́чли одну́ ты́сячу ма́рок из су́ммы на́шего счёта без указа́ния причи́ны.	Sie haben ohne Angabe von Gründen 1000 DM vom Betrag unserer Rechnung abgezogen.
Очеви́дно, Вы вы́писали факту́ру не на те това́ры.	Anscheinend haben Sie falsche Waren fakturiert.
Това́ры бы́ли отпра́влены фра́нко-ме́сто назначе́ния.	Die Waren wurden frachtfrei abgeschickt.
Платёж произво́дится	Die Zahlung erfolgt
Платёж до́лжен производи́ться	Die Zahlung muß erfolgen (wiederholt)

Платёж до́лжен быть произведён	Die Zahlung muß erfolgen (einmal)
– че́рез банк страны́ экспортёра (продавца́)	– durch die Bank des Verkäuferlandes
– че́рез Моско́вский Междунаро́дный Банк	– durch die Moskauer Internationale Bank
– че́рез инка́ссо	– durch Inkasso
– инка́ссо по кли́рингу	– Giro-Inkasso
– посре́дством безотзывно́го и подтверждённого аккредити́ва	– durch unwiderrufliches und bestätigtes Akkreditiv
– нали́чными	– in bar
про́тив	gegen
– отгру́зочных докуме́нтов, счёта и сертифика́та ка́чества	– Versanddokumente, Rechnung und Qualitätszeugnis
– счёта и тра́нспортных докуме́нтов	– Rechnung und Transportpapiere
– грузовы́х докуме́нтов	– Frachtpapiere
Усло́вия платежа́ – нали́чный расчёт. На́ши обы́чные усло́вия – нали́чными без ски́док про́тив грузовы́х докуме́нтов.	Zahlungsbedingungen: Barverrechnung. Unsere üblichen Zahlungsbedingungen lauten: Barzahlung ohne Skonto gegen Frachtpapiere.
Усло́вия платежа́ подро́бно изло́жены в прилага́емом экземпля́ре на́ших О́бщих усло́вий поста́вки.	Die Zahlungsbedingungen sind im beiliegenden Exemplar unserer Allgemeinen Lieferbedingungen detailliert angeführt.
Усло́вия платежа́ и остальны́е усло́вия подро́бно изло́жены в прило́женном типово́м контра́кте.	Die Zahlungsbedingungen und die übrigen Bedingungen sind im beiliegenden Mustervertrag detailliert angeführt.

Но́вые слова́

перево́д	Überweisung
СКВ=свобо́дно конверти́руемая валю́та	frei konvertierbare Währung
жиросчёт	Girokonto
поруча́ть, -а́ю, -а́ешь / поручи́ть, -чу́, -пору́чишь } кому́-л.	beauftragen
перечисля́ть, -я́ю, -я́ешь / перечи́слить, -ю, -ишь	überweisen
путём чего́-л.	mittels
дебетова́ть счёт	das Konto belasten
арифмети́ческая оши́бка	Rechenfehler
прове́рка	Überprüfung
очеви́дно	offenbar, offensichtlich
допуска́ть, -а́ю, -а́ешь / допусти́ть, -пущу́, -пу́стишь } оши́бку	einen Fehler machen
вы́писка из счёта	Kontoauszug
са́льдо	Saldo
вы́чет	Abzug
выпи́сывать, -аю, -аешь / вы́писать, -пишу, -пишешь } факту́ру	fakturieren, in Rechnung stellen
кли́ринг	Clearing
нали́чные	Bargeld

mittels
путём чегó-л.
посрéдством чегó-л.
с пóмощью чегó-л.

9.4 ДОПОЛНИТЕЛЬНЫЕ ПИСЬМА И ТЕЛЕКСЫ

9.4.1

M+D GERTNER K.G.

INDUSTRIEVERTRETUNGEN
A-1060 WIEN, VI, FILLGRADERG. 7

WERKZEUGMASCHINEN
METALLURG. AUSRÜSTUNGEN
I N D U S T R I E A N L A G E N

МАЛОЕ ПРЕДПРИЯТИЕ "ПОЛЭТИК"
127106, г.Москва,
ул.Гостиничная, 5-а,
гостиница "ЗАРЯ", корп.13
а/я 22 03.10.19.. г.

Об условиях платежа

Уважаемые дамы и господа!

Сообщаем Вам, что, к сожалению, не можем подтвердить оплату в течение 30 дней с даты накладной, так как получаем Ваши счета с большой задержкой.

Мы можем подтвердить платеж в течение 15 дней со дня получения документов и уверяем Вас, что со своей стороны примем меры к оплате в возмóжно более короткие сроки.

С уважением

Нóвые словá

мáлое предприя́тие =МП	Kleinbetrieb
уверя́ть, -я́ю, -я́ешь увéрить, -рю, -ришь	versichern
(мы) со своéй стороны́	unsererseits
принимáть, -áю, -áешь / приня́ть, примý, при́мешь } мéры	Maßnahmen ergreifen

9.4.2

О денежном переводе

Уважаемый господин Егоров!

В Вашем письме от 20.3.19.. Вы просили перевести деньги за оборудование в сумме 350 тыс. ам.долларов итальянской фирме "Пилот". Однако в последнем телексе вы просите перевести деньги в сумме 350 тыс. ам. долларов итальянской фирме "Арако СА" в Удине.

Просим Вас проверить эту информацию и сообщить Ваше окончательное решение. Мы Вас так понимаем, что счёт фирмы "Арако СА" находится в Италии.

Для Вашего сведения сообщаем Вам, что г-н Милеев также принимает меры к платежу этой суммы. Во избежание двойного платежа просим Вас связаться с ним и с г-ном Петровым и сообщить нам Ваше решение.

В ожидании срочного ответа остаёмся

С уважением

Копия: Роспромэкспорт, вним. г-на Милеева, председателя

Но́вые слова́

перево́д	Überweisung
оконча́тельный	endgültig
све́дение	Information, Nachricht
двойно́й	doppelt

9.4.3

TELEX

VASH OTNOSITELNO RASCHETOV ZA TOVAR BLAGODARIM.
USKORENIIA VOPROSA PEREVODA SUMM PROSIM SOOBSCHIT SLEDUIUSCHEE:
1.BANK-KORRESPONDENT V AVSTRII EXPORTNO-IMPORTNOGO BANKA UKRAINY
2. N TELEKSA, TELEFONA OTDELENIIA VASHEGO BANKA V DNEPROPETROVSKE
3. NESMOTRIA NA TO CHTO SCHETA NA OTGRUJENNYJ TOVAR VYPISYVAIUTSIA FIRMOI "SLAVUTICH" RASCHETY ZA TOVAR BUDUT PROIZVODITSIA CHEREZ VASH SCHET V EXPORTNO-IMPORTNOM BANKE UKRAINY. NEOBHODIMO PODTVERJDENIE FIRMY SLAVUTICH.
UVAJENIEM

TELEX

Но́вые слова́

банк-корреспонде́нт	Korrespondenzbank

9.4.4

TELEX

SOGLASNO NASHEI DOGOVORENNOSTI PRI ZAKLIUCHENII
KONTRAKTA L-E-60A-020201-92024 VOPROS O PLATEJE
BUDET RASSMOTREN DOPOLNITELNO S UCHETOM NOVOGO
ZAKONA O VALIUTNOM REGULIROVANII. UVAJENIEM

TELEX

Нóвые словá

с учётом	unter Berücksichtigung
валю́тный	Währungs-, Devisen-
регули́рование	Regelung, Bestimmung

9.4.5

Переведи́те с пóмощью словаря́:

МИНИСТЕРСТВО ЗДРАВООХРАНЕНИЯ РОССИЙСКОЙ ФЕДЕРАЦИИ

УПРАВЛЕНИЕ ПО ВНЕДРЕНИЮ НОВЫХ ЛЕКАРСТВЕННЫХ СРЕДСТВ И МЕДИЦИНСКОЙ ТЕХНИКИ

Наш № 21-10/966-127 **дата** 12.06.19..

Уважаемые господа!

Управление сообщает, что Комиссия по регистрации в установленном порядке рассмотрела заявку Вашей фирмы о регистрации препарата 9/372529-Кофейный аромат искусственный и решила этот вопрос положительно.

Вам необходимо перечислить банковским переводом (не чеком} 500 (пятьсот) американских долларов (или эквивалент в любой свободно конвертируемой валюте) в Московский Международный Банк на счет Управления по внедрению новых лекарственных средств и медицинской техники N° 414609.

По получении извещения об уплате Вам будет незамедлительно выслано регистрационное удостоверение.

С уважением
Н.М. Смирнов
Начальник управления

Г-ну Шмидту
"Драгоко"
1235, Вена,
Меллергассе,4,
Австрия

☞ 9.5 ДАВАЙТЕ ЗАПОМНИМ ГРАММАТИКУ!

Das Zahlwort

Deklination der Grundzahlwörter

оди́н одно́	одна́	одни́	два	три	четы́ре	пять	шесть	де́сять
одного́	одно́й	одни́х	двух	трёх	четырёх	пяти́	шести́	десяти́
одному́	одно́й	одни́м	двум	трём	четырём	пяти́	шести́	десяти́
1./2. одно́	одну́	1./2.	1./2.	1./2.	1./2.	пять	шесть	де́сять
одни́м	одно́й	одни́ми	двумя́	тремя́	четырьмя́	пятью	шестью	десятью
одно́м	одно́й	одни́х	двух	трёх	четырёх	пяти́	шести́	десяти́

со́рок	пятьдеся́т	шестьдеся́т	девяно́сто	сто	две́сти
сорока́	пяти́десяти	шести́десяти	девяно́ста	ста	двухсо́т
сорока́	пяти́десяти	usw.	девяно́ста	ста	двумста́м
со́рок	пятьдеся́т		девяно́сто	сто	две́сти
сорока́	пятью́десятью		девяно́ста	ста	двумяста́ми
сорока́	пяти́десяти		девяно́ста	ста	двухста́х

три́ста	четы́реста	пятьсо́т	шестьсо́т	ты́сяча	миллио́н
трёхсо́т	четырёхсо́т	пятисо́т	шестисо́т	ты́сячи	миллио́на
трёмста́м	четырёмста́м	пятиста́м	шестиста́м	usw.	usw.
три́ста	четы́реста	пятьсо́т	шестьсо́т		
тремяста́ми	четырьмяста́ми	пятьюста́ми	шестьюста́ми		
трёхста́х	четырёхста́х	пятиста́х	шестиста́х		

Verwendung

Alle Rektionsregeln gelten nur, wenn das Zahlwort die Form des 1. Falles hat, in allen übrigen Fällen stehen die Substantive im entsprechenden Fall der Mehrzahl. Zusammengesetzte Gundzahlwörter müssen in allen ihren Teilen dekliniert werden, z.B.:

В пе́рвом кварта́ле бы́ло поста́влено *свы́ше 60% (шести́десяти проце́нтов) това́ров.*	Im I. Quartal wurden über 60 % der Waren geliefert.
В вы́ставке при́няло уча́стие *о́коло 200 (двухсо́т) фирм.*	An der Ausstellung nahmen ungefähr 200 Firmen teil.
Это обору́дование испо́льзуется в 124 (*ста двадцати́ четырёх) стра́нах.* (vgl.: сто два́дцать четы́ре страны́=2.F.Sg.)	Diese Ausrüstung wird in 124 Ländern verwendet.

Bruchzahlen

$^{1}/_{2}$	полови́на, -ы 1 $^{1}/_{2}$ полтора́ (часа́), полторы́ (неде́ли)	полтора́, полторы́
$^{1}/_{3}$	треть, -и	полу́тора
$^{1}/_{4}$	че́тверть, -и	полу́тора
$^{1}/_{5}$	одна́ пя́тая (zu ergänzen wäre: **до́ля** oder **часть**)	usw.
$^{5}/_{6}$	пять шесты́х,	
$^{1}/_{10}$	одна́ деся́тая (=0,1)	
$^{1}/_{100}$	одна́ со́тая (0,01)	
$^{1}/_{1000}$	одна́ ты́сячная (=0,001)	
5 $^{7}/_{8}$	пять (це́лых) и семь восьмы́х	
2 $^{3}/_{7}$	две (це́лых) и три седьмы́х	
5 $^{1}/_{2}$	пять с полови́ной	
8 $^{1}/_{4}$	во́семь с че́твертью	

Dezimalzahlen

0,1 м	ноль це́лых и одна́ деся́тая (oder: ноль це́лых одна́ деся́тая; oder: одна́ деся́тая) ме́тра
1,2 м	одна́ це́лая и две деся́тых (одна́ це́лая две деся́тых) ме́тра
6,13 м	шесть це́лых (и) трина́дцать со́тых ме́тра
28,475 м	два́дцать во́семь це́лых (и) четы́реста се́мьдесят пять ты́сячных ме́тра

Verwendung

Das Substantiv nach einer Bruchzahl oder Dezimalzahl steht in der Regel im 2.F.Sg., z.B.:

2 $^{3}/_{5}$ Meter	два и три пя́тых **ме́тра**
8 $^{6}/_{7}$ Liter	во́семь и шесть седьмы́х **ли́тра**
22,4 km	два́дцать два и четы́ре деся́тых **киломе́тра**
9,1 sec.	де́вять (це́лых) и одна́ деся́тая **секу́нды**
57,45 t	пятьдеся́т семь (це́лых) и со́рок пять со́тых **то́нны**

Bei den Zahlwörtern 1 und 2 wird das Geschlecht dem folgenden Substantiv angepaßt, z.B.:

2,7 = **две** (це́лых) и семь деся́тых (**ohne** Substantiv)
2,7 м = **два** и семь деся́тых ме́тра (mit männlichem Substantiv)

Bei $^{1}/_{2}$, $^{1}/_{4}$ hängt die Rektion von der ganzen Zahl ab:

5 $^{1}/_{2}$ m	пять с полови́ной **ме́тров** (vgl. 5,5 m - пять и пять деся́тых **ме́тра**)
8 $^{1}/_{4}$ %	во́семь с че́твертью **проце́нтов**

x$^{1}/_{2}$, x,5 wird **с полови́ной** gelesen.

zirka (ca.)	о́коло (ок.) чего́-л.
ungefähr	приме́рно (oder Inversion)
höchstens, maximal	не бо́лее чего́-л.
mindestens	не ме́нее чего́-л.
über	свы́ше чего́-л.

9.6 УПРАЖНЕНИЯ

9.6.1

Измени́те сле́дующие предложе́ния:

1. Магази́н рабо́тает с девяти́ до трина́дцати часо́в. (10-2 ч., 3-7 ч., 1-8 ч., 11-20 ч.)
2. Цена́ за оди́н стано́к составля́ет ...
   a) 400.000 Rubel, 100.00 DM, 23.500 öS, 38.900 US-Dollar
   b) ungefähr 400.000 Rubel usw.
3. Цена́ значи́тельно повы́силась в тече́ние ... (4 Wochen, 8 Monate, 1 Jahr, 3 Jahre, 40 Tage).
4. На́ша фи́рма **торгу́ет** (**торгова́ть, -у́ю, -у́ешь – handeln**) с ... (8, 44, 51, 96, 100, 112 Länder).

Bei Steigerungen: **sich erhöhen...**	**увели́читься...**
на=um	на 10 проце́нтов=um 10 %
до=auf	до 10 млн. =auf 10 Mill.
с... до...=von... auf...	с 10 до 20 млн.=von 10 auf 20 Mill.
в... раз=auf das ...fache	в два ра́за=auf das 2fache
(=**вдво́е, втро́е)**	(3fache)
До́ля э́кспорта увели́чилась **на 5-6% (пять-шесть проце́нтов)**.	Der Exportanteil erhöhte sich **um 5–6 %.**
До́ля э́кспорта повы́силась **до 30%**.	Der Exportanteil erhöhte sich **auf 30 %**.
Объём поста́вок повы́сился **с 10 (десяти́) до 20 (двадцати́)** миллио́нов.	Das Liefervolumen erhöhte sich **von 10 auf 20** Millionen.
Экспорт повы́сился **в два ра́за (вдво́е).**	Der Export erhöhte sich **auf das 2fache (verdoppelte sich)**.

9.6.2

Допо́лните да́нные в ско́бках:

1. Предприя́тие согласи́лось с повыше́нием цены́ ... (um 2–3 %, 2000 Rubel, 40 DM, 384 öS).
2. Произво́дство ста́ли за после́днее десятиле́тие увели́чилось ... (um 2 %, 21 %, 10 %, 13 %).
3. В пе́рвом кварта́ле и́мпорт сни́зился ... (auf 12 Mrd. DM, 7 Mrd. US-Dollar, 520 Mio.Rubel, 22 Mio. öS).
4. В 1992 году́ до́ля э́кспорта увели́чилась ... (von 12 % auf 24 %, von 10 Mio. auf 18 Mio, von 22 auf 24 Mio. Rubel).
5. Числó жи́телей го́рода за 20 лет ... (sich verdoppeln, sich verdreifachen).

9.6.3

Вста́вьте **числи́тельные** (**числи́тельное – Zahlwort**) и **существи́тельные** (**существи́тельное – Hauptwort**) в ну́жной фо́рме.

1. Заво́д **располо́жен** (**ist gelegen, liegt**) в (+6.Fall) ... (16, 21, 32, 45) км от го́рода.
2. Го́роду бо́лее ... (160, 800, 1000, 1500) лет.
3. На э́кспорт **прихо́дится** (**приходи́ться - entfallen**) о́коло ... (9, 12, 20, 34) %.
4. Это обору́дование испо́льзуется в ... (30, 40, 51, 100/ страна́).

9.6.4

Переведи́те:

1. Der Betrieb ist mehr als 50 (75, 100, 200) Jahre alt.
2. Bis zum Zentrum der Stadt sind es ungefähr 2 (4, 8, 12) km.
3. Wir sind mit der Lieferung von 3 (25, 31, 101) Maschinen in jedem Quartal einverstanden.
4. Die Lieferung erfolgt im Lauf von 30 Tagen (3 Monaten).
5. Der Export deutscher Waren (nach Rußland) stieg um 5 (22, 6,5, 7,3) %.
6. Der Import von Erdöl und Erdgas aus Sibirien erhöhte sich auf das 2fache.
7. Der Umfang der Lieferungen **erreichte** (**дости́г**) nur 20 % des Vorjahres. (**достига́ть, -**а́ю, -а́ешь, **дости́чь**, дости́гну, дости́гнешь **чего́-нибудь)**

9.6.5

Переведи́те:

– mit 45 Ländern ______________________________

– in 92 Staaten ______________________________

– ohne die 12 westlichen Länder ______________________________

– von 7 bis 8 Uhr ______________________________

– ungefähr (о́коло) 50 Teilnehmer ______________________________

– über 20 % ______________________________

9.6.6

Прочита́йте по-ру́сски:

$^{1}/_{2}$, $^{1}/_{3}$, $^{1}/_{4}$, $^{3}/_{5}$, $^{6}/_{7}$, 2 $^{5}/_{8}$, 7 $^{3}/_{4}$

9.6.7

Напиши́те про́писью по образцу́:

3 $^{1}/_{2}$% - три с полови́ной проце́нта
2 $^{1}/_{2}$%, 5 $^{1}/_{2}$ %, 12 $^{1}/_{2}$ %, 20 $^{1}/_{2}$ %, 32 $^{1}/_{2}$ %

9.6.8

Напиши́те про́писью:

Образе́ц: 4,8 м - четы́ре це́лых и во́семь деся́тых ме́тра

1,2 л (= ли́тр); 7,8 км; 15,06 %; 0,9 мм; 10,5 кбм (=кубоме́тр); 22,4 кв.км;
8,5 млрд. руб.

9.6.9

Скажи́те, что ...

1. die Überweisung auf das Konto Ihres Partners vor einer Woche durchgeführt wurde.
2. Sie ein Konto bei der Moskauer Internationalen Bank eröffnet haben.
3. der Betrag auf das Konto Ihres Partners überwiesen wurde.
4. das Geschäft auf Kompensationsbasis abgeschlossen wurde.
5. die Zahlung mittels Akkreditivs erfolgen muß.
6. Sie in DM zahlen werden.
7. die Kurse aller Westwährungen, verglichen mit dem Rubel, gestiegen sind.
8. Sie Ihren Partner bitten, ein Konto bei der Moskauer Internationalen Bank zu eröffnen.
9. Sie die Rechnungen Ihres Partners überprüft haben.
10. Sie einen Rechenfehler gefunden haben.

9.6.10

Переведи́те с по́мощью словаря́:

1. inkasso 2634445
   obrascaem vashe vnimanie nevernyi raschet summ za predostavlenie rassrochki plateja:
   schet 36367 nachisleno ats 8429,00 - doljno byt 4214,47
   schet 36377 nachisleno ats 1374,00 i 5496,00, doljno byt ats 687,73 i 2748,68.
   sootvetstvenno budet proizvedena oplata
   s uvajeniem
   ats = öst. Schilling

2. vash n. 10198 ot 17.1. .. kas. platejei za polietilen mojem podtverdit tolko platej v techenie 15 dnei s daty postupleniia dokumentov donau bank telegrafiruite vashe reshenie s uvajeniem
3. po kt 27/583447 vami byl vystavlen schet n. 1640 ot 14.11. za 55 mest 9600 kg, kotoryi byl vam oplachen. fakticheski bylo polucheno tolko 54 mesta 9450 kg, chto podtverjdaetsia avtonakladnoi firmy sovtransavto i ekspeditorskoi raspiskoi firmy asotra. prosim vas srochno vernut nam raznicu 17230 avstriiskih shillingov. datu i nomer perevoda srochno telegrafiruite.

9.6.11

Напиши́те деловы́е пи́сьма на основа́нии сле́дующих да́нных:

1. Sie beziehen sich auf den vorhergehenden **Briefwechsel** (**перепи́ска**) und bitten Ihren Partner, bei der Dresdner Bank ein Akkreditiv zu eröffnen. Sie fragen ihn, in welcher Währung die Zahlung erfolgen wird, und weisen darauf hin, daß die Kurse aller Westwährungen gegenüber dem Rubel gestiegen sind.
2. Sie teilen Ihrem Partner mit, daß Sie in der Rechnung einen Rechenfehler gefunden haben. Sie haben den berichtigten Betrag auf sein Konto bei der Moskauer Internationalen Bank überwiesen.
3. Sie teilen Ihrem Partner mit, daß die Zahlung durch die Dresdner Bank gegen Versanddokumente, Rechnung und Qualitätszeugnis erfolgen muß.
4. Die Zahlung erfolgt in österreichischen Schillingen entsprechned dem Abkommen über die Bedingungen der **Exportfinanzierung** (**кредитова́ние э́кспорта**) aus Österreich nach Rußland vom 5.10. ...
5. Sie schlagen Ihrem Partner folgende Zahlungsbedingungen für das **schlüsselfertige ("под ключ")** Werk in N. vor:

   1. Die Zahlung im Umfang von 5 % der **Vertragssumme** (**сто́имость**) führt Ihr Partner mit einer Überweisung innerhalb von 30 Tagen nach **Inkrafttreten** (**вступле́ние в си́лу**) des Vertrages durch.
   2. Die Zahlung von 10 % der Vertragssumme führt Ihr Partner für jeden Tag der Lieferung gegen folgende Dokumente durch: ...
   3. Zahlungen in Höhe von 85 % der Vertragssumme erhält Ihre Firma für jeden Teil der Lieferungen und Dienstleistungen im Rahmen des **gebundenen Kredits (целево́й креди́т)**.

9.7 ДИАЛОГ

Представи́тель фи́рмы "К.Ло́ренц" господи́н Ши́ллингер пришёл в торгпре́дство Росси́и в ФРГ вме́сте с молоды́м специали́стом Х.Ве́денигом, что́бы вести́ перегово́ры с замести́телем дире́ктора А/О "Техноинто́рг" господи́ном Рубцо́вым. Речь идёт об усло́виях платежа́.

Р. - Здра́вствуйте, господи́н Ши́ллингер.
Ш. - Здра́вствуйте, господи́н Рубцо́в. Разреши́те предста́вить на́шего молодо́го специали́ста по фототе́хнике Ханса Ве́денига, кото́рый у нас занима́ется вопро́сами и́мпорта и сбы́та ру́сских фототова́ров.
Р. - Очень рад с ва́ми познако́миться. Сади́тесь, пожа́луйста. Разреши́те мне снача́ла поприве́тствовать вас от и́мени на́шего генера́льного дире́ктора, кото́рый, к сожале́нию, не мо́жет сам прису́тствовать.
Ш. - Спаси́бо. Как вам изве́стно, мы хоте́ли бы вы́яснить усло́вия платежа́ на разли́чные фототова́ры, а та́кже на телеви́зор "Юность 406", кото́рые мы импорти́руем для неме́цкого ры́нка.
Р. - Коне́чно, я в ку́рсе де́ла.
Ш. - Каки́е усло́вия платежа́ вы предлага́ете?
Р. - Как вы, наве́рно, зна́ете, существу́ют станда́ртные усло́вия платежа́ с за́падными стра́нами. Мы счита́ем, что платёж путём аккредити́ва бу́дет удо́бен для обе́их сторо́н, и про́сим вас откры́ть аккредити́в в Моско́вском Междунаро́дном Ба́нке в тече́ние 30 дней по́сле заключе́ния контра́кта.

Ш. - К сожале́нию, мы не мо́жем согласи́ться с опла́той по аккредити́ву, так как э́то нам сто́ит дополни́тельных де́нег, 1/4 и́ли 1/2 проце́нта (че́тверть и́ли полови́ну проце́нта).
В. - Мы хоте́ли бы произвести́ платёж че́рез инка́ссо про́тив представле́ния отгру́зочных докуме́нтов, счёта и сертифика́та ка́чества.
Р. - Ви́дите ли, мы вас ещё не зна́ем, и поэ́тому мы вы́нуждены наста́ивать на откры́тии аккредити́ва. Это на́ша пе́рвая сде́лка с ва́ми. Я уве́рен, что в бу́дущем мы смо́жем перейти́ на платёж в фо́рме инка́ссо про́тив докуме́нтов.
Ш. - Ну что ж, мы понима́ем ва́шу то́чку зре́ния. Мо́жет быть, вы могли́ бы пойти́ нам навстре́чу в вопро́се цены́?
Р. - Я сам не могу́ реши́ть э́тот вопро́с. Как то́лько я узна́ю реше́ние на́шего генера́льного дире́ктора, я вам сообщу́ по фа́ксу.
Ш. - Хорошо́, я согла́сен. Благодарю́ вас за бесе́ду.
Р. - Пожа́луйста. До свида́ния.

ЮНОСТЬ
YUNOST
406

ОСНОВНЫЕ ДАННЫЕ
SPECIFICATIONS
CARACTERISTIQUES PRINCIPALES
HAUPTDATEN
DATOS PRINCIPALES

Размер изображения, мм **202x254**
Чувствительность, ограниченная синхронизацией, мкВ, нехуже **55**
Полоса воспроизводимых звуковых частот, Гц **250-7100**
Выходная мощность звукового канала при питании, Вт:
  от сети переменного тока **0,75**
  от аккумулятора **0,5**
Напряжение питания, В:
  от сети переменного тока **220**
  от аккумулятора .... **+12**
Потремляемая мощность, Вт:
  от сети переменного тока **33**
  от аккумулятора **17**
Габаритные размеры, мм **307x392x305**
Масса, кг, не более **8,6**

Малогабаритный переносный телевизор

Small-Size Portable TV Set

Téléviseur portable de faible encombrement

Tragbarer Fernsehempfänger in Kleinbauweise

Televisor portátil de pequeno tamano

ЮНОСТЬ-406

YUNOST-406

9.7.1 УПРАЖНЕНИЯ

9.7.1.1

Отве́тьте на вопро́сы:

1. Где происхо́дит делово́й разгово́р?
2. Каки́ми вопро́сами занима́ется господи́н Ве́дениг?
3. С чего́ г-н Рубцо́в начина́ет делову́ю бесе́ду?
4. Каки́е това́ры импорти́рует неме́цкая фи́рма?
5. Каки́е усло́вия платежа́ предлага́ет ру́сская сторона́?
6. Почему́ неме́цкая сторона́ возража́ет?
7. Что предлага́ет г-н Ве́дениг?
8. Почему́ г-н Рубцо́в наста́ивает на откры́тии аккредити́ва?
9. Гото́во ли ру́сское А/О сни́зить це́ны?

9.7.1.2

Перескажи́те содержа́ние делово́х перегово́ров в Торгпре́дстве ФРГ.

9.7.1.3

Телефо́нные разгово́ры.

1. Herr Schillinger ruft Herrn Rubzow an, um mit ihm ein Treffen zu vereinbaren, in dem es um die Zahlungsbedingungen geht. Herr Schillinger schlägt Montag um 10 Uhr vor. Herr Rubzow ist zu dieser Zeit leider besetzt, aber eine Stunde später hat er Zeit.
2. Herr Podkopajew schlägt als Zahlungsbedingungen Dokumenteninkasso vor. Frau Horten von der Firma Weinzierl weist darauf hin, daß es das erste Geschäft mit dem russischen Partner ist, und besteht auf der Eröffnung eines Akkreditivs. Sie glaubt aber, daß ihr Direktor nach einiger Zeit einem Dokumenteninkasso zustimmen wird.

9.7.1.4

Проведи́те делову́ю бесе́ду с по́мощью сле́дующих опо́рных слов:

Р. - Здра́вствуйте, ...
Ш. - Здра́вствуйте, ... Разреши́те предста́вить вам на́шего ..., кото́рый ...
Р. - Очень рад с ... Генера́льный дире́ктор попроси́л меня́ переда́ть ...
Ш. - Спаси́бо. Дава́йте перейдём к ... Мы хоти́м ...
Р. - Да, я в ку́рсе ... Мы про́сим вас откры́ть ... в Моско́вском ... в тече́ние 30 ... Это удо́бно для ...?
Ш. - На́ша фи́рма, к сожале́нию, не согла́сна с ... Мы должны́ плати́ть ... Поэ́тому мы предлага́ем произвести́ платёж че́рез инка́ссо про́тив ...
Р. - Но э́то на́ша пе́рвая ..., и мы вас ещё не ... В бу́дущем мы мо́жем перейти́ на ...

9.7.1.5

Разгово́р с администра́тором оте́ля.

- Анто́н Анто́нович, я хочу́ с ва́ми попроща́ться, потому́ что за́втра я уезжа́ю на ро́дину.
- Наде́юсь, что вам у нас понра́вилось и что вы опя́ть прие́дете к нам.
- Я о́чень дово́лен обслу́живанием. Мне всегда́ прия́тно остана́вливаться в ва́шем оте́ле. У меня́ ещё одна́ про́сьба к вам: мой самолёт вылета́ет ра́но у́тром. Не могли́ бы вы ...
- Заказа́ть вам такси́? Я позвоню́ в на́ше бюро́ обслу́живания, там вам зака́жут такси́. 6 часо́в 30 мину́т вас устра́ивает?
- Да, вполне́.
- Тогда́ зака́жут вам такси́ на за́втра, на полседьмо́го.
- Спаси́бо вам за по́мощь. До свида́ния.
- До свида́ния, счастли́вого пути́.

Нóвые словá

отéль, -я	Hotel
прощáться, -áюсь, -áешься попрощáться/простúться,-щýсь, -стúшься с кем-л.	sich von jm. verabschieden
рóдина (**на** рóдин**у**, **на** рóдин**е**)	Heimat (in die Heimat, in der Heimat)
(Это) вас устрáивает?	Paßt Ihnen (das)? Ist Ihnen (das) recht?
вполнé	ganz, völlig

RAL
Russian International Airlines

НОВАЯ РОССИЙСКАЯ АВИАКОМПАНИЯ

РЕГУЛЯРНЫЕ ПОЛЕТЫ из Москвы в Лондон, Париж, Рим, Стокгольм, Копенгаген, Токио, Бангкок, Сингапур, Гонконг,

ЗАПАДНОЕВРОПЕЙСКИЕ АЭРОБУСЫ А-310

НОВЫЙ УРОВЕНЬ КОМФОРТА И СЕРВИСА НА БОРТУ

Новая Звезда в Небе

Москва, К-340, аэропорт Шереметьево-2, авиакомпания RAL тел 578 65 47, факс 578 27 95

10. ЗАКАЗ

10.1 ВЫДАЧА ЗАКАЗА

10.1.1

LADA EXPORT
117071, Москва,
Мароновский пер., 3 13.10.19.. г.

О заказе на автомобили типа "Лада" N° 245/8

Уважаемые дамы и господа!

На основании Вашего предложения от 24.09.19.. заказываем Вам.

Предмет заказа: 100 легковых автомобилей марки "ЛАДА-2109" со встроенным в крышу кузова люком, согласно Вашему каталогу на 19.. год.

Цена: ам. долларов 7500 (семь тысяч пятьсот) за один автомобиль. Цена понимается франко-вагон австро-венгерская граница. Общая стоимость всей партии автомобилей составляет ам.долларов 750 000 (семьсот пятьдесят тысяч).

Сроки поставки: Автомобили должны быть поставлены в течение I квартала 19.. года приблизительно равными месячными партиями.

Условия платежа: Платёж производится посредством инкассо против представления документов.

С уважением
"ЭАФ Греф унд Штифт"

Но́вые слова́

встро́енный (PPP. v встро́ить)	eingebaut
кры́ша	Dach
ку́зов	Karosserie
лю́к	Dachfenster
встро́енный в кры́шу ку́зова люк	eingebautes Dachfenster

10.1.2

AKG acoustics Akustische u. Kino-Geräte KG. Brunneng. 1, 1150 Wien, Austria

А/О "Разноэкспорт"
117140, Москва,
Белокаменный пр., 23 08.03.19..

О звукооператорном оборудовании ГКХ-71
Уважаемые дамы и господа!

С благодарностью подтверждаем получение Вашего предложения от 25.02.19.. на звукооператорное оборудование ГКХ-71.

Заказываем упомянутое оборудование на условиях, указанных в Вашем предложении.

С уважением

Нóвые словá

звукооперáторный	Tonmeister-

10.2 КОММЕНТАРИЙ

Заключéние внешнеторгóвой сдéлки посрéдством вы́дачи закáза широкó распространенó. **Закáз** - э́то коммéрческий докумéнт, в котóром покупáтель излагáет основны́е услóвия внешнеторгóвой сдéлки. Обы́чно пéред заключéнием коммéрческой сдéлки провóдятся переговóры, во врéмя котóрых согласýются положéния сдéлки. Преимýществом заключéния внешнеторгóвой сдéлки посрéдством закáза явля́ется егó быстротá и экономи́чность. Чáсто закáзы и́з-за их крáткости передаю́тся по тéлексу и́ли телефáксу, что повышáет темп внешнеторгóвой рабóты.

Закáз, как прáвило, составля́ется покупáтелем в двух экземпля́рах, иногдá на специáльном блáнке. Покупáтель подпи́сывает óба экземпля́ра закáза и пи́шет продавцý сопроводи́тельное письмó. В кáчестве приложéния к немý он отправля́ет закáз. Продавéц подпи́сывает закáз и как приложéние к письмý-подтверждéнию отправля́ет покупáтелю подпи́санный обéими сторонáми закáз в однóм экземпля́ре.

Нóвые словá

заключéние	Abschluß
излагáть, -áю, -áешь изложи́ть, -ложý, -лóжишь	darlegen
положéния сдéлки	Geschäftsbestimmungen
экономи́чность, -и	Wirtschaftlichkeit
как прáвило	in der Regel
óба (m.,n.), óбе (f.)	beide
письмó-подтверждéние	schriftliche Bestätigung

10.3 ДАВАЙТЕ ЗАПОМНИМ!

"beide"

óба (m.,n.)	óбе (f.) + 2.F.Sg.
обóих	обéих
обóим	обéим
1/2	1/2
обóими	обéими
обóих	обéих

Примéры: Óба партнёра (Óбе стороны́) соглáсны. — Beide Partner (Seiten) sind einverstanden.

Мы договори́лись с обóими партнёрами (с обéими сторонáми). — Wir einigten uns mit beiden Partnern (Seiten).

10.3.1 УПРАЖНЕНИЕ

Встáвьте дáнные в скóбках словá в нýжной фóрме:

1. Нáша фи́рма ужé давнó сотрýдничает ... (mit beiden Gesellschaften).
2. ... (Beide Partner) бы́ли довóльны результáтами переговóров.
3. Контрáкт был подпи́сан ... (von beiden Seiten).

4. ... (Beide Länder) договори́лись о заключе́нии соглаше́ния.
5. Про́сим Вас верну́ть нам ... (beide Exemplare) контра́кта.
6. Наш клие́нт дово́лен ... (mit beiden Produkten).
7. ... (In beiden Fällen) цена́ понима́ется фра́нко-ваго́н неме́цко-по́льская грани́ца.

10.4 ТИПОВЫЕ ФРАЗЫ

Благодари́м Вас за Ва́ше предложе́ние от 02.03....	Wir danken Ihnen für Ihr Angebot vom 2.Mai 19..
Так как ка́чество при́сланных Ва́ми образцо́в отвеча́ет на́шим тре́бованиям ...	Da die Qualität der von Ihnen geschickten Muster unseren Anforderungen entspricht ...
Тща́тельно рассмотре́в Ва́ше предложе́ние, мы зака́зываем Вам сле́дующие това́ры:	Nach sorgfältiger Prüfung Ihres Angebots bestellen wir bei Ihnen folgende Waren:
В приложе́нии к настоя́щему письму́ пересыла́ем Вам зака́з N° 132.	In der Beilage übersenden wir Ihnen die Bestellung Nr. 132.
Подтвержда́ем наш зака́з по телефо́ну, пе́реданный сего́дня у́тром.	Wir bestätigen unsere telefonische Bestellung von heute früh.
Е́сли исполне́ние э́того зака́за удовлетвори́т нас, Вы мо́жете рассчи́тывать на дальне́йшие зака́зы.	Wenn die Ausführung dieses Auftrags uns zufriedenstellt, können Sie mit weiteren Aufträgen rechnen.
Мы сро́чно нужда́емся в э́той па́ртии това́ра.	Wir benötigen diese Warensendung dringend.
Мы сохраня́ем за собо́й пра́во аннули́ровать зака́з, е́сли това́р не бу́дет полу́чен на́ми до 31 ма́я с.г.	Wir behalten uns das Recht vor, den Auftrag zu stornieren, wenn die Ware nicht bis zum 31. 5. d.J. eingelangt ist.
Мы мо́жем дать Вам зака́з то́лько на э́том усло́вии.	Wir können Ihnen den Auftrag nur unter dieser Bedingung erteilen.
Това́р до́лжен быть поста́влен не поздне́е конца́ теку́щего ме́сяца.	Die Ware muß bis spätestens Ende des laufenden Monats geliefert werden.
Ка́чество това́ра должно́ соотве́тствовать образца́м, кото́рые Вы получи́ли от нас.	Die Qualität der Ware muß den Mustern entsprechen, die Sie von uns erhalten haben.
Про́сим обрати́ть осо́бенное внима́ние на про́чную упако́вку.	Bitte achten Sie besonders auf feste Verpackung.
Во всём остально́м де́йствуют ОУП (О́бщие усло́вия поста́вки).	Im übrigen gelten die Allgemeinen Lieferbedingungen.
Про́сьба тща́тельно соблюда́ть на́ши инстру́кции.	Bitte halten Sie sich genau an unsere Anweisungen.
К сожале́нию, мы вы́нуждены аннули́ровать наш зака́з N° 378.	Leider sind wir gezwungen, unseren Auftrag Nr. 378 zu stornieren.

Как мы узна́ли, фи́рма, для кото́рой бы́ли предназна́чены това́ры, объяви́ла о банкро́тстве.	Wie wir erfahren haben, ist die Firma, für die die Waren bestimmt waren, in Konkurs gegangen.
В настоя́щее вре́мя мы не мо́жем воспо́льзоваться Ва́шим предложе́нием.	Zur Zeit können wir von Ihrem Angebot keinen Gebrauch machen.
На на́шем ры́нке практи́чески нет спро́са на таки́е изде́лия.	Auf unserem Markt herrscht praktisch keine Nachfrage nach solchen Erzeugnissen.
На на́шем скла́де име́ется доста́точное коли́чество э́тих това́ров.	Wir haben eine ausreichende Menge dieser Waren auf Lager.
Ва́ши це́ны на ука́занные това́ры сли́шком высоки́.	Ihre Preise für die angeführten Artikel sind zu hoch.
Мы мо́жем дать Вам зака́з, е́сли Вы сни́зите це́ну на 10 проце́нтов.	Wir können Ihnen den Auftrag erteilen, wenn Sie den Preis um 10 % senken.
Е́сли бы Вы смогли́ пойти́ нам навстре́чу в отноше́нии цены́, ...	Wenn Sie uns in bezug auf den Preis entgegenkommen könnten, ...

Но́вые слова́

отвеча́ть, -а́ю, -а́ешь / отве́тить, -чу, -тишь } кому́-л., чему́-л.	entsprechen
тре́бование	Forderung, Anforderung, Erfordernis
пе́реданный (PPP. von переда́ть)	übermittelt
рассчи́тывать, -аю, -аешь / рассчита́ть, -а́ю, -а́ешь } на что́-л.	rechnen mit
сохраня́ть, -я́ю, -я́ешь / сохрани́ть, -ю́, -и́шь	bewahren, behüten, behalten
сохраня́ть за собо́й пра́во	sich das Recht vorbehalten
аннули́ровать, -ую, -уешь	annullieren, aufheben, (Auftrag) stornieren
про́чный	fest, beständig
соблюда́ть, -а́ю, -а́ешь / соблюсти́, -блюду́, -блюдёшь	beachten, beobachten, einhalten
предназна́ченный (PPP. von предназна́чить)	bestimmt
объявля́ть, -я́ю, -я́ешь / объяви́ть, -явлю́, -я́вишь	bekanntgeben, erklären
банкро́тство	Konkurs
доста́точный	ausreichend, genügend
исполне́ние зака́за	Ausführung eines Auftrags

10.5 ДОПОЛНИТЕЛЬНЫЕ ПИСЬМА

10.5.1

K+R WALTNER K.G.

WERKZEUGMASCHINEN

INDUSTRIEANLAGEN

HILMERSTR. 25–27
A-8020 GRAZ

А/О "Техмашэкспорт"
117330, Москва,
Мосфильмовская ул., 35

Betrifft: О заказе N° 307 — Unser Zeichen Ве/Пи — Graz, 10. 08. 19..

Уважаемые дамы и господа!

Настоящим заказываем Вам воздушный компрессор модели 8ЛД 20-240/93, N° серии 38, и 10 цифровых измерителей ёмкости модели Ж-16.

Платеж осуществляется посредством инкассо.

Просим Вас срочно поставить заказанный товар.

С уважением

К. + Р. Вальтнер К.Г.

Но́вые слова́

возду́шный компре́ссор	Luftkompressor
се́рия	Serie
цифрово́й изме́ри́тель ёмкости	Digitalkapazitätsmesser

10.5.2

А/О "Химэкспорт"

Вниманию г-на Н.И.Ефремова

О предложении на каменный уголь

Уважаемый господин Ефремов!

Благодарим Вас за предложение на 1000 т каменного угля от 15.05.19.. и заказываем твёрдо 800 т с поставкой во втором квартале 19.. г. по цене марок ФРГ 50 (пятьдесят) за тонну.

Условия поставки: франко-вагон граница ФРГ-Польша.

На остальные 200 т просим продлить предложение до 12.09.19..

С уважением

10.6 ПОДТВЕРЖДЕНИЕ ЗАКАЗА

О заказе N° 428/93

Уважаемые господа!

Подтверждаем получение Вашего заказа N° 428/19.. на поставку оптических приборов и принимаем его к исполнению.

Уверяем Вас, что заказ будет выполнен нами в установленный срок. Прилагаем подтверждение заказа и одновременно направляем копию подтверждения заказа в торгпредство России и в А/О "Техноинторг".

С уважением

выполня́ть / *вы́полнить* } *зака́з*	einen Auftrag ausführen
исполне́ние зака́за	Ausführung eines Auftrags
заполня́ть / *запо́лнить* } *бланк*	ein Formular ausfüllen

☞ 10.7 ДАВАЙТЕ ЗАПОМНИМ ГРАММАТИКУ!

10.7.1 Das Adverbialpartizip (Дееприча́стие)

1. Adverbialpartizip der Gleichzeitigkeit

Bildung von der 3. Person Plural des Präsens unvollendeter Verben durch Anfügen der Endung -**я**, nach Zischlaut -**a.** Das Reflexivsuffix -**ся** wird zu -**сь** verkürzt:

читáть - читá-ют - читá**я** lesend
слы́шать - слы́шат - слы́ш**а** hörend
ссылáться - ссылáются -ссылá**ясь** "sich beziehend", Bezug nehmend

Verwendung: Das Adverbialpartizip der Gleichzeitigkeit drückt eine Handlung aus, die gleichzeitig mit der des Hauptsatzes verläuft., z.B.:

Ссыля́ясь на Ва́ше предложе́ние от ..., зака́зываем Вам сле́дующие това́ры.	Bezugnehmend auf Ihr Angebot vom ... bestellen wir folgende Waren.
Исходя́ из положе́ния на ры́нке, мы вы́нуждены повы́сить це́ны.	Ausgehend von der Lage auf dem Markt sind wir gezwungen, die Preise zu erhöhen.

Die **Wiedergabe im Deutschen** erfolgt je nach dem Sinnzusammenhang, wobei sich das Adverbialpartizip auf das Subjekt des Hauptsatzes bezieht, z.B.:

Учи́тывая о́пыт други́х предприя́тий, на́ша фи́рма ...
– **da** unsere Firma die Erfahrungen anderer Unternehmen berücksichtigt (**kausal**)
– **während** unsere Firma ...(**temporal**)

– **wenn** unsere Firma ... (**konditional**)
– **obwohl** unsere Firma ... (**konzessiv**)
– **indem** unsere Firma ... (**modal**)
– **Unter Berücksichtigung** der Erfahrungen ... (**Präpositionalausdruck**)
– Unsere Firma berücksichtigt die Erfahrungen anderer Firmen **und** ... (**2. Hauptsatz**)

2. Adverbialpartizip der Vorzeitigkeit

Bildung vom Präteritumstamm vollendeter Verben durch Anfügen der Endung -**в** (-**вшись** bei reflexiven Verben):

указáть – указáл – указá**в** "hingewiesen habend"
вернýться – вернýлся – вернý**вшись** zurückgekehrt

Bei einigen Komposita (z.B. von *идтú, нестú, ...*) wird das Partizip durch das Suffix **-я** gebildet, z.B.: *Придя́* домóй, он срáзу включúл телевúзор.

Тщáтельно рассмотрéв Вáше предложéние, мы закáзываем Вам 50 машúн тúпа X.	Nachdem wir Ihr Angebot sorgfältig geprüft haben, bestellen wir bei Ihnen 50 Maschinen der Type X.

Verwendung: Das Adverbialpartizip der Vorzeitigkeit drückt meist eine vorzeitige Handlung aus. Die **Wiedergabe im Deutschen** erfolgt meist durch einen Gliedsatz, beginnend mit "nachdem", "da", "indem", durch einen Präpositionalausdruck oder durch einen 2. Hauptsatz. Beide Adverbialpartizipien werden durch Beistriche vom übrigen Satz getrennt.

10.7.2 JAHRESZAHLEN/ZEITANGABEN

von – bis – с + 2.F. – до + 2.F.
с + 2.F. – по + 4.F.

с 1986 до 1996 гóда – с ты́сяча девятьсóт вóсемьдесят шестóго гóда до ты́сяча девятьсóт девянóсто шестóго гóда (von 1986 bis 1996)

с 1986 по 1996 год – **...** по ты́сяча девятьсóт девянóсто шестóй год

seit, ab (Zeitpunkt) – с + 2.F.

с 1987 гóда – с ты́сяча девятьсóт вóсемьдесят седьмóго гóда (seit 1987)

seit (Zeitspanne) – (вот) ужé

seit 5 Jahren – (вот) ужé пять лет

innerhalb von, in – за + 4.F. (+ vollendetes Verb)

за 1980 – 1985 гг. – за ты́сяча девятьсóт восьмидеся́тый – ты́сяча девятьсóт вóсемьдесят пя́тый гóды (in den Jahren 1980 bis 1985)

im Laufe von – в течéние + 2.F.

в течéние 5 лет – в течéние пятú лет (im Laufe von 5 Jahren)

für – на + 4.F.

на 1993 г. – на ты́сяча девятьсóт девянóсто трéтий год (für 1993)

на 1970–1980 гг. – на ... семидеся́тый – ... восьмидеся́тый гóд**ы** (für 1970 bis 1980)

in den 60er Jahren – в шестидеся́тые гóды, в шестидеся́тых годáх

10.8 УПРАЖНЕНИЯ

10.8.1

Переведúте:

1. Von 1981 bis 1991 importierte die BRD ... Mrd. Kubikmeter Gas aus der Sowjetunion.
2. Seit 1980 hat sich der Umfang der Lieferungen verdoppelt.
3. In den Jahren 1974 bis 1984 wurde im Fernen Osten die **BAM** (**БАМ - Байкáло-амýрская магистрáль**) erbaut.

4. Für 1990–1995 planen wir die Erhöhung der Exporte um 10 %.
5. Seit dem Jahre 1924 bestehen Handelsbeziehungen zwischen den beiden Ländern.
6. Die Firmen arbeiten seit 10 Jahren zusammen.
7. In den 80er Jahren importierte die Firma Ruhrgas jährlich ca. ...Mrd. Kubikmeter Gas.

10.8.2

Напишúте, что ...

1. Sie von dem Angebot Ihres Geschäftspartners keinen Gebrauch machen können, da es in Ihrem Land keine Nachfrage nach solchen Produkten gibt.
2. Sie Ihrem Geschäftspartner den Auftrag nur unter der Bedingung erteilen können, daß er in der Lage ist, die Ware bis spätestens Ende des 2. Quartals d.J. zu liefern.
3. Sie die Ware bereits bei einer anderen Firma bestellt haben, da das Angebot Ihres Geschäftspartners zu spät bei Ihnen eingelangt ist.
4. Sie die telefonische Bestellung vom Vortag bestätigen und ersuchen, für feste Verpackung zu sorgen.
5. Sie **soeben** (**тóлько что**) erfahren haben, daß eine der Firmen, für die die bestellten Waren bestimmt waren, in Konkurs gegangen ist.

10.8.3

Переведúте на немéцкий язы́к. Где возмóжно, укажúте вариáнты:

1. Принимáя учáстие в вы́ставке в Москвé, немéцкие предприя́тия показáли свою́ заинтересóванность в торгóвле с Россúей.
2. Возвращáясь к вопрóсу о **контингéнтах** (**Kontingent**), сообщáем Вам, что мы готóвы осуществúть постáвку в IV квартáле.
3. Учúтывая тот факт, что мы сотрýдничаем ужé давнó, мы предоставля́ем Вам скúдку в 5%.
4. Явля́ясь однúм из ведýщих предприя́тий химúческой промы́шленности, фúрма гарантúрует **защúту окружáющей среды́ (Umweltschutz).**
5. Пóльзуясь слýчаем, обращáемся к Вам с прóсьбой ...

10.8.4

Переведúте:

1. Узнáв о Вáшем трýдном положéнии, мы решúли пойтú Вам навстрéчу.
2. Убедúвшись в **обоснóванности (Stichhaltigkeit)** Вáшей **рекламáции (Reklamation),** мы возвращáем Вам сýмму ... рублéй.
3. Получúв крýпные закáзы из Россúи, завóд в г. Обернберге мóжет обеспéчить **пóлную зáнятость** (**Vollbeschäftigung**) всех рабóчих.
4. Создáв Европéйское экономúческое соóбщество, стрáны Зáпадной Еврóпы вступúли в нóвый перúод экономúческого развúтия.
5. Узнáв о задéржке постáвки, мы срáзу же отпрáвили Вам тéлекс.

10.8.5

Заменúте деепричáстия в упражнéниях 10.8.3. и 10.8.4. по образцý:

Тщáтельно *рассмотрéв* Вáше предложéние, мы закáзываем Вам 5 машúн.
Мы тщáтельно *рассмотрéли* Вáше предложéние *и* закáзываем Вам 5 машúн.

10.8.6

Сообщúте Вáшему партнёру, что ...

1. Sie seinem Auftrag entgegensehen.
2. Sie sich bemühen werden, den Auftrag sorgfältig auszuführen.

3. Sie bei ihm 20 Maschinen des Typs X laut beiliegender Spezifikation bestellen.
4. Sie sich auf die Verhandlungen vom 5. 9. d.J. über das Angebot für Computer beziehen und folgende Typen bestellen: ...
5. Sie unter Bezugnahme auf das Telex Nr. 3435 die folgenden Spezifikationen bestätigen: ...

10.8.7

Напиши́те те́лексы на основа́нии сле́дующих да́нных:

1. Sie danken Frau Nowikowa für die herzliche **Aufnahme (приём)** während Ihres Aufenthalts in Moskau und bestätigen dankend folgenden Auftrag:
   Auftragsnummer 0-155-44/7126
   400 Tonnen Papier in Rollen, Breite 300 mm, Preis: ÖS 31,30 pro kg, frei österreichisch-ungarische Grenze.
   Zahlung: 90 Tage ab Rechnungsdatum mit 3 % Skonto.
2. Sie bestellen zur prompten Lieferung **Zellophan (целлофа́н)** 350 in Rollen, u.zw.:
   2500 kg, 140 mm breit
   500 kg, 175 mm breit
   2500 kg, 300 mm breit
   zum Preis von ÖS 32,– pro kg und bitten um Bestätigung und Bekanntgabe des Liefertermins.

10.8.8

Напиши́те делові́е пи́сьма на основа́нии сле́дующих да́нных:

1. Sie beziehen sich auf das Angebot Ihres Partners vom 19. 9. 19.. über die Lieferung von **Eishockeystöcken (хокке́йная клю́шка)** mit dem **Firmenzeichen (това́рный знак)** "VOSTOK" und bestellen: je 200 Stück der Marken "Эли́та", "Мак", "Торпе́до" und "Нева́", außerdem 100 Stück **Tormanneishockeystöcke (клю́шка вратаря́)** nach den Mustern, die Sie vor drei Wochen erhalten haben. Sie bestellen die Eishockeystöcke zu Vorjahrspreisen und bitten um Lieferung im 3. Quartal. Teilen Sie mit, daß die Bezahlung durch Akkreditiv erfolgt.
   Weiters bitten Sie um umgehende Auftragsbestätigung per Telex.
2. Die Firma Peter Mitterbauer Ges.m.b.H., Anton-Berger-Str. 23, A-9020 Klagenfurt, bestellt bei A/O "Traktoroexport" auf Grundlage des Angebots vom 8. Juni 19.. 30 Traktoren der Marke "Belarus Super 611" zum Preis von ÖS 266.000,– pro Stück franko tschechisch-österreichische Grenze. Die Firma bittet, den Auftrag im Laufe des 2.Quartals auszuführen, und ersucht um Mitteilung, ob A/O "Traktoroexport" den Auftrag in der angegebenen Frist ausführen kann. Die Bezahlung wird innerhalb von 30 Tagen vom Tage der Verladung an erfolgen.
3. In der Beilage übermitteln Sie Ihrem Geschäftspartner die Bestellung Nr. 2387-96 über die Ersatzteile der Firma "VAZ" und bitten ihn, den Erhalt des Auftrags zu bestätigen.
   Beilage: Bestellung Nr. 2387-96 (in doppelter Ausfertigung).

10.9 ДИАЛОГ

Господи́н Гайгер, представи́тель фи́рмы "Байер унд Ко.", звони́т в АО "Новоэ́кспорт" по вопро́су зака́зов на целлофа́н. Отвеча́ет госпожа́ Титаре́нко, сотру́дник АО "Новоэ́кспорт".

Г. - Здра́вствуйте, госпожа́ Титаре́нко. Как вы пожива́ете?

Т. - Здра́вствуйте, господи́н Гайгер. Спаси́бо, всё хорошо́. Как вы дое́хали?

Г. - Прекра́сно. Большо́е спаси́бо вам ещё раз за серде́чный приём и за биле́ты в цирк. Мы все бы́ли в восто́рге, арти́сты выступа́ли про́сто замеча́тельно.

Т. - Очень ра́да, что вы дово́льны. Вы уже́ получи́ли наш зака́з?

Г. - Получи́ли. Благодари́м вас. И́менно в связи́ с э́тим зака́зом у нас возни́к вопро́с.

Т. - Бу́ду ра́да вам помо́чь.

Г. - Нам ка́жется, что в э́том зака́зе была́ допу́щена оши́бка, ведь мы предложи́ли вам целлофа́н 350 в руло́нах ширино́й в 140, 175 и 300 мм, а не, как ука́зано в ва́шем зака́зе, в 250 мм.

Т. - Повтори́те, пожа́луйста, э́ти да́нные, я их запишу́.

Г. - Целлофа́н 350 в руло́нах шириной в 140, 175 и 300 мм, а не в 250 мм.

Т. - Спаси́бо. Подожди́те мину́точку, я сейча́с вы́ясню э́тот вопро́с.

Г. - Пожа́луйста.

Т. - Ока́зывается, э́то не оши́бка. Нам ну́жно 2500 кг целлофа́на шириной в 250 мм, а не 300 мм, е́сли возмо́жно, по той же цене́. Вы мо́жете приня́ть изменённый зака́з?

Г. - Я ду́маю, что мы смо́жем вам поста́вить тре́буемый това́р. Мо́жет быть, нам придётся измени́ть сро́ки поста́вки. Я вам сообщу́ по те́лексу о на́шем реше́нии.

Т. - Мы бы́ли бы вам о́чень призна́тельны.

Г. - Не́ за что. До свида́ния.

Но́вые слова́

быть в восто́рге — begeistert sein

и́менно — gerade, eben

10.9.1 УПРАЖНЕНИЯ

10.9.1.1

Отве́тьте на вопро́сы:

1. По како́му вопро́су г-н Гайгер звони́т в АО "Новоэ́кспорт"?
2. С кем он говори́т по телефо́ну?
3. За что он благодари́т г-жу Титаре́нко?
4. Как ему́ понра́вился цирк?
5. Что предложи́ла неме́цкая фи́рма?
6. Почему́ г-н Гайгер ду́мает, что в ру́сском зака́зе была́ допу́щена оши́бка?
7. О чём г-жа Титаре́нко про́сит г-на Гайгера?
8. Как г-н Гайгер сообщи́т о реше́нии фи́рмы?

10.9.1.2

Проведи́те телефо́нный разгово́р на ру́сском языке́ на основа́нии сле́дующих да́нных:

G. - Guten Tag, Frau Titarenko! Wie geht es Ihnen?

T. - Ah, Herr Geiger! Ich habe Sie nicht gleich erkannt. Danke, gut.

G. - Ich möchte mich noch einmal für die herzliche Aufnahme in Moskau bedanken. Der Zirkus hat uns sehr gefallen.

T. - Das freut mich. Sie rufen wahrscheinlich wegen des Auftrags an.

G. - Ja. Wir haben den Auftrag erhalten, aber da gibt es ein Problem.

T. - Was für ein Problem?

G. - Wir haben Ihnen Zellophan in Rollen mit 140, 175 und 300 mm Breite angeboten. In Ihrer Bestellung ist aber von Zellophan mit 250 mm Breite die Rede. Das ist offensichtlich ein Fehler.

T. - Augenblick. Wiederholen Sie bitte diese Angaben. – Danke. Ich muß unseren Direktor fragen.

G. - Bitte sehr.

T. - Es ist kein Fehler. Wir brauchen 2500 kg Zellophan mit 250 mm Breite statt des Zellophans mit 300 mm Breite. Wir möchten die Bestellung ändern. Ist das möglich?

G. - Ich glaube, wir können Ihnen entgegenkommen. Vielleicht ist eine Änderung der Lieferbedingungen nötig. Ich werde die Frage mit dem Direktor des Lieferwerks klären.

T. - Vielen Dank.

G. - Nicht der Rede wert. Wir schicken Ihnen morgen ein Telex.

T. - Einverstanden. Auf Wiedersehen.

10.9.1.3

Разыгра́йте сле́дующую ситуа́цию:

Frau Möllemann ruft die "TOO ARAX " in Moskau an und bedankt sich bei Herrn Pronin für die Theaterkarten. Gleichzeitig weist sie auf einen Fehler im Auftrag der Firma "ARAX" hin. Es stellt sich aber heraus, daß das kein Fehler ist und die russische Seite den Auftrag ändern will, u.zw. statt 10

Geräten PM-25 jetzt 12 Geräte PM-24 bestellt. Nach Rücksprache mit ihrem Direktor ist Frau Möllemann einverstanden, allerdings können die Geräte erst 3 Wochen später geliefert werden.

10.9.2 МИКРОДИАЛОГ

Тури́ст обраща́ется к администра́тору.

Т. - Вы не ска́жете, как дое́хать до ци́рка на Ле́нинских гора́х?
А. - Быстре́е всего́ на метро́, ю́го-за́падная ли́ния, до ста́нции Университе́т без переса́дки.
Т. - Не быстре́е ли на такси́? Я ещё никогда́ не е́здил на метро́.
А. - Вряд ли. В часы́ пик на доро́гах быва́ют про́бки, кро́ме того́, метро́ деше́вле. Ста́нция метро́ здесь ря́дом.
Т. - Хорошо́, пое́ду на метро́. Говоря́т, что оно́ о́чень краси́вое.
А. - Да, наш метрополите́н - настоя́щая достопримеча́тельность Москвы́.

Но́вые слова́

вряд ли	kaum
про́бка	Korken; *hier:* Stau

10.9.2.1 УПРАЖНЕНИЕ

Предста́вьте себе́, что вы тури́ст в одно́й из моско́вских гости́ниц. Так как вам ну́жно е́хать на центра́льный стадио́н и вы пло́хо ориенти́руетесь в Москве́, вы обраща́етесь с соотве́тствующим вопро́сом к администра́тору. По ра́зным причи́нам он сове́тует воспо́льзоваться метрополите́ном, а и́менно дое́хать по кольцево́й ли́нии до ста́нции метро́ "Парк культу́ры". Сочини́те тако́й диало́г.

Но́вые слова́

ориенти́роваться, -уюсь, -уешься	sich orientieren, sich auskennen

11. КОНТРАКТ

11.1 ОБРАЗЦЫ ПИСЕМ И ТЕЛЕКСОВ

11.1.1

Норберт Кеммерер Гез.м.б.Х.

г. Франкфурт на Майне 09.02.19.. г.

О контракте N° 57-31/61003

Уважаемые дамы и господа!

Направляем Вам подписанный нами контракт N° 57-31/61003 в двух экземплярах.

Просим Вас подписать оба экземпляра данного контракта и вернуть нам один из них.

С уважением
Производственно-торговое предприятие
LADA EXPORT

Приложение: контракт N° 57-31/61003 в 2-х экз.

11.1.2

ПРОИЗВОДСТВЕННО-ТОРГОВОЕ ПРЕДПРИЯТИЕ
LADA EXPORT
ЧЛЕН ГРУППЫ ПРЕДПРИЯТИЙ ПО "АВТОВАЗ"
117071, МОСКВА, Мароновский пер., 3. Телефоны:(095) 238-98-13, 238-07-74.
Телефакс: 238-40-47

29.12.19.. N° 43-73/229
На N° (Your ref)_______.

Торгпредство Российской Федерации
в ФРГ
г. Бонн

О контракте N° 57-31/61003

Уважаемые дамы и господа!
При этом направляем Вам копию контракта N° 57-31/61003 в двух экземплярах.
Просим содействовать выполнению контрактных обязательств перед фирмой "Норберт Кеммерер Гез.м.б.Х.".

С уважением
Производственно-торговое предприятие
LADA EXPORT

Приложение: упомянутое на 4 л.

Но́вые слова́

соде́йствовать, -ую, -уешь кому́-л.	beitragen zu, helfen
контра́ктные обяза́тельства	Vertragsverpflichtungen

11.1.3

Кас.: проекта контракта на кабельные изделия

Уважаемые господа!

При этом направляем Вам проект контракта на 19.. год.

Просим Вас ознакомиться с ним и, если проект текста контракта будет приемлем для Вашей фирмы, использовать его для подготовки оригиналов контракта и "Соглашения об общих условиях поставки кабельных изделий" (Ваше письмо В 5/Ки/Ду от 20.09.19..г.) при поставке кабельных изделий в 19.. году.

С уважением

Приложение: 2 листа

Но́вые слова́

подгото́вка	Vorbereitung

11.1.4

TELEX

UVAJAEMYI VLADIMIR IVANOVICH,
NASTOIASCIM SOOBSCAEM, CHTO MY POLUCHILI TELEFAKS S IZLOJENIEM OTDELNYH PUNKTOV DOGOVORA NA ARENDU NASHEGO IMUSCESTVA, NAHODIASCEGOSIA V MOSKVE.
S VASHEGO RAZRESHENIIA MY PODGOTOVIM PROEKT DOGOVORA I NAPRAVIM VAM EGO PO FAKSU DLIA PODPISANIIA. NO SNACHALA HOTELOS BY UTOCHNIT VOPROS OPLATY. NA OSNOVANII PROTOKOLA OT 30 DEKABRIA 19.. GODA I INFORMACII MINISTERSTVA OPLATA PO 50 US DOLLAROV V MESIAC - ETO OPLATA ZA ARENDU VSEGO IMUSCESTVA ZA ISKLIUCHENIEM AVTOMOBILIA. MY NE VOZRAJALI BY PROTIV USTANOVLENIIA OPLATY ZA ARENDU AVTOMOBILIA NA OSNOVE DEISTVUIUSCIH NORM ARENDY. ESLI VY SOGLASITES S ETIM PREDLOJENIEM, TOCHNEE S UKAZANNOI SUMMOI, TO V DOGOVORE BUDUT 2 PUNKTA PO OPLATE, NA SLUCHAI, ESLI VY PRIOBRETETE NOVYI AVTOMOBIL DLIA SVOEGO PREDSTAVITELIA V MOSKVE I OTKAJETES OT NASHEGO. SOOBSCITE SVOE RESHENIE.
S UVAJENIEM

TELEX

Но́вые слова́

изложе́ние		Darlegung
аре́нда		Pacht, Miete
иму́щество		Eigentum, Besitz
с ва́шего разреше́ния		mit Ihrer Erlaubnis, mit Ihrem Einverständnis
за исключе́нием		mit Ausnahme
возража́ть, -а́ю, -а́ешь возрази́ть, -жу́, -зи́шь	про́тив чего́-л.	Einwände haben gegen, dagegen sein, protestieren
установле́ние		Festsetzung
соглаша́ться, -а́юсь, -а́ешься согласи́ться, -шу́сь, -си́шься		zustimmen
приобрета́ть, -а́ю, -а́ешь приобрести́, -обрету́, -обретёшь		erwerben, kaufen
отка́зываться, -аюсь, -аешься отказа́ться, -кажу́сь, отка́жешься	от чего́-л.	verzichten auf
настоя́щим		hiermit

ЗА САМЫЕ НИЗКИЕ ЦЕНЫ АРЕНДА МАШИН — «ВОЛЬВО», «МЕРСЕДЕС», «НИССАН», «ФОРД», «МАЗДА», «ФОЛЬКСВАГЕН-ПАССАТ»

За рулем — водители экстра-класса. В салонах — телефон, телевизор, кондиционер. Все это предлагает москвичам и гостям столицы Агентство «Новости»

Адрес: 103786, Россия, Москва, Зубовский бульвар, 4.
Телефон: (095) 201-3780, 201-2765 (автоответчик)
Факс: (095) 201-3790

11.2 КОММЕНТАРИЙ

Контра́кт явля́ется важне́йшим докуме́нтом, определя́ющим права́ и обя́занности сторо́н, т.е. продавца́ и покупа́теля.
Контра́кт ку́пли-прода́жи представля́ет собо́й докуме́нт, свиде́тельствующий о том, что одна́ сторона́ обязу́ется переда́ть това́р друго́й стороне́, кото́рая, в свою́ о́чередь, обязу́ется приня́ть э́то иму́щество и уплати́ть за него́ в оговорённый срок устано́вленную су́мму.
Ка́ждый контра́кт мо́жно раздели́ть на **две ча́сти**:
1. **усло́вия, име́ющие индивидуа́льный хара́ктер:** наименова́ние това́ра, коли́чество, ка́чество, срок поста́вки, цена́, усло́вия платежа́ и т. д.
2. **усло́вия о́бщие, кото́рые есть во мно́гих контра́ктах**: тра́нспортные усло́вия, обстоя́тельства непреодоли́мой си́лы, са́нкции, гара́нтии, вопро́сы прове́рки, испыта́ния и приёмки това́ра, поря́док разреше́ния спо́ров и арбитра́ж, и т.д.

Но́вые слова́

контра́кт ку́пли-прода́жи	Kaufvertrag
свиде́тельствовать, -ую, -уешь о чём-л.	zeugen von etwas
обя́зываться, -аюсь, -аешься u. обязу́юсь, обязу́ешься обяза́ться, обяжу́сь, обя́жешься	sich verpflichten
(он) в свою́ о́чередь	seinerseits
упла́чивать, -аю, -аешь уплати́ть, -плачу́, -пла́тишь } что́-л., за что́-л.	etwas bezahlen, für etwas bezahlen
оговорённый (PPP. von оговори́ть)	vereinbart
дели́ть, делю́, де́лишь раз- } на+4.F.	(ein)teilen
наименова́ние	Bezeichnung
обстоя́тельство	Umstand
непреодоли́мая си́ла (форс мажо́р)	höhere Gewalt (Force-majeure)
са́нкция	Sanktion
испыта́ние	Erprobung, Test
приёмка това́ра	Übernahme der Ware, Abnahme
поря́док разреше́ния спо́ров	Regelung der Schlichtung von Streitfällen

обя́з-ан
обяз-а́тельство
обяз-а́тельно
обя́з-анность
обя́з-ываться
обяз-а́ться

11.3 ОБРАЗЕЦ КОНТРАКТА

КОНТРАКТ N° 38-90/2291-19..

г. Москва " " 19...

Акционерное Общество "Внештехника", Российская Федерация, именуемое в дальнейшем "Внештехника", с одной стороны, и фирма ________________________, именуемая в дальнейшем "Фирма", с другой стороны, заключили настоящий контракт о нижеследующем:

1. ПРЕДМЕТ КОНТРАКТА

1.1 Предметом настоящего контракта является выполнение программы испытаний гидрораспределителей ГКР-23 (5 штук), ________________________ именуемых в дальнейшем "оборудование".

2. ОБЯЗАТЕЛЬСТВА СТОРОН

2.1 В соответствии с предметом контракта стороны принимают на себя следующие обязательства:

2.1.1 Внештехника силами Ульяновской станции "Гидроаппарат", именуемой в дальнейшем "Исполнитель", и всюду, где упоминается в контракте, действующей по поручению Внештехники, выполняет программу испытаний, указанную в приложении N° 1 к настоящему контракту.

2.1.2 Фирма бесплатно поставляет оборудование в соответствии со спецификацией, указанной в приложении N° 2 к настоящему контракту.

3. СТОИМОСТЬ РАБОТ ПО КОНТРАКТУ

3.1 За выполнение работ по настоящему контракту фирма выплачивает Внештехнике сумму в размере 10% от стоимости оборудования в случае его закупки после испытаний.

4. ПОРЯДОК ПЛАТЕЖЕЙ

4.1 Платежи по настоящему контракту в размере, указанном в § 3, будут производиться Фирмой телеграфным переводом на счет АО "Внештехника" N° 6083450 в Международном Банке, г. Москва, в течение 30 дней после получения Фирмой счетов, представленных Внештехникой.

5. СРОК ПРОВЕДЕНИЯ ИСПЫТАНИЙ

5.1 Испытания оборудования будут проводиться в течение 6 месяцев с даты пуска оборудования на месте проведения испытаний.

5.2 Дата пуска оборудования фиксируется двусторонним Актом, подписываемым уполномоченными представителями Фирмы и Исполнителя.

5.3 В случае, если пуск оборудования осуществляется без участия представи-телей Фирмы, то датой пуска считается дата подтверждения Исполнителем начала испытаний по программе, о чем Внештехника незамедлительно информирует Фирму.

6. УСЛОВИЯ ПРОВЕДЕНИЯ ИСПЫТАНИЙ

6.1 Фирма, по согласованию с Внештехникой, направит за свой счет своих специалистов в Российскую Федерацию для монтажных, пуско-наладочных и профилактических работ, а также для инструктажа обслуживающего персонала, выделенного для этих целей Исполнителем.

6.2 По всем коммерческим вопросам, которые могут возникнуть между сторонами в результате выполнения условий настоящего контракта или в связи с ним, будут заключаться новые контракты между Фирмой и соответствующими внешнеторговыми предприятиями Российской Федерации.

7. УСЛОВИЯ И СРОКИ ПОСТАВКИ

7.1 Фирма поставляет оборудование, указанное в приложении N° 2, на условиях СИФ Москва____________в течение 3-х дней__________с даты вступления контракта в силу.

8. УПАКОВКА

8.1 Фирма должна принять все меры, чтобы оборудование было надежно и надлежащим образом упаковано с целью обеспечения его сохранности при хранении, перевозках, перегрузках с использованием кранов и/или прочих средств.

8.2 Фирма должна подготовить упаковочные листы, содержащие следующие данные: содержание ящика, количество, технические данные, серийный номер, номера чертежей, вес брутто и нетто каждого ящика.

Один экземпляр упаковочного листа вкладывается в водонепроницаемый конверт, прикрепленный к внешней стороне каждого ящика. Конверт должен быть покрыт тонкой жестяной пластинкой, прибиваемой к ящику. Второй экземпляр упаковочного листа также в водонепроницаемой бумаге должен быть вложен внутрь каждого ящика.

9. СТРАХОВАНИЕ

9.1 Оборудование, поставляемое Фирмой в соответствии с приложением N° 2, является собственностью Фирмы на все время проведения работ по контракту.

9.2 Фирма осуществляет за свой счет страхование оборудования (приложение N°2) на полную его стоимость от всех рисков на время нахождения оборудования в Российской Федерации.

9.3 Фирма не будет предъявлять претензии Внештехнике за возможный ущерб, причиненный оборудованию в период нахождения его на территории Российской Федерации.

10. ПОРЯДОК СДАЧИ-ПРИЕМКИ ВЫПОЛНЕННЫХ РАБОТ

10.1 После выполнения работ Внештехника передает Фирме отчет в двух экземплярах о результатах испытаний на русском языке, после чего оформляется Протокол передачи отчета об испытаниях, подписываемый уполномоченными представителями Внештехники и Фирмы.

11. ВОЗВРАТ ОБОРУДОВАНИЯ

11.1 По окончании испытаний оборудование будет отгружено Фирме обратно на условиях СИФ Москва______в течение 30 дней_____.

12. ФОРС-МАЖОР

12.1 Стороны освобождаются от ответственности за частичное или полное неисполнение обязательств по контракту, если это неисполнение явилось следствием обстоятельств непреодолимой силы.

Под обстоятельствами непреодолимой силы понимаются обстоятельства, которые возникли после заключения контракта в результате непредвиденных и неотвратимых стороной событий чрезвычайного характера.

13. АРБИТРАЖ

13.1 Стороны принимают необходимые меры к тому, чтобы любые спорные вопросы, разногласия либо претензии, могущие возникнуть из или касающиеся настоящего контракта, были урегулированы путем обсуждения и обоюдного согласия. В случае, если стороны не достигнут согласия по изложенным вопросам, то, с исключением подсудности общим судам, они подлежат рассмотрению в арбитражном порядке в арбитраже, установленном для рассмотрения споров, вытекающих из внешнеторговых сделок, в стране ответчика. Споры рассматриваются в соответствии с правилами производства дел, действующими в арбитраже, в котором решается дело.

Решения арбитража окончательны и обязательны для сторон.

14. ЗАКЛЮЧИТЕЛЬНЫЕ ПОЛОЖЕНИЯ

14.1 Контракт вступает в силу после подписания его сторонами и при условии подписания договора между Внештехникой и Исполнителем, о чем Внештехника немедленно уведомит Фирму.

14.2 Срок действия настоящего контракта истечет после выполнения сторонами принятых на себя обязательств и урегулирования расчетов.

14.3 Все приложения к настоящему контракту являются его неотъемлемой частью.

14.4 Настоящий контракт подписан в 2-х экземплярах на русском и немецком языках, по 1 экземпляру для каждой стороны, причем оба текста имеют одинаковую силу.

ЮРИДИЧЕСКИЕ АДРЕСА СТОРОН:

ВНЕШТЕХНИКА – РОССИЙСКАЯ ФЕДЕРАЦИЯ, 119034, г.Москва, Староконюшенный пер., 6
ФИРМА - А-3335 Вайер (Верхняя Австрия), Крумау 8, Австрия

ВНЕШТЕХНИКА ФИРМА

11.4 ДОПОЛНИТЕЛЬНЫЕ ПИСЬМА

11.4.1 ДОПОЛНЕНИЕ К КОНТРАКТУ

Дополнение N° 0321-567
к контракту N° 0322-765 от 09.01.19..г.
г. Линц

АО "Трубоимпорт", г. Москва, с одной стороны, и "Фест-Альпине Интертрейдинг", г. Линц, с другой стороны, заключили настоящее дополнение N° 0321-567 к контракту N° 0322-765 о том, что срок поставки второй партии бесшовных труб переносится с II квартала 19..г. на III квартал 19..года.

Во всем остальном действуют условия контракта N°...

Настоящее дополнение подписано в двух экземплярах, по одному экземпляру для каждой из сторон, и составляет один лист.

Продавец Покупатель

11.4.2 ИЗМЕНЕНИЕ КОНТРАКТА

Изменение N° 0432/876
к контракту N° 0433/678
г. Москва

АО "Росэлектро", г. Москва, именуемое в дальнейшем "Продавец", с одной стороны, и фирма "Вайксельбраун", г. Вена, с другой стороны, именуемая в дальнейшем "Покупатель", договорились, что из контракта N° 0433/678 200 штук лазерных принтеров ХП-342Д заменяются тем же количеством лазерных принтеров ХП-343Д.

Сумма контракта при этом увеличивается на 7800 (семь тысяч восемьсот) американских долларов. Во всем остальном действуют условия контракта N° 0433/678.

Настоящее изменение составлено на русском и немецком языках, причем оба экземпляра имеют одинаковую силу.

Продавец   Покупатель

Но́вые слова́

с одно́й стороны́ ... с друго́й стороны́	einerseits ... andererseits
измене́ние	Änderung, Abänderung
имену́емый (von именова́ть)	bezeichnet
заменя́ть, -я́ю, -я́ешь	ersetzen
замени́ть, -меню́, -ме́нишь	
ла́зерный	Laser-
причём	wobei
одина́ковый	gleich

11.4.3

СП ХЕРТЕЛЬ АГ

127486, МОСКВА, Октябрьский пер., 12, тел. (095) 971 62 00, 289 81 43, факс: 9716200

На N° (your ref)___________.
"15" января 19.. г.

"Гольдманн Шталь АГ"
Кёнигштеттерштрассе 143
А-3430 Тульн
Австрия

Кас.: сплавов РК-25

Уважаемые дамы и господа!

С учётом сложной конъюнктуры стали и сильной конкуренции китайских продавцов сплавов РК-25, которые продают по цене 42 ам. долл., т.е. на 10 долларов дешевле, чем мы покупаем, рынок для сплавов РК-25 ограничен количеством 400 т в год. Из поставок прошлого года на складе находится ещё 250 т сплавов РК-25.

Так как мы уже купили 400 т и 90 т дополнительно в рамках бартера, закупка дальнейших 100 т представляет для нас большие проблемы.

В принципе мы могли бы согласиться на закупку дальнейших 100 т, однако только при условии подписания нашего контракта о совместном предприятии в кратчайший срок.

Проект контракта может быть разработан только после выяснения всех обстоятельств. Просим сообщить нам Ваше мнение.

С уважением
СП Хертель АГ
Б.И. Жутковский

р/с N 0567834 в Московском Международном Банке, МФО 254574

Но́вые слова́

сплав	Legierung
с учётом чего́-л.	unter Berücksichtigung
конъюнкту́ра	Konjunktur
кита́йский	chinesisch
ограни́чен (PPP. von ограни́чить)	beschränkt, begrenzt
в ра́мках чего́-л.	im Rahmen von etwas
ба́ртер	Barter
в при́нципе	im Prinzip
при усло́вии, что	unter der Bedingung, daß

☞ 11.5 ДАВАЙТЕ ЗАПОМНИМ НЕМНОГО ГРАММАТКИ!

11.5.1

МНОГО - МНОГИЕ

мно́го	viel, viele (=unbestimmte Menge, Anzahl)
мно́гие	viele (=der größte Teil einer Anzahl, Menge)
В про́шлом году́ подпи́сано **мно́го контра́ктов**.	Im vergangenen Jahr wurden viele Verträge unterzeichnet.
Мно́гие контра́кты бы́ли подпи́саны фи́рмой "АБВ".	Viele (=von diesen) Verträge wurden von der Firma ABV unterzeichnet.

"Мно́го" und "мно́гие" wird gleich dekliniert:

Мы разгова́ривали **со мно́гими друзья́ми**.	Wir unterhielten uns mit vielen Freunden.

мно́го интере́сного – viel Interessantes

НЕСКОЛЬКО – НЕКОТОРЫЕ

не́сколько –	einige, ein paar (unbestimmte Menge, Anzahl)
не́которые –	einige, manche (ein geringer Teil der Gesamtmenge, nicht alle,nur ein Teil)
Фи́рма получи́ла **не́сколько зака́зов.**	Die Firma erhielt einige Aufträge (=ein paar).

Не́которые из них оказа́лись о́чень сро́чными. — Manche von ihnen stellten sich als sehr dringend heraus.

Zur Deklination:

Мы сотру́дничаем с **не́которыми/ не́сколькими фи́рмами.**	Wir arbeiten mit manchen/einigen Firmen zusammen.
не́сколько тонн	einige Tonnen
не́сколько ли́тров	einige Liter
не́сколько раз	einige Male
не́которое вре́мя	eine bestimmte Zeit
не́которое расстоя́ние	eine bestimmte Entfernung
не́которое коли́чество	eine bestimmte Menge

11.5.2 УПРАЖНЕНИЯ

11.5.2.1

Вме́сто то́чек вста́вьте да́нные в ско́бках слова́:

1. На вы́ставке предста́влено ____________________.
   Не все, но ____________ уча́ствовали в други́х вы́ставках в на́шей стране́.
   бы́ли о́чень дово́льны програ́ммой. (мно́го фирм, мно́гие фи́рмы)
2. Неме́цкое предприя́тие произво́дит ______________.
   ________________, которые произво́дятся в Герма́нии, экспорти́руются в Росси́ю. (мно́го станко́в, мно́гие станки́)
3. На Ста́ром Арба́те________________________ от-
   кры́ты до 20 часо́в. (не́сколько магази́нов, не́которые магази́ны).
4. На́ша делега́ция бу́дет встреча́ться с ____________________.
   С ________________ на́ши специали́сты встре́тились на я́рмарке. (не́которыми журнали́стами, не́сколькими журнали́стами)

11.5.2.2

Скажи́те, что ...

1. Sie schon einige Briefe übersetzt haben. Einige davon waren schwierig.
2. manche Leute glauben, daß sie Rußland kennen, wenn sie in Moskau waren.
3. Sie einige Angebote erhalten haben.
4. Sie schon einige Ausstellungen in Frankfurt besucht haben.
5. die Firma im 3. Quartal einige Tonnen geliefert hat.
6. Sie schon einige Zeit mit Ihrem Partner zusammenarbeiten.
7. Sie mit vielen russischen Geschäftsleuten bekannt sind.
8. Ihre Erzeugnisse in mehreren Ländern verwendet werden.

11.5.2.3

Прочита́йте диало́г и вста́вьте подходя́щие выраже́ния:

Я. - Здра́вствуйте, госпожа́ Новак. Вы уже́ давно́ в Москве́?
Н. - Здра́вствуйте, господи́н Я́ковлев. Нет, всего́ ______________(einige Tage). Но я уже́ ви́дела ______________(viele Sehenswürdigkeiten).
Я. - Я хоте́л бы показа́ть вам ____________________(einige Architekturdenkmäler), кото́рые ______________(viele Touristen) не зна́ют.
Н. - Каки́е и́менно?

Я. - Ну, наприме́р, Андро́ников монасты́рь и **Музе́й прикладно́го иску́сства** (**Museum für angewandte Kunst**) и ещё _______________ (ein paar).

Н. - С больши́м удово́льствием. Когда́ мы встре́тимся?

Я. - Ска́жем, в 15 часо́в в вестибю́ле гости́ницы.

Н. - Договори́лись.

☞ 11.5.3 TEMPORALE GLIEDSÄTZE

Die Einleitung erfolgt durch folgende **Bindewörter (сою́зы)**:

nachdem **когда́** (wenn der vollendete Aspekt zur Verdeutlichung der Vorzeitigkeit ausreicht), **по́сле того́ как**

Когда́ нам показа́ли маши́ны в де́йствии, мы сра́зу же реши́ли заказа́ть их.

Nachdem man uns die Maschinen in Betrieb gezeigt hatte, beschlossen wir sofort, sie zu bestellen.

То́лько *по́сле того́ как* заве́дующий отде́лом верну́лся из командиро́вки, мы узна́ли от него́ все подро́бности э́той сде́лки.

Erst nachdem der Abteilungsleiter von der Dienstreise zurückgekehrt war, erfuhren wir von ihm alle Einzelheiten dieses Geschäfts.

sobald **как то́лько**

Мы оплати́ли счёт, *как то́лько* все па́ртии това́ра бы́ли на́ми полу́чены.

Wir beglichen die Rechnung, sobald wir alle Warensendungen erhalten hatten.

seit **с тех пор как**

С тех пор как в газе́те напеча́тали рекла́му э́того телеви́зора, фи́рма получи́ла мно́го зака́зов.

Seit in der Zeitung die Reklame für diesen Fernsehapparat abgedruckt war, erhielt die Firma viele Bestellungen.

als **когда́**

Когда́ почтальо́н принёс мне де́нежный перево́д, я о́чень обра́довался.

Als mir der Briefträger die Geldüberweisung brachte, freute ich mich sehr.

während **когда́** (wenn der unvollendete Aspekt zur Verdeutlichung der Gleichzeitigkeit ausreicht), **в то вре́мя как**
ме́жду тем как

Когда́ специали́сты объясня́ли осо́бенности устано́вки, все их внима́тельно слу́шали.

Während die Spezialisten die Besonderheiten der Anlage erklärten, hörten alle aufmerksam zu.

(manchmal auch gegenüberstellend)

Все платежи́ осуществля́лись в до́лларах США, *в то вре́мя как* мы плати́ли ма́рками ФРГ.

Alle Zahlungen erfolgten in US-Dollars, während wir mit DM zahlten.

Ме́жду тем как други́е рабо́чие обе́дали, мы иска́ли дефе́кт в устано́вке.

Während die anderen Arbeiter zu Mittag aßen, suchten wir den Defekt in der Anlage.

solange **пока́**

Пока́ у нас име́ются де́ньги, мы пла́тим нали́чными.

Solange wir Geld haben, zahlen wir in bar.

bevor **пре́жде чем**
пе́ред тем как
до того́ как

Пре́жде чем подписа́ть контра́кт (= пре́жде чем мы подпи́шем контра́кт), мы хоти́м посмотре́ть одну́ маши́ну в де́йствии.

Bevor wir den Vertrag unterschreiben, möchten wir eine Maschine in Betrieb anschauen.

Пéред тем как уйти́, он остáвил свой áдрес.
Bevor er wegging, hinterließ er seine Adresse.
До того́ как нáша фи́рма пересели́лась во Франкфурт, нáше бюрó находи́лось в Мюнхене.
Bevor unsere Firma nach Frankfurt übersiedelte, befand sich unser Büro in München.

bis **покá не**
Он звони́л снóва и снóва, *покá не* дозвони́лся до завéдующего отдéлом.
Er telephonierte immer wieder, bis er den Abteilungsleiter erreichte.

11.5.4 УПРАЖНЕНИЯ

11.5.4.1

Встáвьте подходя́щие сою́зы. Где возмóжно, укажи́те вариáнты:

1. Контрáкт был подпи́сан нáми, тóлько __________________________ наш партнёр согласи́лся вы́полнить все трéбования.
2. Ира зарабáтывала мéньше, _____________ онá рабóтала в нáшем отдéле.
3. ___________________________ дать своё соглáсие, я дóлжен задáть вам нéсколько вопрóсов.
4. Мы не могли́ кóнчить рабóту, ____________________________________ (мы, нашли́) дефéкт.
5. Представи́тели конкурéнции жи́ли в гости́нице "Пýльман Ирис", __________________ мы останáвливались в "Кóсмосе".
6. Дéти проси́ли отцá снóва и снóва, _________________ (он, дал) своё соглáсие.

11.5.4.2

Скажи́те вáшему деловóму партнёру, что ...

1. alle Fragen geklärt werden, sobald die Vertreter Ihres Geschäftspartners ankommen.
2. Sie die Rechnung nicht begleichen werden, bis die ganze Ausrüstung geliefert ist.
3. Ihnen Ihr Vertreter alles ausrichtete, sobald er zurückgekehrt war.
4. niemand ans Telefon ging, als Sie Ihren Geschäftspartner anriefen.
5. Sie noch einen Blumenstrauß für die Hausfrau kaufen müssen, bevor Sie wegfahren können.
6. sich der Umsatz der Firma stark vergrößerte, nachdem Sie eine Vertretung in Moskau eröffnet hatten.

11.5.4.3

Переведи́те на рýсский язы́к:

1. Bevor unser Chef die Briefe unterschreibt, überprüft er noch einmal ihren Inhalt.
2. Seit ich in diese Firma eintrat, ist sie zweimal übersiedelt.
3. Als ich im Süden der Stadt wohnte, mußte ich mit meinem Auto in die Arbeit fahren.
4. Nachdem Sergej den Prospekt erhalten hatte, konnte er die neuen Möbel bestellen.
5. Solange Igor im Büro arbeitete, gefiel ihm die Arbeit.
6. Seit er den neuen Computer gekauft hat, verbringt er mehr Zeit im Büro.

11.5.4.4

Напиши́те деловые пи́сьма на основáнии слéдующих дáнных:

1. Sie übersenden in der Anlage den Vertragsentwurf für die Lieferung von ... für das Jahr 19.. und bitten den russischen Geschäftspartner, sich mit dem Text vertraut zu machen, und falls er mit dem Inhalt einverstanden ist, diesen Entwurf bei der Vorbereitung des Vertrages zu verwenden.
2. Teilen Sie Ihrem Partner mit, daß die AO "Chimmaschexport" einen Vertrag über die Lieferung von 20 **Anlagen (установка)** zur Verarbeitung von Recycling-Material abgeschlossen hat. Sie schlagen vor, daß Ende Mai die Verhandlungen über die Lieferung einer Maschine vom Typ X in Moskau stattfinden werden.
3. Beiliegend übersenden Sie der AO "Rostselmasch"" zwei von Ihnen unterschriebene Exemplare des Vertrages Nr. 61-002/1082 über die Lieferung von 50 Traktoren der Marke "Rostow". Sie bitten

Ihren Partner, den Vertrag zu unterschreiben und ein unterschriebenes Exemplar an Ihre Adresse zu senden. Beilage: 8 Blatt.

4. Sie schreiben an AO "Rospromexport" z.Hdn. Herrn Kirillow bezüglich der Kohle für Österreich und weisen darauf hin, daß der Vertrag für das Jahr 19.. praktisch erfüllt ist. Es bleiben noch 5000–6000 Tonnen zur Verladung, von denen sich 3000 t bereits im Hafen Izmail befinden. In diesem Zusammenhang bitten Sie bis zum 24. 12. 19.. um ein Angebot für das Jahr 19.., ausgehend vom vorhandenen langfristigen Vertrag. Dabei bitten Sie einstweilen noch keinen Preis fob zu nennen, sondern die Möglichkeit zu geben, 2–3 Wochen mit dem **Kunden (клиéнт)** zu arbeiten und erst dann zur Frage des Preises zurückzukehren.
   Diese Bitte ist durch den Umstand hervorgerufen, daß es erstens auf dem Markt eine ausreichende Menge Kohle gibt und zweitens Ihrer Vorstellung (Meinung) nach die Verladung auch im Dezember ohne Unterbrechung erfolgen muß.
   Sie bitten um umgehende Antwort.
5. Sie schreiben bezüglich der Kohle aus Lugansk an UDP Izmail, Vertrag Nr. 2485/19.., daß sie darum bitten, die Lieferungen der Kohle "Lugansk G-6" nach Österreich zu beschleunigen. Weiters informieren Sie Ihren Partner, daß im Hafen von Reni sich derzeit ungefähr 8000 t der erwähnten Kohle befinden.
6. Sie teilen Frau Swetlowa mit, daß der Vertrag mit der Firma Hewlett Packard über die Lieferung von 100 PC der Type HP-486 mit Peripheriegeräten am 27. August 19.. unterschrieben wurde.

11.6 ДИАЛОГИ

11.6.1 ДИАЛОГ I

Сотрýдник фи́рмы "Хегеншайдт Гез. м. б. Х.", госпожá Мáшке, пришлá на переговóры в торгпрéдство Росси́и в ФРГ к г-ну Зи́борову, представи́телю АО "Машинои́мпорт", чтóбы вы́яснить детáли приéзда рýсских специали́стов для подписáния контрáктов.

З. - Здрáвствуйте, госпожá Мáшке. Спаси́бо, что вы пришли́ к нам. Как вам извéстно, речь пойдёт о постáвке железнодорóжного оборýдования. Нáши специали́сты приéдут во Франкфурт для тогó, чтобы подписáть соотвéтствующие контрáкты.

М.- Наскóлько мне извéстно, на переговóрах в Москвé былá дости́гнута договорённость относи́тельно спецификáций, коли́чества маши́н, цен и срóков постáвки.

З. - Дéло в том, что нáши специали́сты хотéли бы посмотрéть маши́ны в дéйствии, прéжде чем подписáть контрáкты.

М.- Конéчно, э́то мóжно организовáть. Тóлько прошý вас сообщи́ть нам срок пребывáния Вáшей делегáции в ФРГ для тогó, чтóбы мы могли́ своеврéменно состáвить прогрáмму.

З. - Нáша делегáция в состáве пяти́ человéк приéдет в декабрé. Тóчную дáту приéзда мы вам сообщи́м по тéлексу, как тóлько полýчим билéты.

М.- Хорошó, тóлько учти́те, что в концé декабря́ у нас рождéственские прáздники, и в э́то врéмя труднéе организовáть демонстрáцию маши́н в дéйствии.

З. - В такóм слýчае намéтим пребывáние нáшей делегáции на начáло декабря́. Они́ привезýт с собóй подготóвленные контрáкты.

М.- Отли́чно. Прошý вас проинформи́ровать нас о дне приéзда как мóжно скорéе, чтóбы мы успéли подготóвить соотвéтствующую прогрáмму. Мы бýдем óчень рáды приня́ть вас.

Нóвые словá

наскóлько	soviel, soweit
договорённость	Übereinstimmung, Vereinbarung
в дéйствии	in Aktion, in Betrieb
своеврéменно	rechtzeitig
делегáция в состáве пяти́ человéк	eine fünfköpfige Delegation
учи́тывать, -аю, -аешь учéсть, учтý, учтёшь	berücksichtigen

рожде́ственский (от: Рождество́ Христо́во)	Weihnachts- (Weihnachten)
демонстра́ция	Vorführung; Demonstration
намеча́ть, -а́ю, -а́ешь / наме́тить, -чу, -тишь	festlegen, planen
как мо́жно скоре́е	möglichst bald
успева́ть, -а́ю, -а́ешь / успе́ть, -е́ю, -е́ешь	zurechtkommen, es schaffen

11.6.2 УПРАЖНЕНИЯ

11.6.2.1

Отве́тьте на вопро́сы:

1. В поку́пке како́го обору́дования заинтересо́вано АО "Машиноимпорт"?
2. Заче́м ру́сские специали́сты прие́дут во Франкфурт?
3. О чём была́ дости́гнута договорённость в Москве́?
4. Что ру́сские специали́сты хотя́т сде́лать пе́ред подписа́нием контра́ктов?
5. Ско́лько челове́к включа́ет делега́ция?
6. Когда́ прие́дут специали́сты?
7. Почему́ не рекоменду́ется прие́хать в конце́ декабря́?
8. Почему́ г-жа Машке хо́чет узна́ть то́чную да́ту как мо́жно скоре́е?

11.6.2.2

Допо́лните ре́плики с по́мощью да́нных на неме́цком языке́:

З. = Зи́боров, М. = Машке

З. - Здра́вствуйте, госпожа́ Машке!

М.- Sie begrüßen Herrn Siborow und fragen ihn, wie es ihm geht.

З. - Спаси́бо, всё норма́льно. Я попроси́л вас прийти́ к нам, что́бы договори́ться о програ́мме пребыва́ния на́ших специали́стов во Франкфурте.

М.- Soviel Sie wissen, geht es um die Lieferung von Eisenbahnausrüstung für Rußland. Die Verträge sollen in Frankfurt unterzeichnet werden.

З. - Соверше́нно ве́рно. Сто́роны договори́лись относи́тельно спецификаций, цен и сро́ков поста́вки. Нельзя́ ли посмотре́ть маши́ны в де́йствии на на́шем заво́де? Вот о чём про́сят на́ши специали́сты.

М.- Sie haben nichts dagegen und fragen, wann die russische Delegation nach Frankfurt kommen wird und aus wieviel Personen sie bestehen wird.

З. - Делега́ция из пяти́ челове́к прие́дет в декабре́ на неде́лю.

М.- Sie machen Herrn Siborow darauf aufmerksam, daß wegen der Weihnachtsfeiertage die Fabrik Ende Dezember eine Woche geschlossen ist.

З. - Тогда́ наме́тим их пребыва́ние на пе́рвую полови́ну декабря́. Это вас устра́ивает?

М.- Sie sind einverstanden und bitten um baldige Mitteilung, an welchem Tag die Delegation einreisen wird, weil Sie das entsprechende Programm erstellen müssen.

З. - Да́ту прие́зда сообщи́м вам по те́лексу в ближа́йшие дни.

11.6.3 ДИАЛОГ II

Дире́ктор фи́рмы "Хегеншайдт Гез. м. б. Х.", г-н Штольц, принима́ет делега́цию ру́сских специали́стов во главе́ с В. С. Ефи́мовым в своём бюро́.

Ш. - Добро́ пожа́ловать, уважа́емые да́мы и господа́! С прие́здом! Мы о́чень ра́ды приня́ть вас в на́шей фи́рме во Франкфурте. Я наде́юсь, что вы бу́дете чу́вствовать себя́ хорошо́ у нас.

Е. - Благодари́м вас за тёплый приём. Извини́те, что мы прие́хали на два дня ра́ньше, чем сообщи́ли вам первонача́льно.
Ш. - Ничего́ стра́шного. Гла́вное, что вы благополу́чно дое́хали и что в гости́нице име́лись свобо́дные номера́. Програ́мму нам ка́к-нибудь уда́стся измени́ть. А сейча́с предлага́ю вы́пить за ва́ше здоро́вье. Вы ку́рите? Да? Пожа́луйста, угоща́йтесь!
Е. - Спаси́бо, с удово́льствием.
Ш. - А вот наш сотру́дник, господи́н Вагнер. Познако́мьтесь. Это на́ши го́сти из Росси́и. Господи́н Вагнер прекра́сно владе́ет ру́сским языко́м. Е́сли вы согла́сны, он сейча́с ознако́мит вас с произво́дственными помеще́ниями на́шего предприя́тия. В 12 часо́в приглаша́ю вас в на́шу столо́вую на обе́д.
Е. - А нельзя́ сейча́с посмотре́ть пе́рвую маши́ну в де́йствии, как бы́ло предусмо́трено?
Ш. - К сожале́нию, э́то невозмо́жно. Демонстра́цию пе́рвой маши́ны мы наме́тили на 14 часо́в. Таки́м о́бразом мы ещё успе́ем осуществи́ть всю програ́мму.
Е. - Хорошо́. Тогда́ начнём рабо́ту по́сле обе́да. До ско́рого свида́ния.
Ш. - Е́сли у вас бу́дут вопро́сы, обраща́йтесь к господи́ну Вагнеру. Уви́димся в столо́вой.

Но́вые слова́

во главе́ с кем-л.	geführt von, unter der Leitung von
первонача́льно	ursprünglich
благополу́чно	wohlbehalten
угоща́йтесь! (Imp. von угоща́ться)	greifen Sie zu!
владе́ть, -е́ю, -е́ешь чем-л.	besitzen, beherrschen (Sprache)

мéст-о
по-мест-и́ть
по-мещ-а́ть
по-мещ-е́ние

11.6.4 УПРАЖНЕНИЯ

11.6.4.1

Ваш нача́льник, г-н Штольц, посла́л вас на вокза́л встре́тить ру́сских госте́й. Они́ то́лько что вы́шли изваго́на. Проведи́те с ни́ми разгово́р по сле́дующим да́нным:

Sie heißen Ihre russischen Gäste im Namen Ihres Chefs herzlich willkommen und verleihen Ihrer Hoffnung Ausdruck, daß sie sich in Frankfurt wohl fühlen werden.
Da die Gäste um eine Woche früher gekommen sind, als ursprünglich vorgesehen war, hat Ihr Chef jetzt leider keine Zeit und konnte die Gäste nicht persönlich abholen.
Außerdem gibt es zur Zeit in dem Hotel, in welchem Zimmer für die russischen Gäste bestellt worden waren, keine freien Zimmer. Es wurden aber bereits Zimmer in einem anderen Hotel bestellt.
Natürlich wird auch das Programm ein wenig geändert werden. Sie werden die Gäste noch am Vormittag durch die Produktionsräumlichkeiten führen.
Ihr Chef wird die Gäste dann in der Kantine erwarten und mit ihnen zu Mittag essen.

11.6.4.2

Разыгра́йте сле́дующую ситуа́цию!

Sie begrüßen Ihre russischen Gäste auf dem Flughafen Wien-Schwechat und teilen Ihnen mit, daß sie im Hotel "Ungarischer Hof" wohnen werden. Dann erläutern Sie das Programm für den Aufenthalt in Wien: am Abend Besuch der Wiener Staatsoper ("Rigoletto"), am nächsten Tag um 10.00 Uhr Verhandlungen mit dem Generaldirektor, am Nachmittag Besichtigung des Betriebs. Auf die Frage, wann die Maschine KX-54 in Betrieb besichtigt werden kann, antworten Sie, daß dies für den übernächsten Tag vorgesehen ist. Sie wünschen den Gästen einen angenehmen Aufenthalt.

11.6.5 МИКРОДИАЛОГИ

За обе́дом

Ш. - Ну, вы всё посмотре́ли? Сади́тесь, пожа́луйста. Вам бы́ло интере́сно?
Е. - Да, о́чень. У вас всё обору́дование по после́днему сло́ву те́хники.
Ш. - Да, мы за после́дние го́ды истра́тили больши́е де́ньги на совреме́нное обору́дование. Како́е вино́ вы бу́дете пить, кра́сное и́ли бе́лое, сухо́е и́ли сла́дкое?
Е. - Что вы сове́туете?
Ш. - Предлага́ю вот э́то бе́лое сухо́е вино́. По-мо́ему, оно́ лу́чше всех подхо́дит к ры́бе. Прия́тного аппети́та.
Е. - Прия́тного аппети́та.

Немно́го поздне́е Ефи́мов встаёт и предлага́ет тост.

Е. - Уважа́емые да́мы и господа́, разреши́те от и́мени всей на́шей делега́ции поблагодари́ть вас, на́ших хозя́ев, за ва́ше гостеприи́мство. Дава́йте подни́мем бока́лы и вы́пьем за ва́ше здоро́вье!
Ш. - Спаси́бо. А я предлага́ю вы́пить за дальне́йшее успе́шное сотру́дничество на́ших фи́рм.

В конце́ обе́да

Ш. - Бери́те ещё. Вы ма́ло е́ли. Мо́жет быть, нали́ть вам ещё вина́?
Е. - Нет, спаси́бо большо́е. Мы сы́ты. Бы́ло о́чень вку́сно.
Ш. - Ну, я рад. Как вы хоти́те - заказа́ть ко́фе сейча́с и́ли попо́зже?
Е. - Лу́чше попо́зже.
Ш. - Ла́дно. Тогда́ дава́йте перейдём к де́лу.

Но́вые слова́

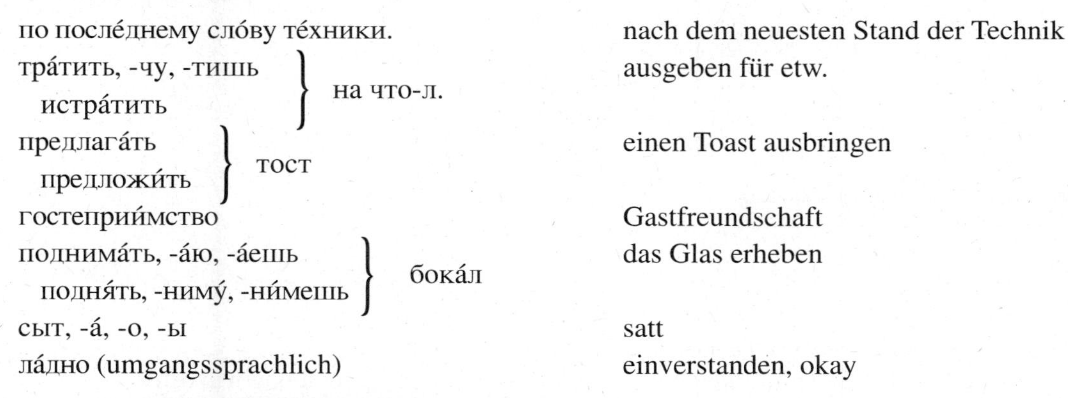

по после́днему сло́ву те́хники.	nach dem neuesten Stand der Technik
тра́тить, -чу, -тишь / истра́тить } на что-л.	ausgeben für etw.
предлага́ть / предложи́ть } тост	einen Toast ausbringen
гостеприи́мство	Gastfreundschaft
поднима́ть, -а́ю, -а́ешь / подня́ть, -ниму́, -ни́мешь } бока́л	das Glas erheben
сыт, -а́, -о, -ы	satt
ла́дно (umgangssprachlich)	einverstanden, okay

11.6.6 УПРАЖНЕНИЯ

11.6.6.1

Скажи́те, что ...

1. Sie nur Ausrüstung nach dem neuesten Stand der Technik in Ihrem Unternehmen haben.
2. eine Produktion ohne modernste Ausrüstung zu teuer ist.
3. Ihrer Meinung nach Weißweine nicht zu **Wild (дичь** f.) passen.
4. Sie zum Fisch einen trockenen Weißwein empfehlen würden.

11.6.6.2

Поздра́вьте ва́шего собесе́дника ...

1. zum Geburtstag
2. zu den Weihnachtsfeiertagen
3. zum neuen Jahr
4. zur Eröffnung des neuen Werks
5. zum Abschluß des Vertrags

11.6.7 МИКРОДИАЛОГИ

- Мне ну́жно поговори́ть с господи́ном Цветко́вым.
- Его́ сейча́с нет.
- Когда́ он бу́дет?
- Он уе́хал в командиро́вку. Наве́рно, он вернётся послеза́втра. Переда́ть ему что́-нибудь?
- Бу́дьте добры́, переда́йте ему́, что госпожа́ Ма́шке хоте́ла поговори́ть с ним о контра́кте N°58-31/61004. Пусть он позвони́т мне, когда́ вернётся.
- Он зна́ет ваш но́мер телефо́на?
- Я вам оста́влю свою́ визи́тную ка́рточку.

- Слу́шаю вас.
- Это говори́т Ма́шке. Господи́на Цветко́ва мо́жно?
- Его́ сейча́с нет.
- Но вы позавчера́ сказа́ли мне, что он вернётся че́рез два дня ...
- Наско́лько мне изве́стно, он задержа́лся и́з-за плохо́й пого́ды.
- А когда́ мо́жно бу́дет с ним встре́титься?
- Нам позвони́ли со стро́йки и сказа́ли, что он прилети́т за́втра ве́чером. Я обяза́тельно переда́м ему́, чтобы он позвони́л вам, как то́лько он вернётся.

Но́вые слова́

визи́тная ка́рточка	Visitenkarte
заде́рживаться, -аюсь, -аешься задержа́ться, -жу́сь, заде́ржишься	aufgehalten werden
стро́йка	Bau, Bauplatz, Baustelle

за-де́рж-иваться
за-держ-а́ться
за-де́рж-ка

11.6.8 УПРАЖНЕНИЯ

11.6.8.1

Позвони́те госпоже́ Ма́шке и скажи́те, что ...

1. Sie soeben von einer Dienstreise aus München zurückgekehrt sind.
2. Sie von Ihrer Sekretärin gehört haben, daß Frau Maschke Sie zu sprechen wünscht.
3. Sie auf der Baustelle wegen Schlechtwetters länger aufgehalten wurden, als ursprünglich vorgesehen war.
4. Sie deshalb gleich Frau Maschke angerufen haben, Sie aber zur Zeit sehr beschäftigt sind.
5. Sie Frau Maschke vorschlagen, sich **zu Mittag (в по́лдень)** in der Kantine Ihrer Firma zu treffen.

11.6.8.2

Допо́лните диало́г:

- ________________ещё ры́бу! Вы так ма́ло __________!
- Вам э́та ры́ба не _______________________?
- Нет, нет. Наоборо́т. Эта ры́ба о́чень _______________. Но я уже́ ____________.
- ________________вам ещё бе́лого вина́?
- Нет, спаси́бо, хва́тит, хотя́ оно́ мне о́чень _______________.
- Вы _______________ пить ко́фе сейча́с и́ли ____________?
- Лу́чше _______________.

12. УРОК-ПОВТОРЕНИЕ

12.1

Вме́сто вы́деленных слов вста́вьте да́нные в ско́бках:

1. Речь идёт о поста́вке *двадцати́ маши́н* ти́па ТУ-5 (40, 41, 52, 95, 100, 250, 500 /маши́на).
2. Вы нам поста́вили *три́дцать* (25, 100, 345, 600) вме́сто *сорока́ мешко́в* (250, 110, 350, 700).

12.2

Переведи́те:

1. Am Kongreß nahmen 330 Fachleute aus 21 Ländern teil.
2. Sie werden eine Antwort innerhalb von 2 Wochen erhalten.
3. Der Direktor wird von 9 bis 12 Uhr auf der Messe sein.
4. Die deutsche Delegation wird 4 bis 5 Tage in Kiew sein.
5. Die Lieferungen aus Österreich erhöhten sich um 12 % auf 8 Milliarden österreichische Schilling.
6. Im Vergleich zum vergangenen Jahr verdoppelten sich die Preise für ...
7. Leider müssen wir Ihnen mitteilen, daß sich die Preise um 22 % erhöht haben.

12.3

Допо́лните:

1. Общая су́мма догово́ра составля́ет 27,5 (про́писью______________________ ____________________________) миллио́н____ рублей.
2. Цена́ составля́ет 4,8 (про́писью _________________________________) миллио́н____ ам. до́лларов.
3. Мы заключи́ли контра́кт на 5,3 (про́писью _____________________________ ___________________) миллио́н___ ма́рок ФРГ.
4. Про́сим Вас перевести́ нам 2,6 (про́писью________________________________) миллио́н___ австри́йских ши́ллингов.

12.4

Скажи́те, что ...

1. in der Rechnung offensichtlich ein Fehler gemacht wurde.
2. Sie Ihrem Partner den Kontoauszug retournieren.
3. Sie den berichtigten Saldo von DM ... bestätigen.
4. Sie den Kontoauszug berichtigt haben.
5. Sie dem Abzug von $1^1/_2$ % Skonto zustimmen.
6. die Zahlung nach Ablauf der Zahlungsfrist erfolgte.
7. Sie das Konto Ihres Partners mit 5.000,– Schweizer Franken belastet haben.
8. Sie die Waren frachtfrei abgeschickt haben.
9. Sie 20.000,– Schilling vom Betrag der Rechnung abgezogen haben.

12.5

Напиши́те делову́е пи́сьма на основа́нии сле́дующих да́нных:

1. Sie bestätigen den Verkauf von 900 t der Ware mit Lieferung im April – Mai 19.. zum Preis von 8800,– ÖS je t **netto frei Haus (фра́нко ме́сто назначе́ния)** in Österreich. Zahlung innerhalb von 15 Tagen ab dem Einlangen der Dokumente bei der Creditanstalt-Bankverein.
2. Sie bestätigen das Telefonat mit Herrn Schklowskij über die Lieferung von 300 t Kohle "GK" zum Preis von DM 70,–/t fob Izmail ab 1. 3. 19.. bis Jahresende. Weiters bestätigen Sie den Preis von 19.. für 50 t Kohle "TO" in Höhe von ÖS 890,–/t cif Wien, im Falle der Zustimmung Ihres Partners

wird die Menge der Kohle "G-3" fob Reni mit Lieferung bis Ende April d.J. um 7,5 t erhöht, die übrigen Bedingungen bleiben unverändert. Sie erbitten eine umgehende Antwort und verbleiben mit freundlichen Grüßen

3. Sie beziehen sich auf das Telex Ihres Partners vom 23. 01. 19.. bezüglich der Lieferung von "DMT" und bestätigen die Zahlung innerhalb von 30 Tagen ab Einlangen der Dokumente. Sie bitten noch einmal, die Bearbeitung der Dokumente zu beschleunigen.
4. Sie danken Ihrem Partner für das Telex von heute und bitten ihn, den Dollarpreis für die Sie interessierende Ware mitzuteilen.
5. Sie teilen Ihrem Partner mit, daß der Preis für die Ware unter unveränderten Bedingungen 1.536 US-Dollar pro Tonne beträgt.
6. Sie beziehen sich auf das Telex Ihres Partners von gestern und Ihre Bestellung vom 8. 4., das Schreiben geht zu Handen Frau Stepanowa. Sie bestätigen den Preis von ÖS 300,– pro Paar Damenschuhe bei einer Bestellung von 1500 Paaren und ersuchen um Bekanntgabe des Liefertermins.

12.6

Переведи́те:

1. Die Lieferung der Schuhe muß im Laufe des 1. Quartals erfolgen.
2. Unsere Firma hat seit 1990 eine Vertretung in Moskau.
3. Seit dem Jahre 1968 bestehen die Geschäftsbeziehungen zwischen den beiden Betrieben.
4. Innerhalb von 10 Jahren hat sich der Umfang des Handels zwischen den beiden Ländern verdoppelt.
5. Alexej Iwanowitsch Pantelejew ist seit 5 Jahren Direktor der "PO Arbat".
6. Die Perestroika M. Gorbatschows veränderte in den 80er Jahren die russische Gesellschaft.
7. Die Verträge für das Jahr 19.. wurden bereits unterschrieben.

12.7

Вста́вьте да́нные в ско́бках слова́:

1. К сожале́нию, я .... отмени́ть зака́з (gezwungen sein).
2. В настоя́щее вре́мя мы не мо́жем ... Ва́шим предложе́нием (Gebrauch machen von).
3. На австри́йском ры́нке практи́чески нет ... на таки́е това́ры (Nachfrage).
4. Нам ка́жется, что Ва́ши це́ны на ука́занные това́ры сли́шком ... (hoch).
5. Про́сим ... на **про́чность (Festigkeit)** упако́вки (besonders beachten).
6. Мы мо́жем вы́дать Вам зака́з то́лько ... (unter dieser Bedingung).
7. Если мы бу́дем дово́льны ... э́того зака́за, Вы мо́жете ... на дальне́йшие зака́зы (Ausführung, rechnen mit).
8. ... Ва́ми образцы́, к сожале́нию, не ... на́шим тре́бованиям (geschickte, entsprechen).
9. Комьютеры должны́ ... не поздне́е конца́ ма́я (geliefert werden).
10. Про́сим Вас тща́тельно ... на́ши инстру́кции (einhalten).

12.8

Напиши́те, что ...

1. Sie von dem Angebot Ihres Partners gerne Gebrauch machen würden, wenn es auf Ihrem Markt eine Nachfrage nach seinen Produkten gäbe.
2. Sie bereit wären, die Menge der bestellten Waren wesentlich zu vergrößern, wenn Ihnen Ihr Partner preislich entgegenkommen könnte.
3. Sie bei Gewährung eines Preisnachlasses von 8 % um 500 Paar **Gummistiefel** (**рези́новый сапо́г**) mehr bestellen könnten.
4. Wir behalten uns das Recht vor, den Auftrag zu stornieren, wenn die Qualität nicht den Mustern entspricht, die Sie uns geschickt haben.

5. Da die Qualität nicht den Anforderungen entspricht, sind wir gezwungen, den Auftrag zu stornieren.
6. Die "Astra AG" ist leider in Konkurs gegangen.

12.9

Замени́те дееприча́стия:

1. Узна́в о банкро́тстве зака́зчика, мы сра́зу же прекрати́ли (einstellen) поста́вки.
2. Выполня́я зака́зы мно́гих фирм, мы испо́льзуем разли́чные спо́собы транспортиро́вки.
3. Подтвержда́я получе́ние Ва́шего письма́ от ..., сообща́ем, что наш представи́тель прие́дет к Вам в ближа́йшие дни.
4. Ссыла́ясь на Ва́ше предложе́ние от 20. 03. 19.., мы про́сим Вас уточни́ть ещё не́сколько пу́нктов.

12.10

Напиши́те делове́ые пи́сьма на основа́нии сле́дующих да́нных:

1. Sie bestellen bei Ihrem russischen Partner 405 t Polystyrol der Marke UPS-1002, weiß, GOST 28250-93, Verpackung: in Papiersäcken, Lieferfrist Mai – Juni – Juli je 135 pro Monat zum Preis von DM ... bei Lieferung franko Grenze GUS.
2. Sie bestätigen die telefonische Bestellung vom 28. 7. 19.. über 5 t Papier HG-23 mit einer Breite von 140 mm und bitten um Lieferung zusammen mit der bereits für Ende November bestellten Ware.
3. Sie danken für das Telex Nr. 1226 vom 04. 11. 19.. und bestätigen die Spezifikation:
   1,5 t – 175 mm
   1,5 t – 140 mm
   1,5 t – 500 mm
   2 t – 1.000 mm
   zum Preis von DM 5.000,– pro Tonne frei Grenze GUS. Die Lieferung erfolgt bis 30. 11. 19.. Die Auftragsbestätigung folgt.

12.11

Переведи́те:

1. Im vergangenen Jahr waren in unserem Betrieb viele Geschäftsleute aus der ehemaligen Sowjetunion. Viele von ihnen interessieren sich für unsere neuen Erzeugnisse.
2. Alljährlich erhält die Firma viele Aufträge. Um Zeit zu **sparen (сэконо́мить)**, werden viele Bestellungen per Telex oder Fax geschickt.
3. Er korrespondiert mit einigen Spezialisten aus St. Petersburg. Einige von ihnen hat er schon persönlich kennengelernt.
4. Die Geschäftsleute waren schon einige Male in Moskau.
5. Unser Konzern arbeitet mit einigen Betrieben im Moskauer **Gebiet (о́бласть, -и)** zusammen.
6. Auf der Geschäftsreise sahen wir viel Interessantes.
7. Die BRD betreibt mit vielen Ländern Handel.
8. Herr Petersen hat einige Zeit in Tjumen (Тюме́нь, -и) verbracht.
9. Im IV. Quartal wurden einige Verträge unterzeichnet.

12.12

Скажи́те ва́шему делово́му партнёру, что ...

1. Sie alle Argumente für und wider das Geschäft gesammelt hatten, bevor Sie Ihren Geschäftspartner anriefen.
2. Sie den Auftrag stornierten, nachdem Ihnen alle Einzelheiten des Geschäfts mitgeteilt worden waren.
3. Sie sich immer freuen, wenn Ihr Geschäftspartner Sie anruft.

4. der Markt zu wachsen aufgehört hat, seit einige Firmen den Konkurs angemeldet haben.
5. Sie in Frankfurt geblieben sind, bis Sie alle Maschinen sorgfältig überprüft hatten.
6. Sie fast nie zu Hause sind, seit Sie das neue Auto gekauft haben.

12.13

Напиши́те делові́е пи́сьма на основа́нии сле́дующих да́нных:

1. Sie schreiben an Herrn Poltoranin, daß Sie über den **Ton (тон)** verwundert sind, der Ihren langjährigen guten Beziehungen nicht entspricht. Sie weisen darauf hin, daß in Ihrem Telex vom 18. 11. 19.., das Sie durch das Moskauer Büro an Herrn Poltoranin geschickt haben, alle Lieferfristen angegeben sind. An diesen Fristen hat sich nichts verändert, und die Lieferanten haben noch einmal folgenden Lieferplan bestätigt:
   Atlas: zweite Jännerhälfte 19..
   Deutz: in drei Wochen, d.h. Ende Dezember
   Tamrok: in drei Monaten, d.h. Anfang März 19..
   Was die **Bohrstangen (бурова́я шта́нга)** betrifft, so wird das Lieferwerk die Frage noch heute klären und Sie werden Herrn Poltoranin unverzüglich informieren. Sie müssen aber noch auf folgenden **Umstand (обстоя́тельство)** aufmerksam machen: Die Dokumente über die Bohrstangen haben Sie mit der **DHL-Post (по́чта "DHL")** schon am 27. 11. 19.. geschickt, aber "DHL" konnte sie Herrn Poltoranin nicht überreichen, obwohl sie es zweimal versuchten. Erst am 2. 12. um 13.15 Uhr hat Herr Poltoranin sie übernommen. Es ist daher nicht Ihre Schuld, daß die Dokumente so spät eingelangt sind. Sie verbleiben mit freundlichen Grüßen.
2. Sie schreiben an Herrn Krivousov, daß Sie den Inhalt seines Telex **zur Kenntnis genommen haben (приня́ть к све́дению)**, daß Sie aber darauf hinweisen müssen, daß bei Abschluß des Geschäfts das **Bestimmungsland** (**страна́ назначе́ния)** nicht festgelegt war. Die Force-majeure-Umstände in einem Land oder in mehreren Ländern können nicht als Grund für die Lösung des Geschäfts dienen. Dabei weisen Sie darauf hin, daß nicht alle Umstände **außerhalb der Kontrolle (вне контро́ля)** der Firma Ihres Partners Umstände der höheren Gewalt sind.

КЛЮЧ

12.1

1. ... сорока́ маши́н, сорока́ одно́й маши́ны, пяти́десяти двух маши́н, девяно́ста пяти́ маши́н, ста маши́н, двухсо́т маши́н, пятисо́т маши́н.
2. ... два́дцать пять (сто, три́ста со́рок пять, шестьсо́т) мешко́в вме́сто двухсо́т пяти́десяти (ста десяти́, трёхсо́т пяти́десяти, семисо́т) мешко́в.

12.2

1. В конгре́ссе при́няли уча́стие три́ста три́дцать специали́стов из двадцати́ одно́й страны́.
2. Вы полу́чите отве́т в тече́ние двух неде́ль.
3. Дире́ктор бу́дет на я́рмарке с девяти́ до двена́дцати часо́в.
4. Неме́цкая делега́ция бу́дет в Ки́еве четы́ре-пять дней.
5. Поста́вки из А́встрии повы́сились на двена́дцать проце́нтов до восьми́ миллиа́рдов австри́йских ши́ллингов.
6. По сравне́нию с про́шлым го́дом це́ны на ... повы́сились в два ра́за (удво́ились).
7. К сожале́нию, мы должны́ Вам сообщи́ть, что це́ны повы́сились на два́дцать два проце́нта.

12.3

1. ... два́дцать семь и пять деся́тых миллио́на (два́дцать семь с полови́ной миллио́нов).
2. ... четы́ре це́лых и во́семь деся́тых миллио́на америка́нских до́лларов.
3. ... пять це́лых и три деся́тых миллио́на ма́рок ФРГ.
4. ... две це́лых и шесть деся́тых миллио́на австри́йских ши́ллингов.

12.4

1. В счёте, очеви́дно, была́ допу́щена оши́бка.
2. Возвраща́ем Вам обра́тно вы́писку из счёта.
3. Подтвержда́ем испра́вленное са́льдо ... ма́рок ФРГ.
4. Мы испра́вили вы́писку из счёта.
5. Мы согла́сны с вы́четом полу́тора проце́нтов ски́дки.
6. Платёж был осуществлён по истече́нии (по́сле истече́ния) сро́ка платежа́.
7. Мы дебетова́ли Ваш счёт 5 000.- швейца́рскими фра́нками.
8. Мы отпра́вили това́р фра́нко ме́сто назначе́ния.
9. Мы вы́чли 20.000.- ши́ллингов из су́ммы счёта.

12.5

1. Подтвержда́ем прода́жу 900 тонн това́ра с поста́вкой в апре́ле и ма́е 19.. г. по цене́ 8800.- австри́йских ши́ллингов за одну́ тонну не́тто фра́нко получа́тель в А́встрии. Платёж до́лжен осуществи́ться в тече́ние 15 дней со дня получе́ния докуме́нтов в ба́нке "Кредитанштальт-Банкферайн".
2. Подтвержда́ем разгово́р по телефо́ну с г-ном Шкло́вским о поста́вке 300 т угля́ "ГК" по цене́ 70.– ма́рок ФРГ за то́нну фоб Измаи́л с 1.3.19.. г. до конца́ го́да. Кро́ме того́ подтвержда́ем це́ну 19.. го́да за 50 т угля́ "ТО" по 890.- австри́йских ши́ллингов за то́нну сиф Ве́на. В слу́чае Ва́шего согла́сия коли́чество угля́ с поста́вкой до конца́ апре́ля повыша́ется на 7,5 т, остальны́е условия остаю́тся без измене́ний. Про́сим Вас дать нам сро́чный отве́т и остаёмся с уваже́нием
3. Ссыла́ясь на Ваш те́лекс от 23.01.19.. г. о поста́вке "ДМТ", подтвержда́ем платёж в тече́ние 30 дней с да́ты получе́ния докуме́нтов. Ещё раз про́сим Вас ускорить оформле́ние докуме́нтов.
4. Благодари́м Вас за сего́дняшний те́лекс и про́сим Вас сообщи́ть нам це́ну на интересу́ющий нас това́р в до́лларах.
5. Сообща́ем Вам, что цена́ на това́р при неизменённых усло́виях составля́ет 1536 америка́нских до́лларов за то́нну.
6. Вним. г-жи Степа́новой
   Ссыла́ясь на Ваш вчера́шний те́лекс и наш зака́з от 8.4., подтвержда́ем це́ну 300.- австри́йских ши́ллингов за па́ру ту́фель при зака́зе 1500 пар и про́сим сообщи́ть нам срок поста́вки.

12.6

1. Поста́вка боти́нок должна́ осуществи́ться в тече́ние пе́рвого кварта́ла.
2. С ты́сяча девятьсо́т девяно́стого го́да на́ша фи́рма име́ет представи́тельство в Москве́.
3. Делов́ые отноше́ния ме́жду обо́ими предприя́тиями существу́ют с ты́сяча девятьсо́т шестдеся́ть восьмо́го го́да.
4. За 10 лет объём торго́вли ме́жду обе́ими стра́нами повы́сился в два ра́за (удво́ился).
5. Алексе́й Ива́нович Пантеле́ев уже́ пять лет явля́ется дире́ктором ПО "Арба́т".
6. Перестро́йка М.Горбачёва в восьми́десятых года́х измени́ла ру́сское о́бщество.
7. Догово́ры на ты́сяча девятьсо́т ... год уже́ подпи́саны.

12.7

1. ... до́лжен (вы́нужден) ...
2. ... воспо́льзоваться ...
3. ... спро́са ...
4. ... высоки́ ...
5. ... обрати́ть осо́бое внима́ние ...

6. ... на э́том усло́вии.
7. ... исполне́нием ..., ... рассчи́тывать ...
8. При́сланные ..., ... соотве́тствуют ...
9. ... быть полу́чены (поста́влены) ...
10. ... соблюда́ть ...

12.8

1. Мы с удово́льствием воспо́льзовались бы Ва́шим предложе́нием, е́сли бы на на́шем ры́нке име́лся (существова́л) спрос на Ва́ши изде́лия.
2. Мы бы́ли бы гото́вы значи́тельно увели́чить коли́чество зака́занных това́ров, е́сли бы Вы могли́ пойти́ нам навстре́чу насчёт цены́ (в отноше́нии цены́).
3. Если бы Вы предоста́вили нам ски́дку в разме́ре 8 % (При предоставле́нии ски́кди в разме́ре 8%), мы могли́ бы заказа́ть на 500 пар бо́льше рези́новых сапо́г.
4. Мы сохраня́ем за собо́й пра́во аннули́ровать зака́з, е́сли ка́чество не соотве́тствует образца́м, кото́рые Вы присла́ли нам.
5. Так как ка́чество не соотве́тствует тре́бованиям, мы вы́нуждены аннули́ровать зака́з.
6. К сожале́нию, А/О "Астра" объяви́ло о банкро́тстве.

12.9

1. Как то́лько (Когда́) мы узна́ли о банкро́тстве зака́зчика, мы ...
2. При вы́полнении зака́зов мно́гих фирм мы ...
3. Подтвержда́ем получе́ние Ва́шего письма́ от ... и сообща́ем, что ...
4. Мы ссыла́емся на Ва́ше предложе́ние от 20.03.19.. и ...

12.10

1. Зака́зываем Вам 405 т полистиро́ла ма́рки УПС-1002, бе́лого цве́та, ГОСТ 28250-93. Упако́вка: в бума́жных мешка́х. Срок поста́вки: май - ию́нь - ию́ль по 135 мешко́в в ме́сяц по цене́ ... ма́рок ФРГ фра́нко-грани́ца СНГ.
2. Подтвержда́ем зака́з по телефо́ну от 28.7.19.. на 5 т бума́ги HG-23 шириной в 140 мм и про́сим осуществи́ть поста́вку вме́сте с това́ром, зака́занным уже́ на коне́ц ноября́.
3. Благодари́м за Ваш те́лекс N° 1226 от 4.11.19.. г. и подтвержда́ем специфика́цию:
   1,5 т - 175 мм
   1,5 т - 140 мм
   1,5 т - 500 мм
   2 т - 1000 мм
   по цене́ 500 ма́рок ФРГ за то́нну фра́нко-грани́ца СНГ. Поста́вка осуществля́ется до 30. 11. 19.. г. Подтвержде́ние зака́за сле́дует.

12.11

1. В про́шлом году́ на на́шем предприя́тии бы́ло мно́го бизнесме́нов из бы́вшего Сове́тского Сою́за. Мно́гие из них интересу́ются на́шими но́выми изде́лиями.
2. Ежего́дно фи́рма получа́ет мно́го зака́зов. Что́бы сэконо́мить вре́мя, мно́гие зака́зы передаю́тся по те́лексу и́ли по фа́ксу.
3. Он перепи́сывается с не́сколькими специали́стами из Санкт-Петербу́рга. С не́которыми он уже́ ли́чно познако́мился.
4. Бизнесме́ны бы́ли в Москве́ уже́ не́сколько раз.
5. Наш конце́рн сотру́дничает с не́сколькими предприя́тиями Моско́вской о́бласти.
6. В командиро́вке мы ви́дели мно́го интере́сного.
7. ФРГ торгу́ет со мно́гими стра́нами.
8. Господи́н Петерсен провёл не́которое вре́мя в Тюме́ни.
9. В IV кварта́ле бы́ло подпи́сано не́сколько контра́ктов.

12.12

1. Мы собра́ли все аргуме́нты за и про́тив сде́лки, пе́ред тем как позвони́ли вам.
2. Мы отмени́ли зака́з, когда́ (по́сле того́ как) нам бы́ли сообщены́ все подро́бности сде́лки.
3. Мы всегда́ ра́ды, когда́ вы звони́те нам.
4. Ры́нок переста́л расти́, с тех пор как не́которые фи́рмы объяви́ли о банкро́тстве.
5. Мы остава́лись во Фра́нкфурте, пока́ не прове́рили тща́тельно все маши́ны.
6. С тех пор как я купи́ла но́вую маши́ну, меня́ почти́ никогда́ нет до́ма.

12.13

1. Уважа́емый господи́н Полтора́нин!
   Мы о́чень удивлены́ то́ну, кото́рый не соотве́тствует на́шим долголе́тним хоро́шим отноше́ниям. Мы хотели бы обрати́ть Ва́ше внима́ние на то, что в на́шем те́лексе от 18.11.19.. г., кото́рый мы посла́ли Вам че́рез на́ше бюро́ в Москве́, ука́заны все сро́ки поста́вки. В э́тих сро́ках ничего́ не измени́лось и поставщики́ нам ещё раз подтверди́ли сле́дующий гра́фик поста́вки:
   Атлас: во второ́й полови́не января́
   Дойтц: че́рез три неде́ли, т.е. в конце́ декабря́
   Тамрок: че́рез три ме́сяца, т.е. в нача́ле ма́рта 19.. г.
   Что каса́ется буровы́х штанг, то заво́д-поставщи́к ещё сего́дня вы́яснит вопро́с и мы Вас проинформи́руем неме́дленно. Одна́ко мы вы́нуждены обрати́ть Ва́ше внима́ние на сле́дующее обстоя́тельство: докуме́нты на буровы́е шта́нги мы вы́слали Вам по́чтой "DHL" уже́ 27.11.19.. г., но "DHL" не был в состоя́нии переда́ть их Вам, хотя́ пыта́лись два ра́за. То́лько 2 декабря́ в 13.15 часо́в Вы их при́няли. Поэ́тому не на́ша вина́, что Вы получили э́ти докуме́нты так по́здно. С уваже́нием
2. Уважа́емый господи́н Кривоу́сов!
   Мы при́няли к све́дению содержа́ние Ва́шего те́лекса, но мы вы́нуждены обрати́ть Ва́ше внима́ние на то, что при заключе́нии сде́лки страна́ назначе́ния не была́ оговорена́. Форс-мажо́рные обстоя́тельства в одно́й стране́ и́ли в не́скольких стра́нах не мо́гут служи́ть причи́ной расторже́ния сде́лки. При э́том ука́зываем на то, что не все обстоя́тельства вне контро́ля Ва́шей фи́рмы явля́ются форс-мажо́рными.

13. РЕКЛАМАЦИЯ

13.1 ОБРАЗЦЫ ПИСЕМ И ТЕЛЕКСОВ

13.1.1

16.07.19..

О качестве станков типа 1040 ГЛ по заказу N° 543/23

Уважаемые дамы и господа!

В соответствии с заказом N° 543/23 мы получили от Вас 5 станков типа 1040 ГЛ, которые были немедленно установлены на нашем заводе и тщательно испытаны, как предусмотрено в п. 7 заказа.

К сожалению, в ходе испытаний обнаружена недостаточная производственная мощность одного из станков (N° 5 в Вашем счёте). Несмотря на тщательное соблюдение инструкции по эксплуатации, станок выпускает на 30% готовых изделий меньше, чем предусмотрено в техническом описании.

Ввиду доказанного недостатка просим Вас заменить станок доброкачественным. Также требуем возмещения убытков, связанных с задержкой в производстве.

Мы можем оставить у себя этот станок только при условии предоставления Вами скидки в 30% с его стоимости.

Прилагаем акт экспертизы N° 25/8 и акт испытания, в котором доказывается недостаточная мощность станка.

С уважением

Приложение: на 2-х листах

Но́вые слова́

устана́вливать, -аю, -аешь установи́ть, -влю́, устано́вишь	aufstellen, montieren
испы́тывать, -аю, -аешь испыта́ть, -а́ю, -а́ешь	erproben, testen
п. = пункт	Punkt
в хо́де испыта́ний	im Lauf der Tests
обнару́живать, -аю, -аешь обнару́жить, -у, -ишь	entdecken
мо́щность, -и	Leistung, Kapazität
соблюде́ние	Einhaltung, Beachtung
инстру́кция по эксплуата́ции	Betriebsanleitung
дока́зывать, -аю, -аешь доказа́ть, -кажу́, -ка́жешь	beweisen
доброка́чественный	von guter Qualität
возмеще́ние	Abgeltung, Ersatz
убы́ток, -тка	Schaden, Verlust
акт эксперти́зы	Expertise, Untersuchungsprotokoll
акт испыта́ния	Prüfungsprotokoll, Testprotokoll

13.1.2

от "22".08.19.. г.

Уважаемые дамы и господа!

Мы очень огорчены, что Ваш журнал "Technische Berichte. Nachrichtentechnische Werke AG" не поступает к нам по обмену.

В 19.. г. и в этом году мы не получили от Вас ни одного номера. Со своей стороны мы регулярно высылаем Вам журнал "Автоматика и телемеханика".

Убедительно просим направить Ваше издание по адресу: Российская Федерация, Москва, 103031, Кузнецкий мост, 12, Государственная научно-техническая библиотека РФ, Группа международного книгообмена.

С глубоким уважением
Директор ГПНТБ РФ
Н.Тышкевич

Но́вые слова́

огорчён, -а́, -о́, -ы́ (PPP. von огорчи́ть)	betrübt, bekümmert
обме́н	Austausch
регуля́рно	regelmäßig

13.1.3

TLX NR. 10615
CHIMEXPORT - POLYMERCHIM
VN. S. KOMAROVA/J. ZAICEVA
VYNUJDENY OBRATIT VASHE VNIMANIE NA TOT FAKT, CHTO V POSLEDNEE VREMIA UCHASTILIS SLUCHAI NEDOSTACHI MESHKOV, V OTDELNYH SLUCHAIAH DO 6 MESHKOV NA 1 A/M NASHEGO EKSPEDITORA. PODROBNUIU INFORMACIIU DADIM NA ETOI NEDELE. PROSIM NEMEDLENNO UKAZAT ZAVODAM - POSTAVSCHIKAM NE DOPUSKAT NEDOGRUZOV.
PROSIM PODTVERDIT.
S UVAJENIEM
INTERBUM

TELEX

Но́вые слова́

учаща́ться, -а́ется участи́ться, -и́тся	sich häufen
недоста́ча	Fehlen, Manko
а/м=автомаши́на	
экспеди́тор	Spediteur
недогру́з	Minderlieferung

13.1.4

О задержке в поставке автомобилей по заказу N°1780/14

Уважаемые дамы и господа!

К нашему сожалению, мы вынуждены обратить Ваше внимание на задержку в поставке автомобилей по заказу N° 1780/14.

Согласно п. 5 данного заказа Вы должны были поставить нам в апреле с.г. 500 автомобилей марки Лада Самара. Срок поставки уже истёк, а мы до сих пор не получили от Вас никаких сведений об отгрузке автомобилей.

Наш клиент настаивает на срочной отгрузке товара, ведь несоблюдение сроков поставки затруднит дальнейшее сотрудничество. Как Вам известно, в случае опоздания в поставке товара больше чем на месяц Вы должны будете уплатить пеню в размере 3% от общей суммы за каждую неделю просрочки.

Просим Вас уделить этому вопросу необходимое внимание, чтобы облегчить нашу совместную работу.

С уважением

Но́вые слова́

наста́ивать на чём-л.	bestehen auf etwas
несоблюде́ние	Nichteinhalten, Nichtbeachten
затрудня́ть, -я́ю, -я́ешь затрудни́ть, -ю́, -и́шь	erschweren
опозда́ние	Verspätung
пе́ня	Konventionalstrafe, Pönale
просро́чка	Verzug
уделя́ть, -я́ю, -я́ешь / удели́ть, -ю́, -и́шь } внима́ние кому́/чему́-л.	jemandem (etwas) Aufmerksamkeit widmen
облегча́ть, -а́ю, -а́ешь облегчи́ть, -у́, -и́шь	erleichtern
совме́стный	gemeinsam

13.1.5

О рекламации по количеству товаров по контракту N° 27-11/73148

Уважаемые дамы и господа!

С сожалением сообщаем Вам, что количество мешков, отгруженных Вами 17 сентября с.г. в вагоне N° 21840 в счёт контракта N° 27-11/73148, не соответствует железнодорожной накладной N° 123470. При приёмке товара была обнаружена недостача 27 мешков. Так как недостача товара была установлена в исправном вагоне с исправными пломбами станции назначения, мы пришли к выводу, что недостача произошла по вине поставщика.

Прилагаем акт приёмки N° 264, из которого Вы увидите, что количество мешков не соответствует контракту.

Просим Вас срочно допоставить недостающее количество мешков или перевести его стоимость на наш расчётный счёт.

Мы будем Вам благодарны за ответ в возможно более короткий срок.

С уважением

Но́вые слова́

в счёт	a conto
испра́вный	in Ordnung, intakt, unbeschädigt
пло́мба	Plombe
прийти́ к вы́воду	zum Schluß kommen
вина́	Schuld
допоставля́ть, -я́ю, -я́ешь допоста́вить, -влю, -вишь	den Rest liefern
недостаю́щий (Part.Präs.Aktiv von недостава́ть, -стаёт, -стаю́т)	fehlend
расчётный счёт	Verrechnungskonto

13.1.6

О рекламации по упаковке

Уважаемые дамы и господа!

20.11.19.. г. по железнодорожной накладной N° 517/6-93 со станции Белая в адрес австро-венгерская пограничная станция было отгружено 20 т торфа в пластмассовых мешках.

При приёмке груза грузополучателем (фирма "Райтер") было установлено, что 150 мешков было разорвано, что подтверждается актом экспертизы N° 1325/93.

Грузополучателем немедленно была предъявлена претензия к железной дороге.

Однако железная дорога отклонила претензию и была установлена вина грузоотправителя в упомянутом повреждении мешков. Поэтому мы вынуждены обратиться с нашей претензией к Вам. Ввиду наших долголетних деловых связей предлагаем Вам согласиться со следующим предложением: Вы сделаете нам скидку в 20% со стоимости 150 разорванных мешков, а мы примем их и сами упакуем торф снова.

Просим ответить как можно скорее.

С уважением
"Интербум"

Но́вые слова́

грузополуча́тель, -я	Frachtempfänger
разо́рван (PPP. von разорва́ть)	zerrissen
прете́нзия	Reklamation, Anspruch
устана́вливать, -аю, -аешь установи́ть, -влю́, устано́вишь } вину́	die Schuld feststellen
грузоотправи́тель, -я	Frachtabsender

13.1.7

INTERBUM

HANDELSGESELLSCHAFT M.B.H. WIEN

A-1060 Wien, Mariahilferstr. 41–43, Tel. 575691-95, Telex 132406

Ihr Zeichen

Unser Zeichen
Гр/Фр
Datum
199. 02 13

А/О "Ингосстрах"
Москва, 117385,
Пятницкая, 12
Российская Федерация

Кас.: Претензии на полиэтилен высокого давления

Уважаемые дамы и господа!

27 июня 19.. г. А/О "Химэкспорт" отгрузил в адрес нашего экспедитора, фирмы "Асотра", в распоряжение А/О "Интербум" 20 т нетто полиэтилена высокого давления марки 15303-003 на автомашине "Интуртранс" N° 00-36 МНЕ/24-96 МБ по автонакладной N° 074670 /контракт 27/538519/. Отправка была застрахована Вашим обществом, полис N° 923001 от 16 декабря 19.. года.

Груз, отправленный на вышеуказанной автомашине "Интуртранс", нами не получен, поскольку по информации А/О "Химэкспорт" автомашина попала в аварию /телекс N° 304/1120 от 9.1.19../.

Счет А/О "Химэкспорт" нами оплачен.

В связи с вышеизложенным просим удовлетворить нашу рекламацию в сумме 226.000.– австрийских шиллингов, которую просим перевести на наш счет N° 2151 в Донау-Банк, г. Вена.

С уважением
"Интербум"

Приложение:
1. Дубликат страхового полиса
2. Товарно-транспортная накладная
3. Отгрузочная спецификация
4. Сертификат качества
5. Копия счёта А/О "Химэкспорт"
6. Телекс А/О "Химэкспорт"

Копия:
А/О "Химэкспорт"
Фирма "Полимерхим"

13.1.8

INTERBUM
HANDELSGESELLSCHAFT M.B.H. WIEN
A-1060 Wien, Mariahilferstr. 41–43, Tel. 575691-95, Telex 132406

Ihr Zeichen

Unser Zeichen
Гр/Фр
Datum 199.. 02.13.

А/О "ХИМЭКСПОРТ"
Фирма "Полимерхим"
121200, Москва,
Смоленская-Сенная пл., 32/34

В приложении направляем Вам копию нашего письма

А/О "Ингосстрах" и копии следующих документов:

1. Дубликат страхового полиса
2. Товарно-транспортная накладная
3. Отгрузочная спецификация
4. Сертификат качества
5. Копию счета А/О "Химэкспорт"
6. Телекс А/О "Химэкспорт"

С уважением

"Интербум"

Но́вые слова́

автонакладна́я		LKW-Frachtbrief
страхова́ть, у́ю, -у́ешь за-		(etwas) versichern
по́лис		Polizze
попада́ть, -а́ю, -а́ешь попа́сть, попаду́, попадёшь	в ава́рию	einen Unfall haben

13.2 КОММЕНТАРИЙ

Рекла́мации мо́гут быть предъя́влены в отноше́нии
- ка́чества
- коли́чества
- сро́ков поста́вки
- упако́вки и маркиро́вки
- платежа́.

Реклама́ция, как пра́вило, соде́ржит сле́дующие да́нные:
- основа́ния для предъявле́ния реклама́ции,
- доказа́тельства, ссы́лки на нормати́вные а́кты и докуме́нты (наприме́р на акт эксперти́зы),
- конкре́тные тре́бования (наприме́р, тре́бование заме́ны недоброка́чественного това́ра доброка́чественным и́ли уце́нки това́ра).

Если фи́рма получа́ет реклама́цию от клие́нта, то она́ проверя́ет, соотве́тствует ли реклама́ция всем усло́виям контра́кта, т.е. клие́нт до́лжен присла́ть вме́сте с реклама́цией и все докуме́нты, необходи́мые для доказа́тельства, наприме́р:

- тра́нспортные докуме́нты (наприме́р железнодоро́жную накладну́ю с указа́нием коли́чества разо́рванных мешко́в и т.п.),
- акт эксперти́зы нейтра́льного учрежде́ния, кото́рое проанализи́ровало образцы́.

Фи́рма проверя́ет, в срок ли предъя́влена реклама́ция. По по́воду дефе́ктов, обнару́женных снару́жи, реклама́ция должна́ быть предъя́влена сра́зу по получе́нии това́ра. Реклама́ция в связи́ с так называ́емыми скры́тыми дефе́ктами мо́жет быть предъя́влена поздне́е, одна́ко сра́зу же по́сле их обнаруже́ния.

Реклама́ция в отноше́нии ка́чества това́ра предъявля́ется в тече́ние шести́ ме́сяцев с да́ты поста́вки; в отноше́нии коли́чества това́ра - в тече́ние трёх ме́сяцев с да́ты поста́вки; в отноше́нии това́ров, име́ющих гаранти́йный срок, - не поздне́е 30 дней по истече́нии сро́ка гара́нтии.

Если реклама́ция не мо́жет быть урегули́рована соглаше́нием обе́их сторо́н, то они́ обраща́ются в арбитра́ж и суде́бным путём тре́буют реше́ния вопро́са. Реше́ние арбитра́жной коми́ссии явля́ется оконча́тельным, и сто́роны обя́заны призна́ть его́.

Результа́том обосно́ванной реклама́ции мо́жет быть:
- заме́на това́ра но́вым,
- уце́нка (ски́дка со сто́имости това́ра),
- упла́та де́нежного штра́фа, пе́ни и́ли неусто́йки,
- предупрежде́ние.

Но́вые слова́

в отноше́нии чего́-л.	in bezug auf, bezüglich
предъявле́ние	Vorbringen, Geltendmachung
доказа́тельство	Beweis
нормати́вный	normativ
заме́на	Ersatz
недоброка́чественный	von schlechter Qualität
уце́нка	Verbilligung
дефе́кт	Mangel, Defekt
снару́жи	von außen
по получе́нии	nach Erhalt
скры́тый (PPP. von скрыть)	verborgen
обнаруже́ние	Entdeckung
по истече́нии	nach Ablauf
регули́ровать, -ую, -уешь у-	regulieren, regeln
суде́бным путём	auf gerichtlichem Weg
оконча́тельный	endgültig
обосно́ванный	begründet, stichhaltig
де́нежный штраф, -а	(Geld-)Strafe
неусто́йка	Konventionalstrafe
предупрежде́ние	Mahnung, Verwarnung

об-нару́ж-ивать
об-нару́ж-ить
об-наруж-е́ние
с-нару́ж-и

13.3 ТИПОВЫЕ ФРАЗЫ

С сожале́нием сообща́ем Вам, что полу́ченные на́ми по контра́кту да́мские ту́фли не соотве́тствуют по ка́честву усло́виям догово́ра.

Mit Bedauern teilen wir Ihnen mit, daß die von uns vertragsgemäß erhaltenen Damenschuhe bezüglich der Qualität den Vertragsbedingungen nicht entsprechen.

..., что ту́фли не соотве́тствуют образца́м, на основа́нии кото́рых была́ заключена́ сде́лка.

..., die Schuhe nicht den Mustern entsprechen, aufgrund deren das Geschäft abgeschlossen wurde.

К сожале́нию, мы вы́нуждены предъяви́ть реклама́цию на исполне́ние на́шего зака́за N° 798.

Leider sind wir gezwungen, bezüglich der Ausführung unserer Bestellung Nr. 798 zu reklamieren.

Мы установи́ли, что часть поста́вленной па́ртии была́ повреждена́.

Wir stellten fest, daß ein Teil der gelieferten Sendung beschädigt war.

Бы́ло устано́влено, что ...

Es wurde festgestellt, daß ...

Поста́вленный Ва́ми аппара́т не мо́жет быть пу́щен в эксплуата́цию.

Der von Ihnen gelieferte Apparat kann nicht in Betrieb genommen werden.

Наш комите́нт жа́луется на ни́зкое ка́чество Ва́ших изде́лий.

Unser Kommittent beklagt sich über die niedrige Qualität Ihrer Produkte.

В результа́те неудовлетвори́тельной упако́вки бо́льшая часть фру́ктов не приго́дна к прода́же.

Infolge nichtzufriedenstellender Verpackung ist der Großteil des Obstes nicht zum Verkauf geeignet.

В я́щике N° 68/78 бы́ло разби́то 10 штук фарфо́ровых ча́шек.

In der Kiste Nr. 68/78 waren 10 Stück Porzellantassen zerbrochen.

При вскры́тии я́щиков оказа́лось, что не хвата́ет пятна́дцати штук пылесо́сов.

Beim Öffnen der Kisten stellte sich heraus, daß 15 Stück Staubsauger fehlen.

Компью́тер поступи́л к нам со значи́тельным опозда́нием.

Der Computer traf bei uns mit beträchtlicher Verspätung ein.

Заде́ржка в поста́вке электроприбо́ров причиня́ет нам больши́е неприя́тности.

Die Verzögerung bei der Lieferung der Elektrogeräte verursacht uns große Unannehmlichkeiten.

Из прилага́емого а́кта эксперти́зы Вы уви́дите, что до́ля нека́чественных маши́н составля́ет бо́лее че́тверти всей па́ртии.

Aus dem beiliegenden Untersuchungsprotokoll ersehen Sie, daß der Anteil der mangelhaften Maschinen mehr als ein Viertel der gesamten Sendung beträgt.

Ввиду́ э́того мы вы́нуждены отказа́ться от приёмки станко́в.

In Anbetracht dessen sind wir gezwungen, die Annahme der Maschinen zu verweigern.

Настоя́тельно про́сим замени́ть дефе́ктные пи́шущие маши́нки испра́вными того́ же са́мого ти́па.

Wir ersuchen nachdrücklich, die defekten Schreibmaschinen durch ordnungsgemäße derselben Type zu ersetzen.

Возвраща́ем Вам о́бувь обра́тно и наста́иваем на незамедли́тельной поста́вке доброка́чественного това́ра.

Wir retournieren Ihnen die Schuhe und bestehen auf unverzüglicher Lieferung (von) ordnungsgemäßer Ware.

Про́сим Вас отгрузи́ть недостаю́щий това́р как мо́жно быстре́е.

Bitte liefern Sie die fehlende Ware möglichst schnell.

Тако́й това́р мы могли́ бы прода́ть то́лько с убы́тком.

Solche Ware könnten wir nur mit Verlust verkaufen.

Тре́буем по́лного возмеще́ния всех на́ших убы́тков.	Wir verlangen vollständige Abgeltung unserer Verluste.
В проти́вном слу́чае мы вы́нуждены бу́дем переда́ть де́ло в арбитра́ж.	Widrigenfalls werden wir gezwungen sein, die Sache dem Schiedsgericht zu übergeben.
Това́р до́лжен был прибы́ть уже́ неде́лю наза́д.	Die Ware hätte schon vor einer Woche eintreffen sollen.
Мы гото́вы, в ви́де исключе́ния, приня́ть това́р со ски́дкой в пятна́дцать проце́нтов с его́ факту́рной сто́имости.	Wir sind bereit, ausnahmsweise die Ware mit einem Preisnachlaß von 15 % vom Rechnungsbetrag anzunehmen.

Но́вые слова́

пу́щен (PPP. von пусти́ть) в эксплуата́цию	in Betrieb genommen
(не)удовлетвори́тельный	(nicht) zufriedenstellend
приго́ден, -дна, -дно, -ы к чему́-л.	geeignet für etwas
фарфо́ровый	Porzellan-
вскры́тие	das Öffnen
ча́шка	Tasse
пылесо́с	Staubsauger
причиня́ть, -я́ю, -я́ешь / причини́ть, -ю́, -и́шь } кому́-л. неприя́тности	jemandem Unannehmlichkeiten verursachen
дефе́ктный	defekt
незамедли́тельный	unverzüglich
в проти́вном слу́чае	widrigenfalls
факту́рная сто́имость	Rechnungsbetrag

13.4 УПРАЖНЕНИЯ

13.4.1

Подбери́те подходя́щие слова́:

1. При вскры́тии я́щиков мы ________________________, что това́р **испо́рчен** (**verdorben**).
2. Несоблюде́ние инстру́кции по эксплуата́ции причини́ло нам больши́е ________________________________.
3. Так как бо́льшая часть **содержи́мого** (**Inhalt**) была́ повреждена́, мы должны́ бы́ли ____________________________от приёмки па́ртии.
4. К сожале́нию, мы должны́ __________________на ни́зкое ка́чество Ва́шего това́ра.
5. Вы согласи́тесь, что тако́й това́р не _________________к прода́же.

13.4.2

Напиши́те, что ...

1. Sie entdeckt haben, daß eine Porzellanvase zerbrochen ist.
2. Sie bereits vor einer Woche reklamiert haben.
3. diese Verspätung Ihnen große Unannehmlichkeiten verursacht.
4. sich Ihre Kunden über die niedrige Qualität der letzten Sendung beklagen.
5. der Lack des Kühlschranks an mehreren Stellen beschädigt ist.
6. Sie unverzüglichen Ersatz Ihrer Verluste fordern, widrigenfalls werden Sie den Fall dem Schiedsgericht übergeben.

13.4.3

Переведи́те:

1. Aus dem beiliegenden Untersuchungsprotokoll ersehen Sie, daß die Hälfte der Porzellantassen zerbrochen ist.
2. Der Anteil der beschädigten Trinkgläser beträgt etwas weniger als die Hälfte der gesamten Sendung.
3. Leider werden wir dieses Obst nur mit Verlust verkaufen können.
4. Unsere Kunden beklagen sich in letzter Zeit oft über die niedrige Qualität der von Ihnen erzeugten Produkte.
5. Wir müssen von Ihnen vollen Ersatz der Verluste verlangen.
6. Unsere Mitarbeiter stellten fest, daß der Großteil der Sendung nicht zufriedenstellend verpackt war.
7. Da die von Ihnen gelieferten Fernsehgeräte bezüglich Qualität nicht den Vertragsbedingungen entsprechen, senden wir sie Ihnen auf Ihre Kosten zurück.
8. Wir bestehen auf vollem Ersatz aller unserer Verluste, die durch die Verzögerung in der Produktion verursacht wurden.

предъявля́ть предъяви́ть	прете́нзию к кому́-л. о ком-л., чем-л.	eine Reklamation vorbringen gegen, über
признава́ть призна́ть	прете́нзию	eine Reklamation anerkennen
принима́ть приня́ть	прете́нзию	... akzeptieren
отклоня́ть отклони́ть	прете́нзию	... ablehnen
рассма́тривать рассмотре́ть	прете́нзию	... untersuchen
отка́зываться отказа́ться	от прете́нзии	... zurückziehen
удовлетворя́ть удовлетвори́ть	прете́нзию	... zufriedenstellen, befriedigen
урегули́ровать	прете́нзию	... regeln
обраща́ться обрати́ться	с прете́нзией { в + 4.F. к+3.F. }	sich mit einer Reklamation wenden an

13.5 ДОПОЛНИТЕЛЬНЫЕ ПИСЬМА И ТЕЛЕКСЫ

13.5.1

TELEX

```
TLX. NR. 10243
MARIHOLODMASH
VYNUJDENY PREDIAVIT REKLAMACIIU NA ISPOLNENIE ZAKAZA
NR. 654. CHAST IASCIKOV POVREJDENA VODOI, CHAST TOVAROV
ISPORCHENA V REZULTATE NEUDOVLETVORITELNOI UPAKOVKI.
RAZBITA CHAST HOLODILNIKOV.
PISMO SLEDUET.
UVAJENIEM
NORDMAN
```

TELEX

13.5.2

А/О "МАРИХОЛОДМАШ"
424025, Республика Марий Эл,
г. Йошкар-Ола, ул. Соловьёва, 3.

О повреждении ящиков по заказу N° 654
Уважаемые господа!

К сожалению, мы установили, что часть поставленной Вами партии товара (холодильные шкафы) была повреждена. Поэтому она была забракована нашим клиентом. Было установлено, что из 20 ящиков 10 прибыло в повреждённом водой состоянии. Содержимое пяти ящиков было разбито, а содержимое двух ящиков было испорчено гвоздями, которыми были прикреплены крышки ящиков.

Просим Вас рассмотреть прилагаемый акт экспертизы, составленный независимыми органами, и как можно скорее возместить нам убытки. В противном случае мы вынуждены будем передать дело в арбитраж.

С уважением

МАРИХОЛОДМАШ

- холодильные шкафы, прилавки, витрины;
- сборно-разборные холодильные камеры;
- скороморозильные аппараты
- киоски-магазины.

424025, Республика Марий Эл,
г. Йошкар-Ола, ул. Соловьёва, 3.
Телефон: 8336-22 9-73-10
Факс: 836-22 6-13-22
Телекс: 220168 Алмаз

Нóвые словá

браковáть, -ýю, -ýешь за-	beanstanden, aussondern wegen Unbrauchbarkeit
состоя́ние	Zustand
гвоздь, -я́	Nagel
прикреплён (PPP. von прикрепи́ть)	befestigt
кры́шка	Deckel

13.5.3 ОТВЕТ НА РЕКЛАМАЦИЮ

Нордманн, Гамбург "24" февраля 19.. г.

О рекламации по заказу N° 654

Уважаемые дамы и господа!

Мы внимательно изучили Ваш предварительный телекс и Ваше письмо от 15.01.19.. . Мы вынуждены признать, что в двух ящиках по вине упаковщиков действительно было разбито содержимое. Предлагаем или возмещение стоимости повреждённого товара или немедленную замену. Однако из приложенного Вами акта видно, что определённая часть товара в этих ящиках не повреждена и может быть использована по назначению.

Что касается остальных ящиков, то мы должны отклонить Вашу претензию. Часть товара была испорчена в результате шторма, в который судно попало во время плавания. Так как поставка осуществилась на условиях каф, Ваши убытки должны быть возмещены Вашим страховщиком.

В приложении направляем Вам необходимые для возмещения убытков документы.

С уважением

Приложение: упомянутое на 3 л.

Нóвые словá

упакóвщик	Verpacker
по назначéнию	bestimmungsgemäß
шторм	(Meeres-)Sturm
плáвание	Schiffsfahrt
страхóвщик	Versicherer

упакóв-ка
упакóв-очный
упаков-áть
упакóв-щик

за-страхов-áть
страхов-óй
страхов-áние
страхóв-щик

13.5.4 ТЕЛЕФАКС

EXPORTBÜRO

AUSSENHANDELS-
U. INDUSTRIEBERATUNSGES.M.B.H

AUSTRIA, A-3400 Klosterneuburg,
Leopoldsgraben 912
Tel. 07248-81944, Fax 07248-88277,
Telex 7531344 EXPBA
Handelsgericht Wien, HRB 22469a

РОССИЯ, 109028, МОСКВА,
Малый Ивановский пер., 11/6
Телефон: 923 70 71, 924 89 84
Факс: 923 70 71, Телекс: 411 767 UTS
Телетайп: 207-854 фантом

An: Гаммахим
FAX-Nr. 983-60-65

Von: Андреас Лайтнер
20.12.19..

Просим Вашего возможного содействия в получении информации о местонахождении срочного рекламного груза - 500 настенных календарей фирмы Нилсен Друк.

Экспедитор: фирма РОССИЯ, машина N° МНК 8552, прицеп N° МО 9678, накладная N°20740/AS-18758.

Получатель: ГАММАХИМ, Москва, Бутово.

По сообщению представителя фирмы РОССИЯ, господина Майера, груз вышел из Вены 11.12. Мы запросили экспедитора сделать розыск машины, однако подтверждения прибытия в Москву груза до сих пор мы не получили.

Благодарим Вас за содействие.

С уважением

Но́вые слова́

соде́йствие	Mitwirkung, Mithilfe, Unterstützung
местонахожде́ние	Aufenthaltsort
насте́нный календа́рь	Wandkalender
ро́зыск	Suche, Suchaktion, Fahndung

13.5.5

АКЦИОНЕРНОЕ ОБЩЕСТВО

ХИМЭКСПОРТ

**РОССИЯ, МОСКВА, 121200, СМОЛЕНСКАЯ-СЕННАЯ, 32/34, ТЕЛ. 244-22-84,
ТЕЛЕКС 7295, ФАКС 234234**

"Интербум"
Австрия

0312/93
"23" декабря 19..

Ваш N° GK/Ki
Отн. рекламации по 19... г.

Уважаемые дамы и господа!

Сообщаем Вам результат рассмотрения Ваших рекламаций заводами-поставщиками:

1. Рекламация от 06.09.19.. -РСМ-115 /наш N° 312/958, 959/:
Завод претензию отклонил. При условии возврата загрязненного количества, претензия будет удовлетворена.

2. Рекламация от 27.06.19.. - ИПМ-0503/Наш 312/961/
Рекламация от 10.07.19.. - ИПМ-0503/Наш 312/976/
Рекламация от 16.07.19.. - ИПМ-0503/Наш 312/962/
Рекламация от 06.09.19.. - ИПМ-0503/Наш 312/960/

Данные претензии завод отклонил из-за отсутствия коммерческих актов пограничной станции, где производится перегрузка товара, из-за отсутствия документов, подтверждающих непригодность товара в производстве.

3. Рекламация от 21.08.19.. - полиэтилен -отгружено бесплатно 600 кг
4.3. ..-автомашина 64-32 МИЦ, прицеп 79-54 РВ

4. Рекламация от 05.06.19.. - полиэтилен в/д-ответ будет дан Вам по телексу

5. Рекламация от 27.06.19.., 30.07.19.., 30.09.19.., /наши N° 312 /1088-1089, 1090, 1091/ на недостачу полистирола ИПМ-0503 и полипропилена 21030 направлены заводу-поставщику. Ответ до настоящего времени еще не получен. Направили запросы об ускорении урегулирования данных претензий. По получении ответа от завода немедленно информируем Вас.

С уважением
А/О "Химэкспорт"

**CHIMEXPORT, MOSCOW, 121200, RUSSIA, SMOLENSKAYA-SENNAYA, 32/34,
TELEPHONE 244-22-84, TELEX 7295, FAX 234234**

Нóвые словá

перегрýзка	Umladung
непригóдность, -и	Unbrauchbarkeit

13.6 ДАВАЙТЕ ЗАПОМНИМ ГРАММАТИКУ!

13.6.1 Unpersönliches "man"

"Man" kann im Russischen auf verschiedene Art wiedergegeben werden:

1. 3.Person Pl. ohne Subjekt:

Говоря́т, что оркéстр имéл большóй успéх.	Man sagt, daß das Orchester großen Erfolg hatte.

2. Passivkonstruktion:

Больши́е срéдства **испóльзуются** для освоéния Сéвера.	Man verwendet große Mittel für die Erschließung des Nordens.

3. Bei den modalen Hilfszeitwörtern:

мóжно предположи́ть, что ...	man kann annehmen, daß ...
нýжно / нáдо провéрить ...	man muß überprüfen ...
не нýжно (нáдо) проверя́ть	man braucht nicht zu überprüfen
нельзя́ { открывáть счёт	man darf kein Konto eröffnen
нельзя́ { откры́ть счёт	man kann kein Konto eröffnen

4. Bloßer Infinitiv in Konditionalsätzen und in "Soll-Fragen":

Если рабóтать интенси́вно, мóжно имéть успéх.	Wenn man intensiv arbeitet, kann man Erfolg haben.
Что **дéлать**?	Was soll man tun?

5. 2. Person Sg., wenn man sich selbst in die Aussage einschließt bzw. in Sprichwörtern:

Тут ничегó не **подéлаешь**.	Da kann man nichts machen.
Что **посéешь**, то и **пожнёшь**.	Was man sät, wird man auch ernten.

13.6.2 "чтóбы" in abhängigen Begehrsätzen

Abhängige Begehrsätze haben als Einleitungswort nicht **что**, sondern **чтóбы**, welches immer mit der Vergangenheit konstruiert wird, z.B.:

Начáльник не хóчет, **чтóбы** мы **мешáли** емý.	Der Chef will nicht, daß wir ihn stören.

13.7 УПРАЖНЕНИЯ

13.7.1

Передéлайте предложéния по образцý:

Я прошý прóчно упаковáть товáры.
Я прошý, **чтóбы** товáры **бы́ли** прóчно **упакóваны.**

1. Я прошý подписáть контрáкт немнóго позднée.
2. Я прошý провéрить товáр как мóжно скорée.
3. Мы прóсим сни́зить цéны ми́нимум на 15%.
4. Мы трéбуем измени́ть нéкоторые услóвия контрáкта.
5. Мы прóсим постáвить óбувь тремя́ рáвными пáртиями.
6. Мы прóсим произвести́ платежи́ дóлларами США.

13.7.2

Передáйте смы́сл слéдующих предложéний по образцý:

Richten Sie Herrn Petrowskij /Ihrem Gesprächspartner/ aus (Sagen Sie ihm), daß er Sie sofort anrufen soll.

Передáйте (скажи́те) господи́ну Петрóвскому, чтóбы он срóчно позвони́л мне.

1. daß er den unterschriebenen Vertrag schnell schicken soll.
2. daß er mitteilen soll, ob er zum Abendessen kommen wird.
3. daß er die russischen Gäste auf dem Bahnhof abholen soll.
4. daß er den ausländischen Gästen die Produktionsräumlichkeiten der Firma zeigen soll.
5. daß Frau Ortner für die Ehefrau des Gastes Blumen kaufen soll.
6. daß Herr Huber die Dokumentation nicht vergessen soll, wenn er auf die Baustelle fährt.

13.7.3

Переведи́те:

1. Unser Kunde ersucht, daß wir die Ware um einige Tage früher liefern.
2. Frau Ljubimowa hat schon zweimal ersucht, daß unser Vertreter sie besuchen soll.
3. Unser Geschäftspartner will, daß wir den Auftrag einer anderen Firma erteilen.
4. Wir verlangten vom Spediteur, daß er die Ware auf einem anderen Schiff schicken möge.
5. Wir verlangen von unserem Geschäftspartner, daß das Geschäft auf Kompensationsbasis abgeschlossen wird.
6. Wollen Sie, daß der Betrag auf ein anderes Konto überwiesen wird?
7. Herr Malinowskij will, daß wir für ihn ein Zimmer **reservieren (заброни́ровать)**.

13.7.4

Переведи́те на немéцкий язы́к:

1. Росси́йский газ экспорти́руется во мнóгие стрáны Еврóпы.
2. Дéлаются попы́тки повы́сить производи́тельную мóщность.
3. Э́ту кни́гу мóжно прочитáть за два часá.
4. За час не успéть.
5. Éсли говори́ть пря́мо, то вы не прáвы.

13.7.5

Переведи́те:

1. Man muß die Wahrheit sagen.
2. In letzter Zeit schreibt man viel über die Wirtschaftsreform.
3. Auf der Messe kann man neue Produkte kennenlernen.
4. Was soll man in so einem Fall sagen?
5. Waren von schlechter Qualität braucht man nicht anzunehmen.
6. Darüber spricht man viel.
7. Man kann die Maschine nicht in Betrieb nehmen.
8. Man sagt, daß Reklamationen selten vorkommen.

13.7.6

Переведи́те с по́мощью словаря́:

TELEX

```
VNIMANIIU G-NA LOPASOVA
KAK BYLO USTANOVLENO NA VENGERSKOI GRANICE,
RAZRYVY MESHKOV S VERMIKULITOM CHASTICHNO
PROISHODIAT V RUSSKIH VAGONAH (IZ STEN TORCHAT
GVOZDI). PROSIM SROCHNO OBRATIT VNIMANIE ZAVODA-
POSTAVSCIKA PRI POGRUZKE TOVARA.
S UVAJENIEM
```

TELEX

13.7.7

Напиши́те деловы́е пи́сьма по сле́дующим да́нным:

1. 100 Lederkoffer in Beige der Marke "Globetrotter" (Ihre Bestellung Nr. 456/789 vom 2. 4. d.J.) hätten bereits vor einer Woche bei Ihnen eintreffen sollen. Setzen Sie eine Frist bis Ende nächster Woche, und drohen Sie mit Stornierung des Auftrags.
2. Sie haben heute morgen gemäß Ihrer Bestellung Nr. 444/33 vom 8. 5. d.J. 200 Stück Taschenrechner der Marke "Elorg" erhalten. Sie mußten jedoch bei der Öffnung der Kisten feststellen, daß offensichtlich infolge mangelhafter Verpackung 50 Taschenrechner beschädigt wurden, **und zwar (а и́менно)** waren ihre **Gehäuse (корпуса́, pl.)** zerbrochen. Sie retournieren die schadhaften Taschenrechner auf Kosten Ihres Geschäftspartners und bestehen auf ihrem unverzüglichen Ersatz durch ordnungsgemäße, da Ihnen diese Verzögerung große Unannehmlichkeiten verursacht.
3. Die von Ihnen mit Bestellung vom 3. 8. d.J. georderten Laser-Drucker der Type 123-LP sind bei Ihnen heute morgen in beschädigtem Zustand eingetroffen, und zwar haben 8 Drucker **Kratzer (цара́пина)** mit einer Länge von 3–4 cm. Sie sind bereit, die beschädigten Drucker zu übernehmen, wenn Ihnen Ihr Geschäftspartner einen Preisnachlaß von 30 % von ihrem Rechnungspreis gewährt. Widrigenfalls müßten Sie die beschädigten Drucker auf Kosten Ihres Geschäftspartners retournieren und auf ihrem umgehenden Ersatz durch ordnungsgemäße bestehen. Sie verbleiben in Erwartung einer unverzüglichen Antwort.

13.8 ДИАЛОГИ

13.8.1 ДИАЛОГ I

Госпожа́ Шерли, представи́тель фи́рмы "Гебрюдер Аманн", нахо́дится на перегово́рах в А/О "Машиноимпорт" по по́воду реклама́ции и разгова́ривает с господи́ном Пло́тниковым, замдиректора.

П. - Здра́вствуйте, госпожа́ Шерли. Я рад, что вам удало́сь прийти́ так ско́ро.

Ш. - Здра́вствуйте, господи́н Пло́тников. Э́то не удиви́тельно, ведь мы получи́ли от ва́шего объедине́ния реклама́цию относи́тельно перегру́зочной устано́вки для зерна́, кото́рую мы поста́вили в го́род Тверь.

П. - Соверше́нно ве́рно. К сожале́нию, при монтаже́ устано́вки оказа́лось, что оди́н из ва́ликов разгружа́теля не рабо́тает. Из а́кта эксперти́зы ви́дно, что он не соотве́тствует техни́ческому описа́нию.

Ш. - Я не могу́ с ва́ми согласи́ться. Мы обяза́тельно отпра́вим специали́ста, что́бы он посмотре́л э́тот ва́лик на ме́сте.

П. - Кро́ме того́, вы должны́ бы́ли поста́вить нам э́ту устано́вку не поздне́е 20 ию́ня, а на са́мом де́ле на́ша фи́рма в го́роде Тверь получи́ла её на две неде́ли по́зже. Э́та заде́ржка причиня́ет на́шей фи́рме больши́е неприя́тности. Согла́сно контра́кту вы обя́заны уплати́ть нам пе́ню в разме́ре 0,5 % от о́бщей су́ммы за ка́ждую неде́лю заде́ржки.

Ш. - Мы должны́ отклони́ть э́ту прете́нзию, ведь, как мы сообщи́ли вам по те́лексу, э́та заде́ржка вы́звана обстоя́тельствами форс-мажо́р, а и́менно забасто́вкой рабо́тников тра́нспорта.

П. - Прости́те, но об э́том я ничего́ не знал. Я всё же хоте́л бы посове́товаться с на́шим дире́ктором, как то́лько он вы́здоровеет.

Ш. - Ра́зве он заболе́л? Я наде́юсь, не серьёзно? Жела́ю ему́ поскоре́е вы́здороветь.

П. - Спаси́бо, я ему́ переда́м. Сла́ва Бо́гу, у него́ то́лько грипп, но у него́ ещё высо́кая температу́ра. Я вам позвоню́, как то́лько мы вы́ясним вопро́с о заде́ржке поста́вки.

Ш. - Хорошо́. А мы реши́м вопро́с о ва́шей прете́нзии, как то́лько наш специали́ст прове́рит ва́лик.

Но́вые слова́

замдире́ктора = замести́тель дире́ктора

перегру́зочная устано́вка	Umladevorrichtung
зерно́	Getreide
монта́ж, -а́	Montage
ва́лик	Rolle
разгружа́тель	Entlader, Entladevorrichtung
всё же	trotzdem
выздора́вливать, -аю, -аешь вы́здороветь, -ею, -еешь	gesund werden

13.8.1.1

Отве́тьте на вопро́сы:

1. О чём идёт речь в да́нном диало́ге?
2. Кто разгова́ривает с кем?
3. Куда́ швейца́рская фи́рма поста́вила перегру́зочную устано́вку?
4. Когда́ бы́ло устано́влено, что ва́лик разгружа́теля не рабо́тает?
5. Что предлага́ет госпожа́ Шерли?
6. С чем свя́зана втора́я прете́нзия?
7. С како́й заде́ржкой была́ поста́влена устано́вка?
8. Каку́ю пе́ню до́лжен уплати́ть поставщи́к согла́сно контра́кту?
9. Почему́ швейца́рская сторона́ отклоня́ет прете́нзию?
10. Почему́ замдире́ктора А/О "Машинои́мпорт" не сра́зу мо́жет реши́ть вопро́с о цене́?

13.8.1.2

Напиши́те резюме́ э́того разгово́ра.

13.8.2 ДИАЛОГ II

Господи́н Пло́тников звони́т госпоже́ Шерли, что́бы сообщи́ть ей реше́ние дире́ктора.

Ш. - "Гебрюдер Аманн", Шерли у телефо́на.

П. - До́брое у́тро, госпожа́ Шерли! Э́то Пло́тников.

Ш. - Здра́вствуйте, господи́н Пло́тников. Как вы реши́ли вопро́с о заде́ржке поста́вки? Ваш дире́ктор вы́здоровел?

П. - Да, вы́здоровел. И он согласи́лся призна́ть обстоя́тельства форс-мажо́р согла́сно статье́ 12 контра́кта.

Ш. - Спаси́бо. Что каса́ется ва́шей прете́нзии, то наш специали́ст обнару́жил, что произошла́ оши́бка при монтаже́ ва́лика. Ва́лик по́лностью соотве́тствует техни́ческому описа́нию.

П. - Так как гаранти́йный срок ещё не истёк, мо́жет быть, заво́д-поставщи́к возьмёт на себя́ все расхо́ды, свя́занные с ремо́нтом?

Ш. - Оши́бка произошла́ по вине́ ва́ших специали́стов, кото́рые не соблюда́ли инстру́кции по монтажу́. Одна́ко ввиду́ на́шего долголе́тнего сотру́дничества с ва́шей фи́рмой мы пойдём вам навстре́чу.

П. - Я óчень рад, что вы пришли́ к такóму решéнию, благодарю́ вас.
Ш. - Пожáлуйста.

13.8.3 МИКРОДИАЛОГИ

13.8.3.1

- Как поживáет Сергéй Афанáсьевич? Емý ужé лýчше?
- К сожалéнию, он ещё не совсéм вы́здоровел.
- Как вы дýмаете, когдá он реши́т вопрóс о нáшей претéнзии?
- Я дýмаю, что зáвтра и́ли послезáвтра он бýдет на рабóте. Тогдá я срáзу же скажý емý, что вы звони́ли.
- Вы óчень любéзны. Передáйте Сергéю Афанáсьевичу, что я дóлжен вернýться домóй в концé э́той недéли и мне хотéлось бы узнáть егó решéние до отъéзда и, конéчно, мои́ наилýчшие пожелáния.
- Спаси́бо, обязáтельно передáм.

13.8.3.2

- Сегóдня мы получи́ли пáртию бумáжных салфéток, и опя́ть нéсколько пáчек бы́ло разóрвано. Э́то ужé трéтий раз.
- Не мóжет быть! Ведь на э́тот раз мы употребля́ли осóбенно прóчный упакóвочный материáл. Не понимáю, как э́то опя́ть моглó случи́ться. Вы о какóм трáнсе говори́те?
- Нóмер 78900.
- Минýточку, сейчáс посмотрю́. ... А, всё я́сно. У нас сейчáс рабóтает нóвый упакóвщик, и у негó ещё мáло óпыта. Конéчно, мы замéним повреждённые пáчки как мóжно скорée.
- Спаси́бо.
- Пожáлуйста.

Нóвые словá

бумáжная салфéтка	Papierserviette
óпыт	Erfahrung

13.8.4

Проведи́те разговóр на основáнии слéдующих дáнных:

A. - Sagen Sie Ihrem Partner, daß Ihre Firma leider reklamieren muß.
B. - Sie fragen, worum es geht.
A.- Sie erklären, daß es um die letzte Lieferung von Ersatzteilen für die Maschinen vom Typ X geht.
B. - Sie weisen darauf hin, daß die Warensendung vor ungefähr drei Wochen abgegangen ist.
A. - Sie bestätigen, daß Ihre Firma die Sendung erhalten habe, weisen aber darauf hin, daß die Lieferung bereits am 15. März hätte eintreffen sollen. Deshalb ist der Partner laut Vertrag, Punkt Nr. 13, verpflichtet, ein Pönale von 0,5 % der Gesamtsumme pro Woche zu zahlen, d. h. **für** drei Wochen (**за + 4.F.**).
B. - Sie erklären Ihrem Partner, daß die Sendung wegen des kalten Winters nicht früher geliefert werden konnte. Das sei Force majeure, und Sie müßten die Reklamation deshalb zurückweisen.
A. - Sie sind mit diesem Standpunkt nicht einverstanden und werden noch mit der Firmenleitung sprechen.
Nun machen Sie Ihren Partner darauf aufmerksam, daß die Verpackung in einigen Fällen nicht intakt war. Es muß noch festgestellt werden, ob irgendwelche Ersatzteile beschädigt wurden.
B. - Sie erklären, daß dies möglicherweise wegen eines neuen, unerfahrenen Verpackers passiert ist, hoffen aber, daß trotzdem nichts beschädigt ist, weil Sie besonders festes Verpackungsmaterial verwendet haben.
A. - Sie werden Ihrem Partner so bald wie möglich ein Telex über die Ergebnisse der Expertise schicken.
B.- Sie hoffen, daß die Zusammenarbeit Ihrer Firmen trotz dieses Vorfalls andauern wird.

14. ВЫСТАВКИ, ЯРМАРКИ, ТУРИЗМ

14.1 ОБРАЗЦЫ ПИСЕМ

14.1.1

ARKAN-COMPUTER-AKTIEN-GESELLSCHAFT

A-1011 Wien, Kärntnerring 32, Postfach 134, Tel. (0222)5127856-0
Fernschreiber 111756, Telegrammadr. ARCAN-COMP WIEN DVR 0074523

А/О "Экспоцентр"
Российская Федерация
107113, Москва,
Сокольнический вал, 1а

Ihr Zeichen	Ihre Nachricht vom	Unser Zeichen	Durchwahl	Datum
				25.01.19..

О проведении симпозиума в Москве

Уважаемые дамы и господа!

Ссылаемся на наше письмо от 29.11.19.., в котором мы предложили Вам провести симпозиум для специалистов по компьютерной технике. Предлагаем Вам два возможных срока для проведения этого трёхдневного симпозиума в Москве, а именно:

1. с 24 по 26 июня 19.. года и
2. с 16 по 18 октября 19.. года.

Надеемся, что наши предложения представляют для Вас интерес и просим Вас уточнить срок симпозиума и обсудить организационные вопросы с нашими компетентными сотрудниками в Москве.

Мы ожидаем Вашего скорого ответа и остаёмся

с уважением

Аркан-Компьютер АГ

Но́вые слова́

симпо́зиум	Symposium
проведе́ние	Durchführung
трёхдне́вный	dreitägig
уточня́ть, -я́ю, -я́ешь уточни́ть, -ю́, -и́шь	präzisieren

14.1.2

Кас.: симпозиума о компьютерной технике

Уважаемые дамы и господа!

Разрешите нам вернуться к нашему предложению провести трехдневный симпозиум для специалистов по компьютерной технике или других заинтересованных лиц или компаний, на котором мы планируем выступить с рядом докладов на такие темы как "Современное развитие лазерных принтеров", "Программное обеспечение 90-х годов", "Компьютерные сети на современном предприятии" и т.п.

Мы согласны с предложенным Вами новым сроком проведения симпозиума 8–10 ноября 19.. г.

Если с Вашей стороны имеются особые желания относительно выбора тем, то просим как можно скорее сообщить нам об этом. С австрийской стороны, по всей вероятности, в симпозиуме будут участвовать крупные специалисты фирмы "Хьюлетт Пакард" и представители нашей фирмы, которые в течение симпозиума готовы продемонстрировать новейшие модели компьютеров и переферийных устройств.

Наш сотрудник Зигфрид Бауэр приедет в Москву для обсуждения всех организационных вопросов в конце августа.

С уважением

Аркан Компьютер АГ.

Но́вые слова́

докла́д	Vortrag
по всей вероя́тности	aller Wahrscheinlichkeit nach

14.1.3 ОТВЕТ НА ПИСЬМО-ПРИГЛАШЕНИЕ

А/О "Экспоцентр"
г. Москва

О международной выставке "Курорты"

Уважаемые дамы и господа!

Благодарим Вас за письмо от ... и сообщаем, что наша фирма примет участие в международной выставке "Курорты" в г.Адлер с 24 сентября по 2 октября 19.. г.

В приложении направляем Вам проспекты, прейскуранты и проформа-счета на товары, которые мы хотели бы показать на выставке.

Просим выслать нам условия участия в выставке и бланки заявок.

С уважением

Приложение: упомянутое - 10 экз.

Но́вые слова́

бланк	Formular
зая́вка	Anmeldung
профо́рма-счёт	Proformarechnung

14.2 КОММЕНТАРИЙ

Вы́ставки, симпо́зиумы и я́рмарки предоставля́ют возмо́жность ознако́миться с достиже́ниями страны́ и́ли фи́рмы широ́кому кру́гу специали́стов, провести́ делово́е встре́чи с ру́сскими фи́рмами, конце́рнами, о́бществами и предприя́тиями, прочита́ть ле́кции и показа́ть рекла́мные видеофи́льмы и́ли видеофи́льмы по соотве́тствующим те́мам.
Мно́гие междунаро́дные вы́ставки в Росси́йской Федера́ции организу́ются Акционе́рным о́бществом "Экспоце́нтр" при соде́йствии Торго́во-промы́шленной пала́ты РФ.
Иностра́нные фи́рмы та́кже организу́ют симпо́зиумы и семина́ры для ознакомле́ния ру́сских специали́стов со свое́й но́вой проду́кцией.
Большо́е значе́ние на вы́ставках, симпо́зиумах и я́рмарках име́ют **делову́е встре́чи**. Для их подгото́вки, наприме́р для оказа́ния ви́зовой подде́ржки, для бро́ни номеро́в в гости́ницах и для назначе́ния встреч, нужна́ определённая перепи́ска (письмо́м, по те́лексу и́ли по фа́ксу), нужны́ телефо́нные перегово́ры.
Пое́здки с це́лью посеще́ния вы́ставок, съе́здов и я́рмарок, а та́кже делову́е встре́чи за грани́цей явля́ются ва́жной **фо́рмой тури́зма**.

Но́вые слова́

достиже́ние	Leistung, Errungenschaft
видеофи́льм	Videofilm
Торго́во-промы́шленная пала́та	Handels- und Industriekammer
ознакомле́ние	Bekanntmachen, Kennenlernen
оказа́ние ви́зовой подде́ржки	Visabefürwortung
бро́нь, -и	Reservierung
съезд	Kongreß

14.3 ТИПОВЫЕ ФРАЗЫ

Приглаша́ем Вас приня́ть уча́стие в V Междунаро́дной вы́ставке ...	Wir laden Sie ein, an der 5. Internationalen Ausstellung ... teilzunehmen.
Мы бу́дем ра́ды приве́тствовать Вас в ка́честве уча́стника вы́ставки.	Wir würden uns sehr freuen, Sie als Teilnehmer der Ausstellung zu begrüßen.
Мы гото́вы оказа́ть Вам вся́ческое соде́йствие.	Wir sind bereit, Ihnen jegliche Unterstützung zu erweisen.
Вы́ставка предоста́вит Вам возмо́жность обменя́ться о́пытом.	Die Ausstellung bietet Ihnen die Gelegenheit, Erfahrungen auszutauschen.
Усло́вия уча́стия в вы́ставке бу́дут при́сланы по Ва́шему запро́су.	Die Teilnahmebedingungen der Ausstellung werden Ihnen auf Anfrage zugesandt.
Зая́вки на уча́стие в симпо́зиуме принима́ются до 1 ию́ня 19.. г.	Anmeldungen zur Teilnahme am Symposium werden bis 1. Juli 19.. entgegengenommen.
Предлага́ем Вам провести́ симпо́зиум для специали́стов росси́йской ... промы́шленности.	Wir schlagen Ihnen vor, ein Symposium für Fachleute der russischen ... Industrie abzuhalten.
Предлага́ем сле́дующие сро́ки проведе́ния симпо́зиумов.	Wir schlagen Ihnen folgende Termine für die Abhaltung des Symposiums vor.
Проведе́ние симпо́зиума наме́чено на 15 апре́ля 19.. г.	Die Durchführung des Symposiums ist für den 15. April 19.. geplant.
Свиде́тельствую Вам своё почте́ние и обраща́юсь к Вам с про́сьбой...	Ich bezeuge Ihnen meine Hochachtung und wende mich an Sie mit der Bitte ...

Про́сим заброни́ровать на фами́лию "Хубер" но́мер на двои́х в гости́нице "Метропо́ль" на срок на́шего пребыва́ния в Москве́.	Bitte reservieren Sie auf den Namen "Huber" ein Zweibettzimmer im Hotel "Metropol" für die Dauer unseres Aufenthaltes in Moskau.
Все номера́ э́той гости́ницы со все́ми удо́бствами.	Alle Zimmer dieses Hotels sind gut ausgestattet.
Не могли́ бы Вы соста́вить экскурсио́нную програ́мму на воскресе́нье?	Könnten Sie ein Besichtigungsprogramm für Sonntag erstellen?
К сожале́нию, все одноме́стные номера́ за́няты.	Leider sind alle Einbettzimmer belegt.
Зара́нее благодари́м Вас за по́мощь и соде́йствие.	Wir danken Ihnen im voraus für Ihre Hilfe und Unterstützung.
Про́сим Вас оказа́ть нам ви́зовую подде́ржку.	Wir bitten Sie, uns Unterstützung beim Visum zu gewähren.
Благодари́м Вас за подтвержде́ние ви́зы для г-на ...	Wir danken Ihnen für die Bestätigung des Visums für Herrn ...
Про́сим связа́ться с фи́рмой ..., что́бы наме́тить встре́чу с на́шим сотру́дником.	Wir bitten Sie, sich mit der Firma ... in Verbindung zu setzen, um ein Treffen mit unserem Mitarbeiter festzusetzen.
За спра́вками про́сим обрати́ться по а́дресу: ...	Um Information wenden Sie sich bitte an die Adresse: ...
Приглаша́ем Вас посети́ть наш стенд на вы́ставке ...	Wir laden Sie ein, unseren Stand auf der Ausstellung ... zu besuchen.
Име́ем честь пригласи́ть Вас на приём по по́воду откры́тия симпо́зиума.	Wir haben die Ehre, Sie zu einem Empfang anläßlich der Eröffnung des Symposiums einzuladen.
Позво́льте нам пригласи́ть Вас на официа́льное откры́тие я́рмарки.	Gestatten Sie uns, Sie zur offiziellen Eröffnung der Messe einzuladen.
Мы бу́дем ра́ды, е́сли Вы смо́жете посети́ть докла́ды в ра́мках симпо́зиума.	Wir würden uns freuen, wenn Sie die Vorträge im Rahmen des Symposiums besuchen könnten.
На́ша фи́рма всегда́ к Ва́шим услу́гам.	Unsere Firma steht Ihnen stets zu Diensten.

Но́вые слова́

вся́ческий	jeglich, verschiedenartigst
свиде́тельствовать кому́-л. своё почте́ние	jemandem seine Hochachtung bezeugen (vor allem im diplomatischen Briefwechsel üblich)
брони́ровать, -ую, -уешь за-	reservieren
но́мер на двои́х	Zweibettzimmer
одноме́стная ко́мната (одноме́стный но́мер)	Einbettzimmer
позво́льте (=разреши́те)	gestatten Sie
услу́га	Dienst, Dienstleistung, Gefälligkeit

А/О "ЭКСПОЦЕНТР", "ИНОВЫСТАВКА"

ИНОСТРАННАЯ ФИРМА В РОССИЙСКОЙ ФЕДЕРАЦИИ

может не только УЧАСТВОВАТЬ В ЛЮБОМ МЕЖДУНАРОДНОМ СМОТРЕ СООТВЕТСВУЮЩЕЙ ТЕМАТИКИ, но и

- провести самостоятельную выставку своих изделий;
- организовать симпозиум или семинар;
- устроить выставку-отбор;
- ознакомить с каталогами и проспектами и т.д.

Выставочное мероприятие, с учетом желания фирмы, может быть проведено в различных городах Российской Федерации. Убедительно просим своевременно направить свои предложения в А/О "Экспоцентр" фирме "Иновыставка".

СОТРУДНИКИ ФИРМЫ ОКАЖУТ СОДЕЙСТВИЕ В:

- выборе места проведения;
- решении организационных вопросов;
- транспортировке грузов;
- монтаже и демонтаже экспонатов;
- строительстве стендов или их обслуживании;
- проведении рекламных мероприятий;
- установлении контактов с русскими коммерческими организациями и промышленными предприятиями.

ДОБРО ПОЖАЛОВАТЬ!

Наш адрес: Россия, 107113, Москва, Сокольнический вал, 1а, А/О "Экспоцентр", "Иновыставка". Телекс: 411185 ЭКСПО. Тел.: 268-70-83

14.3.1 УПРАЖНЕНИЯ

14.3.1.1

Напишúте, что ...

1. Ihrem Partner die Teilnahmebedingungen auf Anfrage zugeschickt werden.
2. Anmeldungen zur Teilnahme an der Ausstellung bis Ende November entgegengenommen werden.
3. die Abhaltung des Symposiums für den 21. und 22. Mai geplant ist.
4. Sie Ihrem Partner für Hilfe und Unterstützung danken.
5. Sie Ihren Partner bitten, sich mit der Handelsvertretung in Verbindung zu setzen.
6. sich Ihr Partner **um Informationen (за спрáвками)** an die Firma Ciba-Geigy wenden soll.
7. Sie Ihren Partner einladen, die Vorträge im Rahmen der Ausstellung zu besuchen.

14.3.1.2

Переведи́те:

1. Gestatten Sie uns, Sie zum offiziellen Empfang anläßlich der Eröffnung der Ausstellung einzuladen.
2. Wir laden Sie ein, unseren Stand auf der Frankfurter Messe zu besuchen.
3. Das Symposium gibt Ihnen Gelegenheit, mit russischen Fachleuten Meinungen auszutauschen.
4. Wir teilen Ihnen mit, daß die Durchführung des Symposiums für den 3. Juni geplant ist.
5. Wir danken Ihnen für die Unterstützung des Visums für Herrn K.
6. Wir bitten Sie, das Visum für Herrn Rosenbauer, geb. am 28. 3. 1958 in Kassel, zu bestätigen.
7. Wir begrüßen die Teilnehmer an der V. Internationalen Ausstellung zum Thema "Elektronik".
8. Wir bestellen für die Vertreter der Firma Hollstein und Fuhrmann drei Zimmer der Kategorie I für die Zeit vom 23. bis 25. 12. 19..
9. Leider müssen wir die Zimmerreservierung für die Firma Knoflacher (14.–18. 3. 19..) in Ihrem Hotel stornieren.
10. Unsere Delegation wird nicht am 9. November 19.., sondern erst am 11. November 19.. eintreffen.

14.3.1.3

ВЕЛЕС

ТОРГОВЫЙ ДОМ

Предновогодняя оптовая распродажа
со склада в Москве.
Скидка до 25 %!

ШАМПАНСКОЕ, ВИНО и КРЕПКИЕ
СПИРТНЫЕ НАПИТКИ.

Широкий ассортимент!
Производство ФРАНЦИИ, ГЕРМАНИИ, АВСТРИИ и США.
А также всемирно известная жевательная резинка "DONALD DUCK"!

По желанию заказчика обеспечиваем контрактные поставки по каталогам ведущих зарубежных фирм и доставку товара в пределах России.

Тел. (095) 907-97-11, 426-58-28,
303-34-72, 304-97-46.

Вы явля́етесь главо́й то́лько что откры́того представи́тельства кру́пной за́падной фи́рмы в Москве́. Так как вре́мя от вре́мени вам прихо́дится организо́вывать приёмы для ва́ших деловы́х партнёров, вам ну́жен определённый запа́с спиртны́х напи́тков прести́жных ма́рок. До сих пор вы ещё не нашли́ подходя́щего поставщика́. Поэ́тому вы звони́те по ука́занному а́дресу.

Но́вые слова́

глава́	Haupt, Leiter, Kapitel
то́лько что	soeben, vor ganz kurzer Zeit
вре́мя от вре́мени	von Zeit zu Zeit
приём	Empfang
запа́с	Vorrat

спиртно́й напи́ток	alkoholisches Getränk, Schnaps
прести́жный	prestigeträchtig, angesehen
подходя́щий	passend

TIM ltd.
Russian — Austrian
Joint Venture
JULIUS MEINL — TIM —
SUPERMARKET

МЫ ПРЕДЛАГАЕМ АВСТРИЙСКИЕ ПИЩЕВЫЕ ПРОДУКТЫ ПОВСЕДНЕВНОГО СПРОСА И ДЛЯ ПРАЗДНИЧНОГО СТОЛА:
изысканные свежие продукты, бакалейные товары, консервированные натуральные продукты, лучшие сыры, великолепные гастрономические товары, прекрасный шоколад и кондитерские изделия, кофе и чай, соусы и специи, алкогольные и безалкогольные напитки, а также сигареты и сопутствующие товары.

Оплата наличной твердой валютой и по кредитным карточкам.

Супермаркет "JULIUS MEINL" — "TIM":
Центральный Дом туриста,
1-й этаж — Москва,
Ленинский проспект, 146.
Телефон: 938-22-97,
438-34-44.
Факс: 434-90-65.

14.4 ДОПОЛНИТЕЛЬНЫЕ ПИСЬМА И ТЕЛЕКСЫ

14.4.1

Уважаемый господин Вагнер!

Посылаем Вам информационную справку о продукции, выпускаемой нашей отраслью. Мы надеемся на то, что она поможет Вам лучше узнать возможности отрасли в плане организации более тесного сотрудничества, в том числе и на компенсационной основе, о чем шла речь на встрече министра Российской Федерации Б. В. Беловского с г-ном Й.Берчем, президентом отраслевого союза машинистроителей и стальной промышленности Австрии, в конце октября 19.. г.

Одновременно высылаем Вам список тем лекций, которые могли бы прочитать наши специалисты для ознакомления австрийских специалистов по машиностроению с достижениями нашей науки и техники, если Вы сочтёте полезным организовать такой семинар в Австрии.

Заранее благодарим Вас за помощь и содействие.

С глубоким уважением

В. Серебряков

начальник Управления внешних сношений

Но́вые слова́

станкострои́тельный	Werkzeugmaschinenbau-
спра́вка	Information, Auskunft
в пла́не чего́-л.	im Sinne von etwas
те́сный	eng
отраслево́й	Branchen-, Fach-
счита́ть, -а́ю, -а́ешь / счесть, сочту́, сочтёшь } чем-л.	etwas halten für, betrachten als
зара́нее	im voraus
сноше́ния	Beziehungen

14.4.2

Кас.: немецкой фирмы GATEX KÖLN

Уважаемый господин Воронов!

Свидетельствую Вам своё почтение и обращаюсь к Вам с просьбой организовать встречу для представителя вышеназванной фирмы, г-на ХОФМАНА, с Вами и с господами В.А КОНЧИНЫМ и М. С. НИКИТИНЫМ. Г-н Хофман будет в Москве с 11 по 15 ноября с.г.

Фирма "GATEX" выпускает эталоны для рационального изготовления форм и инструментов для обработки пластмасс.

Заранее благодарю за Ваше содействие.

С глубоким уважением

Но́вые слова́

этало́н	Eichmaß, Mustergewicht
рациона́льный	rationell
изготовле́ние	Herstellung
обрабо́тка	Bearbeitung

14.4.3

О ярмарке "ОТДЫХ, РАЗВЛЕЧЕНИЯ"

Уважаемые господа!

С благодарностью подтверждаем получение Вашего письма от 14 октября 19.. года.

Мы ещё раз с признательностью и удовлетворением отмечаем Вашу готовность участвовать в "УНИВЕРСАЛЬНОЙ МЕЖДУНАРОДНОЙ ВЫСТАВКЕ-ЯРМАРКЕ" "ОТДЫХ, РАЗВЛЕЧЕНИЯ" и "РЕКЛАМА, ИНФОРМАЦИЯ" в г. Новокузнецк.

В соответствии с Вашим письмом мы направляем Вам список российских участников ярмарки и перечень докладов.

С уважением

Но́вые слова́

призна́тельность, -и	Dankbarkeit, Verbundenheit
удовлетворе́ние	Befriedigung, Genugtuung
гото́вность, -и	Bereitschaft
пе́речень, пе́речня	Verzeichnis, Liste

■ — Богатый опыт проведения Международных выставок-ярмарок и презентаций в свободной экономической зоне.

Квалифицированные специалисты.
Современное оборудование.
Качественное обслуживание.

■ — Широчайший выбор продукции производственно - технического назначения, товаров народного потребления и продуктов питания.

Встречи с сотнями представителей деловых кругов России и всего мира.

Прямые контакты с производителями энергетических и коксующихся углей, черных и цветных металлов, лесоматериалов и продукции химической промышленности.

■ — Блестящая возможность открыть новые пути сбыта продукции, заключить взаимовыгодные контракты.

ЯРМАРКА — ПУТЬ К УСПЕХУ, ПРОВЕРЕННЫЙ МИРОВОЙ ПРАКТИКОЙ!

18-20 мая 1994 года международные выставки ярмарки: "УНИВЕРСАЛЬНАЯ МЕЖДУНАРОДНАЯ ВЫСТАВКА-ЯРМАРКА" "ОТДЫХ. РАЗВЛЕЧЕНИЯ" (индустрия развлечений, игровые автоматы, аттракционы, спортинвентарь, музыкальные инструменты, теле- и радиоаппаратура, туристические услуги - все для досуга и хобби). "РЕКЛАМА. ИНФОРМАЦИЯ" (продукция рекламных и рекламно-информационных агентств, презентации средств массовой информации, полиграфия).

Акционерное общество
"Кузбасская ярмарка"

Россия, 654005, г. Новокузнецк, ул. Орджоникидзе, 18.
Тел: (3843) 45-28-86, 46-49-58, 45-36-79.
Факс: (3843) 45-36-79, 44-41-00.
Телекс: 215111 TEMP SU.
Телетайп: 277128 ТЕМП.

14.4.4. ТЕЛЕКСЫ

14.4.4.1

TELEX

BLAGODARIM ZA OKAZANIE VIZOVOI PODDERJKI. PROSIM SVIAZATSIA S NEMECKIM TORGPREDSTVOM V MOSKVE PO VOPROSU VSTRECHI.
UVAJENIEM

TELEX

14.4.4.2

TELEX

SSYLAEMSIA NA NASH TELEX NO. 02011 OT 03.030 19..KAS. PRIEZDA DELEGACII VRACHEI POLTAVSKOGO ZAVODA PO PRIGLASHENIIU VOEST-ALPINE LINZ. PROSIM PERENESTI POEZDKU VMESTO 13-I NEDELI NA 19-IU NEDELIU. BLAGODARIM.
UVAJENIEM

TELEX

14.4.5 ПИСЬМА ПО ТУРИЗМУ

14.4.5.1

Ульрих Штайнингер
Ландштрассе 70
4020 Линц

Линц, 13 февраля 19..г.

Russische Botschaft
Посольство Российской Федерации в Австрии
Reisnerstr. 45-47
1030 Wien

Уважаемые господа!

Я уже несколько лет с большим интересом изучаю русский язык. Полное владение иностранным языком включает не только знание языка, но и знания о стране. Поэтому я собираюсь совершить четырёхнедельную поездку по Российской Федерации вместе со своей семьёй этим летом на своей автомашине.

Прошу выслать мне информационный материал.

Заранее благодарю.

С уважением

14.4.5.2

Уважаемый господин Штайнингер!

Благодарим за Ваше письмо от 13.2.19..г.

В приложении направляем Вам брошюру со сведениями о правилах индивидуального автомобильного движения в Российской Федерации, маршрутах, гостиницах и т.п. За подробными справками просим обратиться в Ваше местное бюро "Интуриста".

Желаем Вам приятного пребывания в Российской Федерации.

С уважением

14.4.5.3

Уважаемые господа!

Австрийская туристская группа, состоящая из 12 человек, прибывает 3 апреля с.г. в Москву. Нужно пять номеров на двоих и два номера на одного человека, желательно в гостинице "Международная" или "Националь". Группа выезжает из Москвы 17 апреля.

Просим срочно подтвердить бронь на соответствующие номера.

С уважением

14.4.5.4

ÖSG-Reisedienst GmbH.

A-1040 Wien, Brahmsplatz 8, Tel. 0222-505 67 94

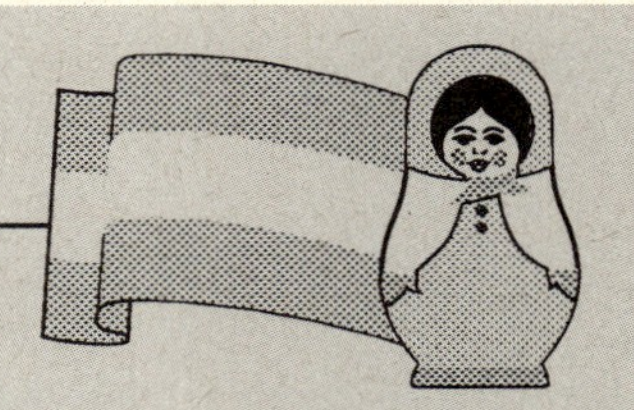

Российская Федерация
123456, г. Москва,
ул. Дубровского, 24
ТОО "Авион Тур"
Сахарову П.Н.
Rußland

Wien, 04.06.19..г.

Кас.: **VIP-группы проф. Майера, 30 человек, № АФТ 240, Санкт -Петербург 12.06.-19.06.19..г.**

Уважаемый господин Сахаров!

Сообщаем Вам программу, предусмотренную для нашей VIP-группы во главе с проф. Майером в Санкт-Петербурге от 12 до 19 июня 19..г.

Программа:
12.06. прибытие рейсом SU-2658 в 21.20 ч., трансфер в гостиницу "Прибалтийская", ужин
13.06. экскурсия по городу, Петропавловская крепость, обед в ресторане Аустерия (в Петропавловской крепости), Смольный и Домик Петра I, ужин, вечерняя программа
14.06. Эрмитаж, на обед сухой паек, затем Дом-музей А.С.Пушкина, ужин, вечерняя программа
15.06. Экскурсия в Петродворец на судне на подводных крыльях, обед в Петродворце, затем Русский музей, ужин, вечерняя программа
16.06. Экскурсия в Дом-музей художника Репина, на обед сухой паек, ужин, вечерняя программа
17.06. Экскурсия в г. Пушкин, обед в гостинице "Пулковская", ужин
18.06. Исаакиевский собор, Александро-Невская лавра и кладбище, обед в гостинице "Москва", ужин, вечерняя программа
19.06. свободное время, обед, трансфер в аэропорт, вылет рейсом SU-3657 в 15.30 ч.

Предусматриваются следующие вечерние мероприятия:
- 3 раза опера или балет в Мариинском театре
- фольклор
- торжественный ужин
- вечерняя прогулка на теплоходе по каналам Санкт-Петербурга (включая закуски и напитки)

Заранее благодарим и остаёмся

с уважением

Антон Шагер

Приложение: список участников 30 человек, (8 одноместных номеров, 11 номеров на двоих)

Geschäftsleitung: 1040 Wien, Brahmsplatz 8, Tel. 0222-505 67 94, Fax 0222-505 62 63, Tlx. 01-33 802
Buchungsstelle: 1040 Wien, Favoritenstraße 24, Tel. 0222-505 38 12, Fax 0222-505 38 13, Tlx. 01-33 441

Нóвые словá

Петропáвловская крéпость	Peter-und-Pauls-Festung
Смóльный (институ́т)	Smolnyj (Palast in St. Petersburg)
сухóй паёк	Lunchpaket
Петродворéц (Петергóф)	Schloß Peterhof bei St. Petersburg
су́дно на подвóдных кры́льях	Tragflügelboot
худóжник	Maler, Künstler
Исаáкиевский собóр	Isaakskathedrale
Алексáндро-Нéвская лáвра	Alexander-Newski-Kloster
клáдбище	Friedhof
мероприя́тие	Veranstaltung
Мари́инский теáтр	Marientheater in St. Petersburg
фольклóр	Folklore, Brauchtumsveranstaltung
торжéственный	feierlich, Gala-

Санкт-Петербург, Русский музей и памятник А. С. Пушкину

14.5 УПРАЖНЕНИЯ

14.5.1

Напишите пи́сьма-приглаше́ния:

1. Die Firma "Intermoden" lädt zu der Eröffnung der Ausstellung "TEXTIL 2000" in Moskau, Ausstellungskomplex Krasnaja Presnja, am 24. 11. 19.. um 11.00 Uhr ein. Sie macht außerdem auf die Vorträge aufmerksam, die zur im Katalog angegebenen Zeit ebenfalls im Ausstellungskomplex stattfinden werden.
2. Sie laden Ihren russischen Partner zu einem Symposium zum Thema "Recycling" ein, das im Rahmen der Leipziger Messe im Ausstellungsgelände, Pavillon 4, vom 26. bis 28. 4. 19.. stattfinden wird. Sie weisen darauf hin, daß internationale Fachleute über 30 Vorträge zu den Fragen der Technologie und Ausrüstung für das weite Gebiet des Recyclings halten werden. Gleichzeitig besteht die Möglichkeit, die modernsten Anlagen und Geräte auf dem Gebiet des Recyclings während der Messe auf Ihrem Stand in Pavillon 4 und 5 im Betrieb zu besichtigen. Sie würden sich über eine Teilnahme russischer Spezialisten sehr freuen.

14.5.2

Напишите фа́ксы по сле́дующим да́нным:

1. Sie bitten den stellvertretenden Generaldirektor der A/O "LADAEXPORT", die Gewährung der Visa an Hans Ranftl, geb. 14. 03. 1942 in Salzburg, österreichischer Staatsbürger, und den schwedischen Staatsbürger Olaf Jakobson, geb. 28. 06. 1948 in Hamburg, zu bestätigen, die als Vertreter der deutschen Firma "Auto-Hansa" in Moskau vom 21. 01. bis 24. 01. 19.. Verhandlungen in der A/O "LADAEXPORT" über Modifikationen der Type Lada Samara 2109 führen sollen.
2. Sie beziehen sich auf Telex Nr. 65 vom 28. 5. .. und bestätigen das Treffen mit Herrn Abramow in Moskau in der Zeit vom 25. bis 29. August d.J. und danken für die Einladung zum Mittagessen. Sie weisen darauf hin, daß das genaue Datum des Treffens noch zusätzlich vereinbart werden wird.

14.5.3

Напишите делові́е пи́сьма по сле́дующим да́нным:

1. Schreiben Sie an die A/O "Expozentr", und bitten Sie um Informationen über die Teilnahmebedingungen an der Ausstellung "Reklama". Sie haben die Anzeige in der Zeitung "Moskovskie novosti" Nr. 37 vom 13. 9. 19.. gelesen und interessieren sich für diese Ausstellung.
2. Sie bedanken sich für die Einladung zur Teilnahme an der Messe und teilen mit, daß Ihre Firma selbst nicht teilnehmen wird, sondern von der Firma KORA vertreten wird.
3. Sie beziehen sich auf die Anfrage Nr. 193 und danken für die Erhöhung der Menge. Sie werden Ihr Angebot bis zum 19. Oktober absenden. Sie wollen Ihren Vertreter vom 12. bis 14. Nov. nach Moskau schicken und bitten Ihren Geschäftspartner, das Visum Ihres Vertreters in der russischen Botschaft in Bonn zu bestätigen. Karl Wagner wurde am 22. 1. 1956 in Nürnberg geboren, ist deutscher Staatsbürger, Paß Nr. .... Sie bitten um umgehende Antwort.

14.5.4

Напишите делові́е пи́сьма по сле́дующим да́нным:

1. Das österreichische Reisebüro Walter Schauerhuber (Maria-Theresien-Straße 5, A-6030 Innsbruck) ersucht die russische Firma "Expozentr" (Rußland, 107113, Moskau, Sokolnitscheskij wal, 1a) um Erstellung eines Angebots. 26 österreichische Studenten wollen vom 27. bis 31. Mai d.J. die internationale Ausstellung "Architektura i stroitel´stvo" in Nischni Nowgorod besuchen und benötigen daher eine Unterkunft für diesen Zeitraum. Gewünscht wird ein Hotel mittlerer Kategorie möglichst in Zweibettzimmern mit Halbpension (=Frühstück und Abendessen) sowie Besichtigungsprogramm für Samstag oder Sonntag mit einem deutschsprachigen **Fremdenführer (экскурсово́д).**

2. "Expozentr" schickt ein Angebot folgenden Inhalts: Im gewünschten Zeitraum sind fast alle Hotelzimmer in Nischni Nowgorod bereits belegt. Man kann nur Einzelzimmer im Hotel "Intourist" zum Preis von US-Dollar 140,– **pro Tag (за сýтки)** anbieten. Wenn das österreischische Reisebüro einverstanden ist, möge es möglichst bald die Zimmer buchen (=bestellen), da die Nachfrage sehr groß ist. Prospekte über Nischni Nowgorod werden beigelegt.

14.5.5

Напиши́те факс по слéдующим дáнным:

Sie schreiben an das Reisebüro "SINEUS" und teilen Ihre Wünsche für die vom 15. bis 22. 07. geplante Reise nach Moskau und Sankt Petersburg mit:

15. 06. Ankunft in Moskau mit Flug Nr. SU-262, Transfer ins Hotel "Intourist", Abendessen
16. 06. Kremlbesichtigung mit Uspénskij sobor, Blagovéščenskij sobor, Archángel´skij sobor. **Rüstkammer (Оружéйная палáта)**, Mittagessen, **Tretjakow-Galerie (Третьякóвская галерéя)**, Abendessen
17. 06. Stadtrundfahrt mit Besichtigung des **Novodevičij-Klosters (Новодéвичий монасты́рь)**, Mittagessen, Puschkin-Museum, Abendessen
18. 06. Ausflug nach Sérgiev Posád (ehem. Zagórsk), Mittagessen, nachmittags Spaziergang auf dem Arbat, durch das alte Moskau, Abendessen, Abfahrt mit dem Nachtschnellzug, Schlafwagen 1. Klasse, nach Sankt Petersburg
19. 06. Ankunft in St. Petersburg, Transfer ins Hotel "Astoria", Kategorie 1. Klasse, Stadtrundfahrt mit Peter-und-Pauls-Festung, Smol´nyj und **Taurischem Palast (Таври́ческий дворéц)**, Mittagessen, Eremitage, Abendessen
20. 06. Eremitage (2. Besuch), Mittagessen, Ausflug nach Puschkin, Abendessen, abendliche Rundfahrt durch die Kanäle mit Snacks und Getränken
21. 06. Ausflug nach Peterhof mit dem Tragflügelboot, Mittagessen, Russisches Museum, Abendessen
22. 06. Spaziergang auf dem Newskiprospekt, Mittagessen, Abflug mit Flug Nr. SU-3657 um 15.40 Uhr

Sie bitten um eine gute Dolmetscherin, da einige Teilnehmer nicht russisch sprechen.
Unterbringung: 12 Einzelzimmer, 5 Doppelzimmer, insgesamt 22 Personen. Weiters bitten Sie um Bekanntgabe des Programms des Bolschojtheaters für den 16. und 17. 07. Sie legen die Namenslisten bei.

14.6 ДИАЛОГ I

Дире́ктор вы́ставки "Совреме́нная промы́шленная те́хника Австрии", г-н Хёллер, встреча́ет гру́ппу росси́йских журнали́стов во главе́ с г-ном Чаплы́гиным.

Х. - Добро́ пожа́ловать на на́шу вы́ставку.

Ч. - Благодарю́ за приглаше́ние. Вы́ставка о́чень больша́я.

Х. - Да. В ней уча́ствует 180 австри́йских фирм, э́то одна́ из са́мых кру́пных экспози́ций, когда́-либо проводи́вшихся на́шей страно́й за рубежо́м. Фи́рмы демонстри́руют свои́ экспона́ты на пло́щади о́коло 11 ты́сяч квадра́тных ме́тров.

Ч. - Мы о́чень высоко́ оце́ниваем состоя́ние росси́йско-австри́йских торго́во-экономи́ческих свя́зей. В чём же гла́вная цель вы́ставки?

Х. - Гла́вная цель - продемонстри́ровать возмо́жности австри́йских фирм в це́лях расшире́ния делово́го сотру́дничества с росси́йскими организа́циями.

Ч. - Кем организо́вана экспози́ция?

Х. - Она́ организо́вана Федера́льной пала́той эконо́мики Австрии в сотру́дничестве с А/О "Экспоцентр" Торго́во-промы́шленной пала́ты Росси́йской Федера́ции. Разреши́те показа́ть вам вы́ставку. Большо́й интере́с у посети́телей и специали́стов вызыва́ет произво́дственный мо́дуль фи́рмы "Хайд", кото́рый мо́жет испо́льзоваться в соста́ве ги́бких произво́дственных систе́м.

Ч. - О́чень интере́сно. Нам ещё хоте́лось бы посмотре́ть промы́шленный ро́бот "Фа́роб", о кото́ром мы мно́го слы́шали.

Х. - Пожа́луйста. Дава́йте пойдём к павильо́ну фи́рмы "Фёст-Альпине", кото́рая демонстри́рует э́тот ро́бот. Вот он. Посмотри́те техни́ческое описа́ние на ру́сском языке́.

Ч. - Спаси́бо.

Х. - До демонстра́ции ро́бота оста́лось ещё полчаса́. Дава́йте пока́ зайдём в перегово́рную. Приглаша́ю вас на ча́шку ко́фе и́ли ча́я с бутербро́дами.

Ч. - Не откажу́сь, спаси́бо.

Х. - Сади́тесь, пожа́луйста. Вам ко́фе и́ли чай?

Ч. - Мне, пожа́луйста, ко́фе без молока́ и без са́хара.

Х. - Вот ко́фе и бутербро́ды. Угоща́йтесь.

Но́вые слова́

вызыва́ть, -а́ю, -а́ешь / вы́звать, вы́зову, вы́зовешь } интере́с	Interesse hervorrufen
мо́дуль, -я	Modul
ги́бкий	flexibel
ро́бот	Roboter
перегово́рная	Besprechungszimmer

14.6.1

Отве́тьте на вопро́сы:

1. Каку́ю пло́щадь занима́ет вы́ставка?
2. Какова́ цель вы́ставки?
3. Каки́е организа́ции уча́ствуют в проведе́нии вы́ставки?
4. Чем отлича́ется мо́дуль фи́рмы "Хайд"?
5. Како́й экспона́т интересу́ет росси́йских журнали́стов?
6. Где и когда́ бу́дет продемонстри́рован ро́бот "Фа́роб"?
7. Где дире́ктор вы́ставки угоща́ет свои́х госте́й?

14.6.2

Господи́н Чаплы́гин запи́сывает гла́вные да́нные о вы́ставке.

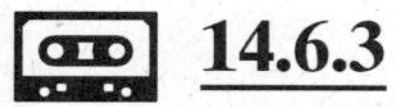

14.6.3

Представи́тель фи́рмы "Сименс АГ", г-н Кайзер, разгова́ривает с росси́йскими специали́стами на вы́ставке "Связь 2000" в г. Ни́жний Но́вгород. Допо́лните ре́плики по сле́дующим да́нным: (К. - Кайзер, С. - росси́йский специали́ст)

К. - Sie begrüßen die russischen Fachleute im Pavillon der Firma Siemens recht herzlich.

С. - Спаси́бо за тёплый приём. Мы с удово́льствием пришли́ на вы́ставку в ваш павильо́н, потому́ что мы интересу́емся **нови́нками (нови́нка – Neuheit)** за́падной **те́хники свя́зи (Nachrichtentechnik)**.

К. - Sie freuen sich über das Interesse und weisen darauf hin, daß dies die größte Ausstellung ist, die jemals von Ihrer Firma in Rußland organisiert wurde. 10 Betriebe der Siemens AG zeigen ihre Exponate auf einer Fläche von 1000 Quadratmetern. Sie fragen, wofür sich die Gäste besonders interessieren.

С. - Нам хоте́лось бы посмотре́ть сре́дства сигнализа́ции и свя́зи для желе́зных доро́г.

К. - Sie sind gerne dazu bereit, einige interessante Exponate zu zeigen. Weisen Sie auf das Modell des Bahnhofs Wien-Kledering hin, der 1986 eröffnet wurde und mit einem **Signalsystem (систе́ма сигнализа́ции)** Ihrer Firma ausgerüstet wurde. Sie geben Ihren Gästen die technische Beschreibung in russischer Sprache.

С. - Благодарю́ вас. О́чень интере́сно посмотре́ть систе́му сигнализа́ции в де́йствии, да́же с моде́лями поездо́в. Мо́жно себе́ хорошо́ предста́вить, как э́та сите́ма рабо́тает.

К. - Sie zeigen nun Fotos und technische Daten des Bahnhofs Chiasso in der Schweiz, der ebenfalls von Siemens mit einem Signalsystem **ausgerüstet (обору́дован)** wurde. Betonen Sie, daß dieses System auch **bei schwierigen klimatischen Bedingungen (в тру́дных климати́ческих усло́виях)** ausgezeichnet funktioniert.

С. - Это о́чень ва́жно для на́шей страны́, наприме́р для БАМа на Да́льнем Восто́ке. Большо́е вам спаси́бо за информа́цию.

К. - Sie erlauben sich, die Gäste ins Besprechungszimmer zu einer Tasse Tee oder Kaffee einzuladen.

14.6.4 ДИАЛОГ II (продолжение диалога I)

Ч. - Закупа́ют ли австри́йские фи́рмы маши́ны и обору́дование из стран СНГ?

Х. - Да. Вот два приме́ра. Фи́рма Фогель-Пумпен закупа́ет обору́дование для комплектова́ния устано́вок, стро́ящихся в Австрии по зака́зам из стран СНГ, в том числе́ ди́зель-генера́торы, насо́сы. И здесь на вы́ставке был заключён контра́кт на поста́вку в Австрию 100 тра́кторов МТЗ-82 Ми́нского тра́кторного заво́да.

Ч. - Каки́е возмо́жности для информа́ции специали́стов предоставля́ет вы́ставка?

Х. - Прово́дится нау́чно-техни́ческий симпо́зиум, на кото́ром на́ши специали́сты выступа́ют с докла́дами.

Ч. - Я счита́ю,что э́то о́чень ва́жное мероприя́тие. С каки́ми росси́йскими А/О, в ча́стности, веду́тся перегово́ры в ра́мках э́той экспози́ции?

Х. - Пока́ с А/О "Машинои́мпорт", "Техпроми́мпорт", "Энергомашэ́кспорт", "Химэ́кспорт", а вы́ставка бу́дет откры́та ещё до 11 апре́ля.

Ч. - Почему́ здесь рабо́тает комме́рческий центр Министе́рства вне́шней торго́вли Росси́йской Федера́ции?

Х. - Он ока́зывает по́мощь австри́йским фи́рмам в организа́ции и проведе́нии на вы́ставке комме́рческой и рекла́мной рабо́ты. Одно́й из це́лей явля́ется нала́живание деловы́х конта́ктов и но́вых форм сотру́дничества, наприме́р произво́дственной коопера́ции.

Ч. - Хоте́лось бы сказа́ть, что ва́ша вы́ставка мне о́чень нра́вится как по содержа́нию, так и по оформле́нию. Я наде́юсь, что австри́йские изде́лия вы́зовут интере́с со стороны́ на́ших специали́стов.

Х. - Благодарю́ за положи́тельный о́тзыв. Мы то́же наде́емся, что бу́дут заключены́ вы́годные сде́лки.

Но́вые слова́

комплектова́ние	Komplettierung
ди́зель-генера́тор	Dieselgenerator
насо́с	Pumpe
в ча́стности	insbesondere
нала́живание	Anbahnung
оформле́ние	Gestaltung
со стороны́ +2.F.	seitens
о́тзыв	Urteil, Meinung, Äußerung

14.6.4.1

Отве́тьте на вопро́сы:

1. Каки́е австри́йские фи́рмы закупа́ют обору́дование из стран СНГ?
2. Каки́е тра́кторы и ско́лько поста́вит Ми́нский тра́кторный заво́д?
3. Каки́е А/О уча́ствуют в перегово́рах на вы́ставке?
4. Каку́ю по́мощь ока́зывает австри́йским фи́рмам комме́рческий центр Министе́рства вне́шней торго́вли?
5. Как оце́нивают рабо́ту вы́ставки росси́йские журнали́сты?

14.6.4.2

Российский журнали́ст пи́шет статью́ об австри́йской вы́ставке.

14.6.5 ДИАЛОГ

Делово́й челове́к хо́чет соверши́ть экску́рсию и обраща́ется в бюро́ обслу́живания. (С. - слу́жащая, Д. - делово́й челове́к)

С. - Здра́вствуйте. Чем могу́ быть поле́зна?

Д. - В програ́мме на́шей делега́ции предусмо́трена двухдне́вная экску́рсия. Вы не ска́жете, куда́ мы пое́дем?

С. - Вы из како́й страны́?

Д. - Из ФРГ.

С. - Сейча́с посмотрю́. Да. Для вас зака́зана экску́рсия по "Золото́му кольцу́ Росси́и", по города́м Влади́мир, Су́здаль, Росто́в Вели́кий, Яросла́вль, Се́ргиев Поса́д.

Д. - Ой, как жаль. Не́сколько челове́к из на́шей гру́ппы уже́ бы́ли там. Как вы счита́ете, мо́жно ещё измени́ть програ́мму? Нам о́чень хоте́лось бы пое́хать в Ки́жи, в Каре́лию.

С. - Я вас понима́ю. Постара́юсь. То́лько э́то гора́здо доро́же сто́ит, вы зна́ете?

Д. - Да, коне́чно. А когда́ мы узна́ем об экску́рсии?

С. - Зайди́те че́рез час.

Д. - Спаси́бо.

Но́вые слова́

поле́зный	nützlich
стара́ться, -а́юсь, -а́ешься по-	sich bemühen
разреше́ние	Erlaubnis

14.6.6 РАЗГОВОР О ПОКУПКАХ

Тури́ст спра́шивает перево́дчика, как сде́лать поку́пки в Москве́.

П. - Здра́вствуйте! Чем могу́ помо́чь?

Т. - Здра́вствуйте! Я за́втра уезжа́ю и хоте́л бы ещё купи́ть сувени́ры. Что вы мне порекоменду́ете?

П. - Не зна́ю, что вам посове́товать, э́то же де́ло вку́са. Обы́чно тури́стам нра́вятся матрёшки, па́лехская миниатю́ра, семёновские изде́лия, наприме́р ло́жки, посу́да. Други́е покупа́ют компа́ктные ди́ски, кни́ги...

Т. - А где лу́чше всего́ купи́ть сувени́ры?

П. - За валю́ту быва́ет хоро́ший вы́бор в ра́зных магази́нах на Тверско́й у́лице (бы́вшей у́лице Го́рького) и́ли на Петро́вке.

Т. - За рубли́ то́же мо́жно купи́ть?

П. - Коне́чно, и на Тверско́й у́лице и на Петро́вке, а та́кже на Арба́те, где нахо́дится мно́го ча́стных кио́сков и ларько́в.

Т. - Я слы́шал, что са́мый большо́й магази́н Москвы́ - ГУМ. Там то́же быва́ют изде́лия наро́дного тво́рчества?

П. - Да, коне́чно, они́ там продаю́тся, и во всех больши́х гости́ницах име́ются магази́ны, где продаю́т сувени́ры за рубли́ и за СКВ, т.е. за валю́ту. Кро́ме того́, вы мо́жете купи́ть ещё сувени́ры в "Дьюти фри шоп" в аэропорту́ Шереме́тьево.

Но́вые слова́

матрёшка	"Schachtelpuppe"
па́лехская миниатю́ра	Miniaturen aus dem Dorf Palech
семёновский	aus der Stadt Semjonow, Semjonow-
посу́да	Geschirr
ларёк, ларька́	Verkaufsstand

Москва, Кремль

15. СЛУЧАЙ ИЗ ДЕЛОВОЙ ПРАКТИКИ

15.1

Российская Федерация
121200, Москва,
Смоленская-Сенная пл., 32/34,
А/О "Проммашимпорт"
фирма "Промбуммаш"

Мюнхен, 02.01.19.. г.
N° 14/19..

О твёрдых покрытиях из окиси алюминия фирмы "ИБС"

Уважаемые дамы и господа!

Наша фирма является ведущим производителем керамических деталей для бумагоделательных машин.

В приложении пересылаем Вам подробную техническую спецификацию твёрдых покрытий из окиси алюминия и просим Вас рассмотреть её.

С интересом ждём Вашего ответа.

С уважением
"ИБС-Кунстштоффверк"
Дир. д-р Хоффманн

15.2

TELEX

TELEX 587
10.01.19.. G.
A/O PROMMASHIMPORT
FA. PROMBUMMASH

SSYLAEMSIA NA VASHE PISMO NO. 14/93 OT 02.01. 19.. G. NASH DIREKTOR, G-N D-R HOFFMANN, BUDET V MOSKVE S 16 PO 21.02. S.G. PROSIM PRINIAT EGO V ETO VREMIA. JDEM OTVETA. ZARANEE BLAGODARIM
S UVAJENIEM
IBS KUNSTSTOFFWERK

TELEX

15.3

TELEX

```
TELEX 4413/93
FIRMA IBS
VASH TLX 587 OT 10.01.19.. G.
-------------------------------------------
GOTOVY PRINIAT G-NA HOFFMANNA 17.02. S.G. V
10.30.CH.
S UVAJENIEM
PROMBUMMASH
```

TELEX

15.4

Российская Федерация
121200, Москва,
Смоленская-Сенная пл., 32/34
А/О "Проммашимпорт"
фирма "Промбуммаш"
г-ну директору В.И.Ефремову

Мюнхен, 01.03.19.. г.
N° 224/19..

Уважаемый господин Ефремов!

Ссылаясь на нашу встречу с Вами 17.02. с.г., пересылаем Вам в приложении ещё три экземпляра нашего новейшего каталога и повторяем, что мы готовы бесплатно предоставить Вашему заказчику один комплект наших керамических покрытий для испытания.

Просим сообщить точные технические данные для пробного комплекта и остаёмся

с уважением
"ИБС Кунстштоффверк"

15.5

TELEX

TELEX 1214
24.02.19.. G.
A/O PROMMASHIMPORT
FA. PROMBUMMASH
VNIM. G-NA DIREKTORA EFREMOVA

SSYLAEMSIA NA NASHE PISMO NO. 224/87 OT 01.03
19.. G. I PROSIM SOOBSCIT, KOGDA MOJEM
RASSCHITYVAT NA VASHE
TEHZADANIE NA BESPLATNYI PROBNYI KOMPLEKT.
JDEM OTVETA.
S UVAJENIEM
IBS KUNSTSTOFFWERK

TELEX

15.6

"IBS Kunststoffwerk"
D-88133 Tiefenbach
BRD

Москва, 05.04.19.. г.

Уважаемый господин Хоффманн!

В приложении пересылаем Вам спецификацию для бесплатного керамического образца.

Просим направить образец в наш адрес и сообщить дату отправления.

С уважением
"Промбуммаш"

15.7

TELEX

TELEX NO. 1304
20.04.19.. G.
A/O PROMMASHIMPORT
FA. PROMBUMMASH
VNIM. G-NA DIR. EFREMOVA

BLAGODARIM ZA VASHE PISMO OT 05.04.19.. G. I
SOOBSCAEM, CHTO MY SEGODNIA PERESLALI OBRAZEC V
VASH ADRES EKSPEDITORA, ROSSIA, (D-R LASSMANN)
GRUZOVIKOM TI 175-AD. PRIBYTIE V BUTOVO PRIMERNO
CHEREZ 4-5 DNEI.
PROSIM SOOBSCIT REZULTATY ISPYTANIIA.
S UVAJENIEM
IBS KUNSTSTOFFWERK

TELEX

15.8

TELEX

```
TELEX 1361
26.04.19.. G.
A/O PROMMASHIMPORT
FA. PROMBUMMASH
VNIM. G-NA DIR. EFREMOVA
------------------------
PROSIM OTVETIT NA NASH TELEX NO. 1304 OT
20.04.19.. G. ZARANEE BLAGODARIM.
S UVAJENIEM
IBS KUNSTSTOFFWERK
```

TELEX

15.9

"IBS Kunststoffwerk"
D-88133 Tiefenbach
BRD

Москва, 29.04.19.. г.

Уважаемые господа!

Получили Ваш образец и сообщаем Вам, что результаты проведённого испытания положительны.

С уважением
"Промбуммаш"

15.10

Российская Федерация
121200, Москва,
Смоленская-Сенная пл., 32/34,
А/О "Проммашимпорт"
фирма "Промбуммаш"
г-ну дир. Ефремову

Тифенбах, 03.05.19.. г.

Уважаемый господин директор!

Благодарим за Ваше письмо от 29.04.19.. г. Просим Вас сообщить, когда мы можем рассчитывать на заказ.

С интересом ждём ответа.

С уважением
"ИБС Кунстштоффверк"

15.11

TELEX

```
TELEX 1422
23.05.19.. G.
A/O PROMMASHIMPORT
FIRMA PROMBUMMASH
VNIM. DIR. EFREMOVA
-------------------
DO SEGODNIASHNEGO DNIA NE POLUCHILI OTVETA NA
NASHE PISMO NO. 434 OT 03.05. S.G. PROSIM
OTVETIT. ZARANEE BLAGODARIM.
S UVAJENIEM
IBS KUNSTSTOFFWERK
```

TELEX

15.12

"IBS Kunststoffwerk"
D-88133 Tiefenbach

BRD

Москва, 02.06.19.. г.

Уважаемые господа!

При этом направляем Вам спецификации нашего запроса и просим Вас предложить 10 штук по каждой спецификации.

С уважением
"Промбуммаш"

15.13

Российская Федерация
121200, Москва,
Смоленская-Сенная пл., 32/34,
А/О "Проммашимпорт"
фирма "Промбуммаш“
г-ну дир. В.И.Ефремову

Тифенбах, 12.06.19.. г.

Уважаемый господин директор!

Благодарим Вас за спецификации и предлагаем Вам как следует: - твёрдые покрытия из окиси алюминия ИБС
цена за одну штуку 2.000.-- марок ФРГ
франко немецко-польская граница
включая упаковку в деревянных ящиках

Предложение действительно шесть месяцев.

С интересом ждём Вашего ответа.

С уважением
"ИБС Кунстштоффверк"

15.14

TELEX

TELEX 6212
FIRMA IBS
VASHE PREDLOJENIE OT 12.06.S.G.

GOTOVY KUPIT U VAS 10 SHTUK TVERDYH POKRYTII IZ
OKISI ALIUMINIIA IBS NO. 576 PO CENE 1.950.--
MAROK FRG.
PROSIM PODTVERDIT
S UVAJENIEM
PROMBUMMASH

TELEX

15.15

TELEX

TELEX 1611
02.07.19.. G.
A/O PROMMASHIMPORT
FIRMA PROMBUMMASH
VNIM. G-NA DIR. V.I.EFREMOVA

PODTVERJDAEM CENU 1.950.-- MAROK FRG.
S UVAJENIEM
IBS KUNSTSTOFFWERK

TELEX

15.16

TELEX

TELEX 1613
04.07.19.. G.
A/O PROMMASHIMPORT
FA. PROMBUMMASH

PROSIM VAS PERESLAT NAM KONTRAKT I SOOBSCIT NO.
TRANSA.
ZARANEE BLAGODARIM
S UVAJENIEM

TELEX

15.17

TELEX

TELEX 1687
29.07.19.. G.
A/O PROMMASHIMPORT
FA. PROMBUMMASH

SOOBSCAEM VAM, CHTO TOVAR SOGLASNO KONTRAKTU NO.
... SEGODNIA OTPRAVLEN GRUZOVIKOM TI 175 AD
EXPEDITORA ROSSIA. VREMIA PRIBYTIIA CHEREZ
NEDELIU.
S UVAJENIEM
IBS KUNSTSTOFFWERK

TELEX

16. УРОК-ПОВТОРЕНИЕ

16.1

Вста́вьте подходя́щие слова́:

1. В результа́те заде́ржки в поста́вке мы **те́рпим (терпе́ть erleiden)** больши́е убы́тки. Поэ́тому ____________________________________ на незамедли́тельной отгру́зке недостаю́щего това́ра.
2. Мы тре́буем, что́бы Вы____________________дефе́ктные устано́вки испра́вными в возмо́жно бо́лее коро́ткий срок.
3. В_________________слу́чае мы должны́ бу́дем обрати́ться в арбитра́ж.
4. В ви́де____________________мы гото́вы приня́ть повреждённый това́р.
5. Мы потре́бовали от поставщика́, что́бы все на́ши убы́тки бы́ли____________.

16.2

Напиши́те, что...

1. die Ware nicht zum Verkauf geeignet ist.
2. die Elektrogeräte qualitätsmäßig nicht den Vertragsbedingungen entsprechen.
3. von Ihren Mitarbeitern festgestellt wurde, daß die Maschine nicht in Betrieb genommen werden kann.
4. infolge nichtzufriedenstellender Verpackung die Ware beschädigt wurde.
5. Sie unverzügliche Abgeltung Ihrer Verluste fordern, widrigenfalls werden Sie die Sache dem Schiedsgericht übergeben.
6. Sie bereit sind, ausnahmsweise die Warensendung zu übernehmen, jedoch nur mit einem Preisnachlaß von 20 % vom Rechnungsbetrag.

16.3

Переведи́те:

1. Der Chef will, daß dieser wichtige Brief noch einmal schön getippt wird.
2. Verlangen Sie, daß das entsprechende Angebot noch heute abgeschickt wird.
3. Es ist sehr wichtig, daß alle notwendigen Zeichnungen beigelegt werden.
4. Vergessen Sie nicht auszurichten, daß Plätze im Zug **reserviert (заброни́ровать)** werden sollen!
5. Ich habe schon gestern ersucht, daß die Faktura über die gelieferten Waren unverzüglich **ausgefertigt (офо́рмить)** werden soll.
6. Man darf nicht alles glauben.
7. Man darf annehmen, daß die Ware von guter Qualität ist.
8. Man muß die fehlende Ware möglichst schnell liefern.
9. Beschädigte Waren darf man nicht verkaufen.

16.4

Напиши́те делов́ые пи́сьма по сле́дующим да́нным:

1. Sie haben aufgrund der Spezifikation, die Ihnen von Ihrem Geschäftspartner zugeschickt worden war, am 20. 2. d.J. 20.000 t Steinkohle bestellt. Die Kohle, die heute morgen bei Ihnen eingetroffen ist, entspricht jedoch qualitätsmäßig **keineswegs (отню́дь не)** den Mustern, aufgrund deren das Geschäft abgeschlossen worden war. Das kann Ihr Geschäftspartner auch aus dem beiliegenden Untersuchungsprotokoll ersehen. Da Sie solche Kohle in Ihrem Betrieb nicht verwenden können, sind Sie gezwungen, die Annahme der von Ihrem Geschäftspartner gelieferten Ware zu verweigern. Sie ersuchen um unverzügliche Antwort per Telex oder Fax.

2. Sie teilen Ihrem russischen Partner Пульс-Софт mit Bedauern mit, daß bei der letzten Lieferung von Computern AT 486 von Ihrer Firma vom 11. 12. 19.. lt. Vertrag Nr. ... statt der bestellten 15 Geräte nur 13 geliefert werden konnten, da im Lager ein **Brand ausgebrochen war (возни́к пожа́р)**. Sie bitten, die Minderlieferung zu entschuldigen (**Прино́сим Вам свои́ извине́ния за ...),** und versichern, daß die fehlenden 2 Geräte noch in dieser Woche per LKW in der Firma Ihres Partners eintreffen werden.

ТЕХНИЧЕСКИЙ ЦЕНТР
ПУЛЬС СОФТ

Предлагает новейшие технологии
в областях оборудования,
систем телекоммуникаций
и программного обеспечения.

Все для офиса:

- компьютеры AT 486, 386, 286 и периферия
- ксероксы Canon, Ricoh
- телефаксы, автоответчики и телефоны Panasonic
- видео и аудиотехника Sony, Panasonic, Sharp, JVC
- калькуляторы Citizen, Casio
- пишущие машинки Olivetti
- бытовая техника

Ремонт и гарантийное обслуживание

Адреса: Москва, ул. Бурденко, 12;
ул. Дмитрия Ульянова, 7а ИАС
Телефоны: (095) 2445-12-03,
246-44-96, 245-04-06, 132-52-01

3. Betr.: Kohle für die Firma Importkohle, Wien. Sie teilen Ihrem Partner mit, daß die Qualität der Kohle auf dem DDSG-**Kahn (ба́ржа)** Nr. 17014, beladen am 19. 11. 19.., **bei weitem nicht (далеко́ не)** der Spezifikation entspricht. Es wurde festgestellt, daß der **Aschegehalt (содержа́ние золы́)** ca. 13,5 % und der Schwefelgehalt **(Schwefel – се́ра)** über 1 % beträgt. Daher können Sie den Kahn nicht übernehmen. Sie weisen außerdem darauf hin, daß alle Kosten für die Analyse der Kohle und die Liegezeit des Kahns zu Lasten des Kontos Ihres Partners gehen.

16.5

Напиши́те деловы́е пи́сьма по сле́дующим да́нным:

1. Sie bitten Herrn Sumarokov von der Firma Agrochim, sich mit der deutschen Handelsvertretung in Moskau in Verbindung zu setzen und mit ihren Mitarbeitern ein Treffen mit Herrn Dorfer in der Zeit vom 05. bis 11. 11. .... zu vereinbaren. Herr Dorfer wird die Frage der Reklamation der Firma Galsed erörtern. Sie bedanken sich im voraus.
2. Sie bestätigen die Ankunft einer Delegation der Firma "Ruhrstahl" in Kursk in der zweiten Dezemberhälfte 19... Die Zusammensetzung der Delegation und das genaue Ankunftsdatum werden Sie zusätzlich mitteilen. Im Verlauf der Verhandlungen werden Fragen der Lieferung, des Preises sowie andere aktuelle Fragen besprochen werden, die für beide Seiten von Interesse sind. Gleichzeitig bitten Sie um Zusendung eines Prospekts der Allrussischen Nischegorodsker Messe AG.

3. Bezüglich der Ankunft einer Gruppe von Geschäftsleuten aus Wolgograd teilen Sie Ihrem russischen Partner mit, daß zu Ihrem Bedauern die Vertreter der Firma "Элано" in der Woche vom 23. 3. im Ausland sein werden. Sie schlagen daher einen neuen Termin vom 27. 4. bis 1. 5. 19.. vor und bitten um Antwort.

КЛЮЧ

16.1

1. В результа́те заде́ржки в поста́вке мы те́рпим больши́е убы́тки. Поэ́тому наста́иваем на незамедли́тельной отгру́зке недостаю́щего това́ра.
2. Мы тре́буем, что́бы Вы замени́ли дефе́ктные устано́вки испра́вными в возмо́жно коро́ткий срок.
3. В проти́вном слу́чае мы должны́ бу́дем обрати́ться в арбитра́ж.
4. В ви́де исключе́ния мы гото́вы приня́ть повреждённый това́р.
5. Мы потре́бовали от поставщика́, что́бы все на́ши убы́тки бы́ли возмещены́.

16.2

1. Това́р не приго́ден к прода́же.
2. Электроприбо́ры не соотве́тствуют по ка́честву усло́виям контра́кта (догово́ра).
3. На́шими сотру́дниками бы́ло устано́влено, что маши́на не мо́жет быть пу́щена в эксплуата́цию.
4. В результа́те неудовлетвори́тельной упако́вки това́р был повреждён.
5. Тре́буем незамедли́тельного возмеще́ния на́ших убы́тков. В проти́вном слу́чае передади́м де́ло в арбитра́ж.
6. Мы гото́вы, в ви́де исключе́ния, приня́ть това́р, одна́ко то́лько со ски́дкой в 20% с его́ факту́рной сто́имости.

16.3

1. Нача́льник хо́чет, что́бы э́то ва́жное письмо́ бы́ло ещё раз краси́во напеча́тано.
2. Потре́буйте, что́бы соотве́тствующее предложе́ние бы́ло ещё сего́дня отпра́влено.
3. Очень ва́жно, что́бы к письму́ бы́ли прило́жены все ну́жные чертежи́.
4. Не забу́дьте переда́ть, что́бы места́ в по́езде бы́ли заброни́рованы.
5. Я ещё вчера́ попроси́л, что́бы счёт на поста́вленные това́ры бы неме́дленно офо́рмлен.
6. Не на́до всему́ ве́рить.
7. Мо́жно предположи́ть, что това́р доброка́чественный.
8. На́до поста́вить недостаю́щий това́р как мо́жно скоре́е.
9. Повреждённые това́ры нельзя́ продава́ть.

16.4

1. На основа́нии при́сланной Ва́ми специфика́ции мы заказа́ли 20 февраля́ с.г. 20 000 т ка́менного угля́. Одна́ко мы установи́ли, что у́голь, поступи́вший к нам (кото́рый поступи́л к нам) сего́дня у́тром, по ка́честву отню́дь не соотве́тствует образца́м, на основа́нии кото́рых была́ заключена́ сде́лка. Это Вы мо́жете уви́деть из прилага́емого а́кта эксперти́зы.
   Так как мы не мо́жем испо́льзовать тако́й у́голь на на́шем предприя́тии, мы вы́нуждены отказа́ться от приёмки поста́вленного Ва́ми това́ра. Про́сим неме́дленно отве́тить по те́лексу и́ли по фа́ксу.
2. "ПУЛЬС-СОФТ"
   Москва́
   Кас.: недоста́чи по контра́кту N° ...
   Уважа́емые господа́!

С большим сожалением сообщаем, что при последней поставке компьютеров AT 486 нашей фирмы согласно контракту N° ... вместо заказанных 15 штук поставлено только 13 штук, так как на складе возник пожар.
Приносим Вам свои извинения за эту недостачу и уверяем Вас, что два недостающих компьютера поступят к Вам на этой неделе на грузовом автомобиле.

3. Кас.: угля для фирмы "Импортколе", Вена
Сообщаем Вам, что качество угля на барже DDSG N° 17014, погруженной 19 ноября 19.., отнюдь не соответствует спецификации. Было установлено, что содержание золы составляет около 13,5%, а содержание серы свыше 1%. Поэтому мы не можем принять баржу. Кроме того указываем на то, что все расходы в связи с анализом угля и с простоем баржи идут за Ваш счёт.

16.5

1. Фирма "Агрохим"
Вниманию г-на Сумарокова
Уважаемый господин Сумароков!
Просим Вас связаться с немецким торгпредством в Москве и с его сотрудниками наметить встречу с господином Дорфером в период с 05. по 11.11. ... г. Господин Дорфер будет обсуждать вопрос рекламации фирмы "Галсед". Заранее благодарим.
2. Подтверждаем приезд делегации фирмы "Рурштать" в г. Курск во второй половине декабря 19.. г. Состав делегации и точную дату прибытия сообщим Вам отдельно. В течение переговоров будут обсуждаться вопросы поставки и цены, а также другие актуальные вопросы, которые представляют интерес для обеих сторон. Одновременно просим Вас прислать нам проспект Всероссийского акционерного общества "Нижегородская ярмарка".
3. В связи с приездом группы бизнесменов из Волгограда сообщаем Вам, что, к сожалению, представители фирмы "Элано" на неделе с 23.03. будут находиться за границей. Поэтому предлагаем новый срок встречи с 27.04. по 01.05.19.. г. и ждём Вашего ответа.

СЛОВАРЬ

Цифры после каждого слова указывают на раздел, где данное слово встречается впервые или объясняется.

а/м=автомаши́на 13.1.3
абонеме́нтный я́щик = а/я 1.2
абза́ц 1.10
ава́рия:
попада́ть в ава́рию 13.1.9
попа́сть в ава́рию 13.1.9
автомоби́льный прице́п 2.4.5.2
автонакладна́я 13.1.8
а и́менно 13.7.7
а́дресно-спра́вочная кни́га 5.4.2
акционе́рное о́бщество 1.1
аккредити́в 9.2
аккредити́в: безотзы́вный аккредити́в 9.2
акт эксперти́зы 13.1.1
Алекса́ндро-Не́вская ла́вра 14.4.5.4
анке́та: ви́зовая анке́та 2.7
аннули́ровать 10.4
антра́кт 7.9
арбитра́ж 6.2
аре́нда 11.1.4
арифмети́ческий:
арифмети́ческая оши́бка 9.3
ассортиме́нт 3.4.3

ба́зисный 7.2
БАМ=Байка́ло-аму́рская магистра́ль 10.8.1
бандеро́ль 2.2.4
банк-корреспонде́нт 9.4.3
ба́нковская гарантия 9.2
банкро́тство 10.4
ба́ртер 11.4.3
ба́ржа 16.4
бе́жевый 5.7.12
безотзывно́й 9.2.
Белару́сь 3.6.4
бесшо́вная труба́ 3.7
благодари́ть 1.11.3
благополу́чно 11.6.4
бланк 14.1.3
бли́нчики 6.8
бо́чка 5.7.13
бока́л:
поднима́ть бока́л 11.6.6
пондя́ть бока́л 11.6.6
бортово́й 7.2
боти́нок 5.7.12
бракова́ть 13.5.2
брони́ровать 14.3
бронь 14.2
бу́ква: пи́шется с большо́й бу́квы 1.3
буровы́е шта́нги 12.13
бюро́ обслу́живания 6.8.2.3

в ча́стности 14.6.4
ва́лик 13.8.1
валю́та: свобо́дно конверти́руемая валю́та (СКВ) 9.3
валю́тный 9.4.4
вариа́нт 1.3
ввиду́ 6.1.4
ве́жливый 1.3
вероя́тность: по всей вероя́тности 14.1.2
верх 7.2.1
вес 3.4.2
весьма́ 2.3.3
взаимовы́годный 3.4.3
вид 5.2
видеока́мера ч/б изображе́ния 3.6.11
видеофи́льм 14.2
визи́тная ка́рточка 11.6.8
ви́зовая анке́та 2.7
вина́ 13.1.5
устана́вливать вину́ 13.1.6
установи́ть вину́ 13.1.6
владе́ть 11.6.4
в настоя́щее вре́мя 2.3.5
вне́шний: вне́шняя торго́вля 3.3
внима́ние:
внима́нию г-на ... 1.4
удели́ть внима́ние 13.1.4
уделя́ть внима́ние 13.1.4
прояви́ть внима́ние 3.4.3
проявля́ть внима́ние 3.4.3
внутри́ 1.10
возду́шный компре́ссор 10.5.1
возмеще́ние 13.1.1
возража́ть 11.1.4
возрази́ть 11.1.4
восто́рг: быть в восто́рге 10.8
вполне́ 9.7.1.5
впра́ве 9.2
в ра́мках 11.4.3
вре́мя от вре́мени 14.3.1.3
вряд ли 10.8.2
в свою́ о́чередь 11.2

всё же 13.8.1
в соотве́тствии с 2.4.3
вскры́тие 13.3
встро́ить 10.1.1
вступле́ние: вступле́ние в си́лу 9.6.11
вся́ческий 14.3
в том числе́ 5.7.9
втори́чное сырьё (вторсырьё) 3.3
в це́лом 6.3
в ча́стности 14.6.4
вы́вод: прийти́ к вы́воду 13.1.5
вы́дача зака́за 3.4.4
вы́деленный 5.7.1
выздора́вливать 13.8.1
вы́здороветь 13.8.1
вы́нужденный 7.4.2
вы́писать 9.3
вы́писка из счёта 9.3
выпи́сывать 9.3
вы́плата 9.1.1
вы́платить 9.2
выпла́чивать 9.2
выполне́ние обяза́тельств 9.2
выража́ть 2.1.4
вы́разить 2.1.4
вы́слать 2.2.1
вы́ставить 9.1.4
вы́ставка 2.2.5
выставле́ние: выставле́ние счёта 9.1.4
выставля́ть 9.1.4
высыла́ть 2.2.1
выходно́й день 3.8.5
вы́чет 9.3
вышеука́занный 1.4
вы́яснить 3.7
выясня́ть 3.7

габари́ты 7.3
гаранти́йный: гаранти́йное письмо́ 7.3
гаранти́ровать 9.2
гара́нтия: ба́нковская гара́нтия 9.2
гвоздь 13.5.2
гениа́льный 7.8
ги́бкий 14.6
глава́:
во главе́ с 11.6.4
горня́к 7.7.2
ГОСТ=госуда́рственный станда́рт 5.3
гостеприи́мство 11.6.6
госуда́рственный станда́рт=(Г)ОСТ 5.3
гото́вность 14.4.3
гра́фик 7.8
грузова́я маши́на 7.3
грузови́к 1.9
грузоотправи́тель 13.1.6
грузополуча́тель 13.1.6

давле́ние 5.7.9
далеко́ не 16.4
дальне́йший 3.4.3
да́льний 6.4.1
да́нный 2.2.1
двадцатифу́товый 7.3
двойно́й 9.4.2
дебетова́ть: дебетова́ть счёт 9.3
де́йствие: в де́йствии 11.6.1
декора́ции 7.9
делега́ция 2.1.5
делега́ция в соста́ве пяти́ челове́к 11.6.1
дели́ть 11.2
делово́й 1.1
демонстра́ция 11.6.1
де́нежный штраф 13.2
деревя́нный 5.1.1
дефе́кт 13.2
дефе́ктный 13.3
диа́метр 5.7.11
ди́зель-генера́тор 14.6.4
диктофо́н 6.1.4
дичь 11.6.7.1
доброка́чественный 13.1.1
догово́р 2.2.5
типово́й догово́р 2.4.5.1
договорённость 11.6.1
договори́ться 8.8
дождева́льная установка 6.1.4
доказа́тельство 13.2
доказа́ть 13.1.1
дока́зывать 13.1.1
докла́д 14.1.2
документа́ция 1.4
долголе́тний 6.1.4
до́ля 7.4.3
дополне́ние 2.2.2
дополни́тельный 3.4
допоста́вить 13.1.5
допоставля́ть 13.1.5
допуска́ть 9.3
допусти́ть 9.3
до сих пор 2.4.5.3
доста́вить 7.3
доставля́ть 7.3
доста́точный 1.10
достига́ть 9.6.4

обра́тно 2.2.1
обраща́ть: обраща́ть внима́ние на 1.4
обраще́ние 1.3
обслу́живание 2.4.5.3
обстоя́тельство 11.2
обсуди́ть 2.1.6.1
обсужда́ть 2.1.6.1
о́бувь 5.7.12
объяви́ть 10.4
объявле́ние 2.4.5.2
объявля́ть 10.4
обя́зан 2.3.3
обяза́тельство:
  без обяза́тельства 5.1.1
  контра́ктные обяза́тельства 11.1.2
обяза́ться 11.2
обя́зываться 11.2
оговорённый 11.2
огорчён 13.1.2
ограни́чен 11.4.3
одина́ковый 11.4.2
одновре́менно 1.10
одноме́стный:
  одноме́стная ко́мната 14.3
  одноме́стный но́мер 14.3
ожида́ние 1.4
ожида́ть 3.1.2
ознако́миться 2.3.4
ознакомле́ние 14.2
ознакомля́ться 2.3.4
оказа́ние ви́зовой подде́ржки 14.2
оконча́тельный 9.4.2
описа́ние 2.2.5
опла́та 9.1.2
оплати́ть 9.1.2
опозда́ние 13.1.4
опо́рный: опо́рные слова́ 3.8.3
определённый 5.2
определи́ть 1.8.2
определя́ть 1.8.2
опто́вый 1.14.2
организова́ть 2.1.6.1
оргте́хника 2.4.5.3
ориенти́роваться 10.8.2.1
ориентиро́вочный 5.7.9
Оруже́йная пала́та 14.5.5
осе́нний 3.1.2
осо́бенно 3.1.2
остава́ться 1.4
остально́й 3.7
оста́ться 1.4
осуществи́ть 1.9
осуществля́ть 1.9
отве́т: в отве́т на 1.4
отве́тить 10.4
отвеча́ть 10.4
отгрузи́ть 2.1.3
отгру́зка 7.1.2
отгру́зочный:
  отгру́зочные докуме́нты 9.2
отделе́ние:
  и́ндекс отделе́ния свя́зи 1.3
отде́льный 2.2.4
о́тзыв 14.6.4
отзыва́ть 9.2
оте́ль 9.7.1.5
оте́чественный:
  оте́чественного произво́дства 1.14.2
ОТК=отде́л техни́ческого контро́ля 7.3
отказа́ться 11.1.4
отка́зываться 11.1.4
отклони́ть 6.2
отклоня́ть 6.2
откры́тие: откры́тие аккредити́ва 9.2
откры́тый: откры́тый счёт 9.2
отли́чие: в отли́чие от 9.2
относ.=относи́тельно 1.3
отноше́ние 3.2
отноше́ние: в отноше́нии 13.2
отозва́ть 9.2
отпада́ть 6.4.5
отпа́сть 6.4.5
отпра́вка 9.1.5
отправле́ние 1.8.2
отпра́вленный 7.4.2
отраслево́й 14.4.1
отсу́тствие 6.4.3
офе́рта 6.3
офо́рмить 16.3
оформле́ние 14.6.4
очеви́дно 9.3
оши́бка: арифмети́ческая оши́бка 9.3

п.=пункт 13.1.1
па́лехская миниатю́ра 14.7.6
па́ра 5.7.12
па́ртия това́ра 2.1.5
партнёр 3.3
пассажи́рский 3.4.4
пельме́ни 6.8
пе́ня 13.1.4
первонача́льно 11.6.4
перево́д 9.4.2
перево́зка 5.3

поста́вка 1.7
поставля́ть 2.3.2
поставщи́к 1.14.2
постара́ться 6.8.2.3
поступа́ть 1.7.2
поступи́ть 1.7.2
поступле́ние 5.5
посу́да 14.6.6
по существу́ 2.1.1
посыла́ть 1.4
посы́лка 2.2.4
потеря́ть 5.2
потряса́ющий 7.9
по́чта "DHL" 12.13
почте́ние:
свиде́тельствовать своё почте́ние 14.3
почто́вый:
почто́вый и́ндекс 1.3
почто́вый я́щик = п/я 1.2
пра́во: пра́во со́бственности на 7.2
сохраня́ть за собо́й пра́во 10.4
пребыва́ние 2.3.2
предлага́емый 6.1.4
предложе́ние:
запро́шенное предложе́ние 5.2
незапро́шенное (инициати́вное)
предложе́ние 5.2
свобо́дное предложе́ние 5.2
сде́лать предложе́ние 1.9
твёрдое предложе́ние 5.2
предназна́ченный 10.4
предоста́вить 3.3
предоставля́ть 3.3
предполага́ть 3.3
предположи́ть 3.3
предприя́тие 3.6.5
и́ндекс предприя́тия свя́зи 1.3
ма́лое предприя́тие (МП) 9.4.1
совме́стное предприя́тие (СП) 7.1.2
предупрежде́ние 13.2
предусма́тривать 3.4.2
предусмотре́ть 3.4.2
предъявле́ние 13.2
предыду́щий 5.7.4
преиму́щество 9.2
прейскура́нт 2.2.5
препара́т 3.4.3
прести́жный 14.3.1.3
прете́нзия 13.1.6
прибо́р 2.3.4
прибыва́ть 7.3
прибы́тие 7.2
прибы́ть 7.3
привести́ себя́ в поря́док 7.9
приводи́ть себя́ в поря́док 7.9
приго́ден 13.3
приём 14.3.1.3
приёмка това́ра 11.2
прие́млемый 3.4.3
призна́телен 2.3.3
призна́тельность 14.4.3
прикреплён 13.5.2
прилага́ть 2.2.4
приложе́ние 1.2
приложи́ть 2.2.4
примени́ть 1.10
применя́ть 1.10
принима́ть: принима́ть уча́стие 2.2.5
при́нтер 3.6.2
при́нтер: ла́зерный при́нтер 6.4.5
при́нцип: в при́нципе 11.4.3
приня́тие 6.2
приня́ть : приня́ть уча́стие 2.2.5
приня́ть к све́дению 12.13
приобрести́ 11.1.4
приобрета́ть 11.1.4
присла́ть 2.3.2
присыла́ть 2.3.2
приходи́ться 9.6.3
прице́п: автомоби́льный прице́п 2.4.5.2
при э́том 1.2
про́бка 10.8.2
про́бный: про́бный зака́з 5.3
проведе́ние 14.1.1
прове́рка 9.3
проголода́ться: я что́-то проголода́лся 7.9
продлева́ть 6.4.2
продли́ть 6.4.2
проду́кция 2.2.5
произвести́ 2.3.4
производи́тель:
фи́рма-производи́тель 3.1.3.2
производи́ть 2.3.4
промы́шленный 2.2.5
Промстройба́нк=Банк промы́шленного
строи́тельства 9.1.2
про́писью 5.1.1
пропуска́ть 1.10
пропусти́ть 1.10
просро́чка 13.1.4
прости́ться 9.7.1.5
просто́й 7.1.3
про́сьба 2.3.2
профо́рма-счёт 14.1.3

см.=смотри́ 1.8.2
сме́та 3.2
Смо́льный (институ́т) 14.4.5.4
снару́жи 13.2
СНГ=Содру́жество Незави́симых
Госуда́рств 1.10
снижа́ть 6.3
сни́зить 6.3
сноше́ния 14.4.1
сня́тие: сня́тие де́нег 9.1.5
соблюда́ть 10.4
соблюде́ние 13.1.1
соблюсти́ 10.4
со́бственный 5.2
совме́стное предприя́тие (СП) 7.1.3
согла́сие 6.1.1
согласи́ться 11.1.4
согла́сно 2.4.3
соглаша́ться 11.1.4
соглаше́ние 3.3
соде́йствие 13.5.4
соде́йствовать 11.1.2
содержа́ние 1.3
содержа́ть 1.3
содержи́мое 13.4.1
соедини́ть 6.8
соединя́ть 6.8
сокращённо 1.3
сомнева́ться 9.2
сообща́ть 2.1.1
сообщи́ть 2.1.1
соотве́тствие: в соотве́тствии с 2.4.3
соотве́тствовать 1.10
сопроводи́тельный 2.2
со свое́й стороны́ 9.4.1
сосла́ться 1.7
соста́вить 2.4.5.2
составля́ть 2.4.5.2
состоя́ться 3.8.1
сотру́дничать 9.2
сотру́дник 1.7
сотру́дничество 3.4.3
совме́стный 13.1.5
сохрани́ть 10.4
сохраня́ть 10.4
СП=совме́стное предприя́тие 7.1.2
спекта́кль 7.9.1.3
специфика́ция 2.2.5
спиртно́й напи́ток 14.3.1.3
спи́сок 2.2.5
сплав 11.4.3
спор: поря́док разреше́ния спо́ров 11.2
спо́соб: спо́соб транспортиро́вки 7.2
спра́вка 14.3
спра́вочный 5.4.2
спрос 3.3
срок 2.3.2
срок де́йствия 5.1.4
срок поста́вки 2.4.2
срок пребыва́ния 2.3.2
сро́чно вы́дать 1.11.6
ссы́лка 2.4.3
ссыла́ться 1.7
ста́вить: ста́вить в изве́стность 2.1.4
сталь 3.1.1
станда́рт:
госуда́рственный станда́рт=ГОСТ 5.3
станкострои́тельный 14.4.1
стано́к 2.3.4
стара́ться 6.8.2.3
стекло́ 7.2.1
стенд 3.1.2
стиль 1.10
сто́имость 9.6.11
сто́имость: факту́рная сто́имость 13.3
сторона́:
с одно́й стороны́ - с друго́й стороны́ 11.4.1
со стороны́ 14.6.4
страна́ назначе́ния 12.13
страхова́ние 7.1.3
страхова́ть 13.1.8
страхово́й 7.3
страхо́вщик 13.5.3
стро́йка 11.6.8
суде́бным путём 13.2
су́дно 3.4.4
су́дно на подво́дных кры́льях 14.4.5.4
су́тки: за су́тки 14.5.4
сухо́й паёк 14.4.5.4
существи́тельное 9.6.3
счесть чем-л. 14.4.1
счёт 2.4.2
в счёт 13.1.5
вы́писка из счёта 9.3
дебетова́ть счёт 9.3
за счёт 7.1.3
профо́рма-счёт 14.1.3
расчётный счёт=р/с.1.2
жиросчёт 9.3
счита́ть чем-л. 14.4.1
сы́рость 7.2.1
сырьё: втори́чное сырьё (вторсырьё) 3.3
сыт 11.6.6
съезд 14.2

ГРАММАТИКА

Использованная литература

Акишина А.А., Акишина Т.Е.: Этикет русского телефонного разговора. Пособие для студентов-иностранцев. М.: Русский язык, 1990.

Акишина А.А., Формановская Н.И.: Этикет русского письма. 2-е изд., испр. М.: Русский язык, 1983.

Вся Москва/All Moscow 1990/91. Информационно-рекламный ежегодник. М.: Советско-Западногерманское совместное предприятие "Вся Москва", 1990.

Демидова А.К., Смирнов Э.А.: Русская коммерческая корреспонденция. М.: Русский язык, 1985.

Жданова, И.Ф., Романовская, М.А., Величко, А.В.: Деловой русский язык. Пособие для самостоятельного изучения (для говорящих на английском языке). М.: Русский язык, 1992.

Максимов В.И. и др.: Словарь перестройки. СПб.: "Златоуст", 1992.

Матушевска Иветта и др.: Введение в экономическую лексику /na prawach rekopisu/. Warszawa, 1992.

Макоша-Богдан Янина.: Пособие по экономической лексике. Warszawa, 1990.

Милославский И.Г. и др.: 10 уроков русского для бизнесменов. Москва: МП "Вернисаж", 1992.

Пособие по русскому языку для иностранных студентов-филологов. Первый и второй годы обучения. М.: Русский язык, 1984.

Русско-английский разговорник по внешнеэкономическим связям. М.: Русский язык, 1985.

Советский энциклопедический словарь. М.: Советская энциклопедия, 1987.

Совместные предприятия, международные объединения и организации на территории СССР. М.: "Юридическая литература", 1989.

Хойер Вольфганг.: Как делать бизнес в Европе. М.: "Фонд за экономическую грамотность", 1991.

Чернявская Т.Н., Светлова А.Н.: Художественная культура СССР: Лингвострановедческий словарь. М.: Русский язык, 1984.

Газеты и журналы

Аргументы и факты

Бизнес и банки

Внешняя торговля

Деловые люди

Известия

Коммерсантъ

Московские новости

Новое время

Правда

Спутник

Экономика и жизнь

Baumgart, A., B. Jänecke.: Wörterbuch Deutsch-Russisch, Russisch-Deutsch. Berlin, "Volk und Wissen" 1993.

Berdicevskij, Anatolij: Russisch verhandeln. Praktische Übungen mit Audiokassette. Wien, Service Fachverlag 1994.

Bobunova, A. N., V. K. Morozov: Russian for Businessmen. Moscow, "Russkij jazyk" 1981.

Business Moscow ´89. V/O"Vneshtorgreklama", Moscow 1989.

Décsi, Gyula, Sándor Karcsay: Wörterbuch der Rechts- und Wirtschaftssprache. Teil 1 Russisch-Deutsch, Teil 2 Deutsch-Russisch. Akadémiai Kiadó, Budapest, C. H. Beck'sche Verlagsbuchhandlung, München 1990.

Demidova, A. K., Smirnov, E. A.: Russische Handelskorrespondenz (für Deutschsprechende). Moskau, "Russkij jazyk" 1988.

Frank, Gerhard: Russisch für die Außenwirtschaft Ia. 4. Aufl., Berlin, "Die Wirtschaft" 1981.

Использованная литература

Frank, Gerhard: Russisch für die Außenwirtschaft IIa, Teil 1, Berlin, "Die Wirtschaft" 1975.
Gherasiova, Natalia: Talking Business in Russian. Moscow, "Russkij jazyk" 1982.
Information Moscow. U.S. Edition. A Reference Handbook.
Kappel, Guido, R. Rathmayr, N. Diehl-Zelonkina: Verhandeln mit Russen. Gesprächs- und Verhandlungsstrategien für die interkulturelle Geschäftspraxis. Как вести переговоры с русскими - стратегия деловой практики. Wien, Service Fachverlag 1992.
Kohls, Siegfried: Russisch. Lehrbuch für Wirtschaft und Handel. 8. Aufl., Berlin 1978.
Ders., Russische Geschäftssprache. Berlin 1969.
Kupfer, Edeltraud, u.a.: Russisch für Ökonomen. Lehrbuch für die Sprachkundigenausbildung Stufe IIb. Berlin 1976.
Möchel, Gerhard: Ökonomisches Wörterbuch Russisch-Deutsch. 3. Aufl., Berlin 1976.
Neumann, Bettina, A. Scharf: Handelskorrespondenz – Деловая и коммерческая корреспонденция. Berlin, "Volk und Wissen" 1993.
Rathmayr, Renate, R. Berg, P. Schobel, C. Schöfböck: PONS-Fachwörterbuch Marktwirtschaft. Deutsch-Russisch mit Glossar Russisch-Deutsch. Stuttgart-Dresden, E. Klett Verlag für Wissen und Bildung 1993.
The Harper Collins Business Guide to Moscow (Eugene Theroux et al.), New York 1990.
Walther, Ruth: Russisch für die Außenwirtschaft IIa, Teil 2. Berlin 1977.

Zeitungen und Zeitschriften
Messemagazin international. Журнал торговли между Востоком и Западом.
Osteuropa
Osteuropa-Wirtschaft
Presseschau Ostwirtschaft. Österreichisches Ost- und Südosteuropa-Institut